七彩陽光下的多元文化

東南亞的智慧

陳怡　著

U0084546

關於・東南亞

東南亞（Southeast Asia）是亞洲的一個地區，由日本和中國以南、印度以東、新幾內亞以西與澳洲以北的多個國家組成，是第二次世界大戰後期才出現的一個新的地區名稱。東南亞分為兩個區域，陸域為中南半島，包括柬埔寨、寮國、緬甸、泰國、越南與馬來半島，海域大致為馬來群島包括東馬來西亞、汶萊、東帝汶、印度尼西亞、菲律賓、新加坡。不過，東南亞國家往往也被西方學者和傳媒納入東亞的範圍。此區地處板塊交界，地震與火山及海嘯活動頻繁。

東南亞民族以南島民族與馬來族占主導位置，區域內居民多信奉伊斯蘭教與佛教，其它如基督宗教，包括印度教與泛靈論相關宗教等也存在於此區域內。印尼是全球穆斯林最多的國家，泰國則是世界最大的佛教國家，菲律賓則是東半球最多天主教徒的國家。

東南亞在 20 世紀前也被歐洲人稱為東印度。中國歷史上則稱該地區為「南洋」。由於中國與印度次大陸之間的地理位置和鄰近地區的文化影響，東南亞大陸部分被歐洲地理學家稱為印度支那。然而在 20 世紀，這個詞更加局限於前法屬印度支那領土（柬埔寨、寮國和越南）。東南亞的海洋方面也被稱為馬來群島，這個術語來源於歐洲對南島語族的馬來族概念。海洋東南亞的另一個術語是東印度群島，用於描述中南半島和澳大利亞之間的區域。

在文明歷史發展的潮流中，東南亞一直處在文明的邊緣地帶，河流的廣布與島嶼的破碎導致東南亞地區一直處在分裂的狀態之中，而這種分裂性質也使其極易受到外來文明的影響。幾乎世界上所有的主要文明都在這裡紮根。

以佛教為基礎的文明社會：緬甸，柬埔寨，寮國，泰國
伊斯蘭文明社會：馬來西亞，汶萊，印度尼西亞大部
基督天主教文明社會：菲律賓，東帝汶，印尼東部
儒家文明社會：越南，新加坡，檳城，印尼山口洋市
印度教文明社會：巴厘島

作為世界上最豐富文明的地區，東南亞也最為複雜。

東南亞文明的複雜性也許是因為，群島的地形支離破碎，使它很容易受到外界環境的影響，而且，香料群島是世界上最大的群島，進行統一的整合十分的困難。

更重要的一點是，她處在東西方貿易的交會點，馬六甲海峽是世界上最繁忙的地區之一，這意味著，世界上強大文明的個體商人都會湧入這裡，阿拉伯商人，中國商人，印度泰米爾商人⋯⋯都在這裡交匯。經過了一兩百年之後，東南亞的文明也日新月異地展現了 21 世紀的傲人新姿！

關於・本書

這片太平洋上的島國像馬賽克一樣，在海面上玩著自己的拼圖遊戲。表面上看它花花綠綠，異彩紛呈。但是，在這種彩色下面，掩不住的是它原本的單純和簡單。熱愛生活、享受生活，就是這裡的人最樸素的想法，千百年從來沒有改變過。

翻開今日的《辭海》，「東南亞」的條目下有一個簡單確切的說明：「亞洲東南部地區，包括中南半島上的越南、老撾、柬埔寨、緬甸、泰國、新加坡、馬來西亞的西馬來西亞部分，馬來群島的印度尼西亞、菲律賓、文萊、東帝汶和馬來西亞的東馬來西亞部分等國家和地區，面積 448.6 萬餘平方公里，人口二億九千多萬。」我們已經了解，在這十一個國家，由於地形、民族的不同，差別何止千萬。然而，任何差別本身都是有限度的。難以想像，這裡的各個民族千百年來，幾乎「同住一個屋簷下」，卻沒有相互影響。

事實上，我們在看待東南亞時，總是非常容易犯一個錯誤：往往專注於東南亞各國歷史文化的不同特點，即多樣性，而忽略了其作為一個地區的相對統一性。

本書將努力把東南亞當成一個政治、經濟、歷史、地理和文化緊密聯繫的整體進行綜合介紹。當然，要在多樣性和同一性間取得平衡並非是一件容易的事。好在我們已經確定以東南亞作為整體論述，有了這個前提，討論多樣性也就有了堅實的基礎。如果帶著這樣的眼光走進東南亞，我們就會看到這裡獨有的豐富與單純。

目錄 CONTENTS

序章
說不清的東南亞

也許東南亞諸國對中國人來說是最最熟悉的國家之一。別的不用說，我們的祖先就曾經寫下大量關於這裡的文字。史書裡的外邦蠻夷也多半指熱烘烘的這個地方。但是，真的要說清楚這裡，絕非易事。這不僅是因為太熟悉而「不知廬山真面目」，更因為這個在有些大國主義看起來零亂的地方，居然同時存在著那麼多不同的文化樣式。

事實上，東南亞的論述者往往會陷入這樣一種困頓中——就是在這裡無法理出像別的文化區那樣一條清晰的線索。應該先說那些獨具特色的佛塔寺院，還是大談輕視左手的奇怪風俗；是先介紹美麗的海島風光，還是漫遊優美的紅河谷；是先到歷盡滄桑的吳哥窟一遊，還是到爪哇島上大啖南洋沙嗲——選擇似乎太多了，但又往往看上去互不相干，似乎擰不出一條完整的線索。

其實，這片土地著實不簡單。陸地面積不見得大，卻同時存在著古今內外的幾乎所有重要的文化樣式、思想意識。這裡，各種外來文化與自身的傳統文化融於一爐，卻又各活各的，相安無事。這裡的色彩似乎是混雜的，互相糾纏在一起，各色人等帶著自己的文化紛紛來到這裡，年代一久，這個文化區就變成了一件不折不扣的百衲衣，成為此地的一個顯著特點。

不過，換一個角度說，任何文明其實都是一件東拼西湊的百衲衣。又有哪一個民族能誇口說它是所謂的完全「獨家製

造」呢？出於必須、出於意外、出於好玩，各個民族逐漸都有了自己的發明，就像商品多了必定想交換一樣，文化豐富了，文明的轉借也就成了文化史中的重要因子了。只不過，在東南亞地區，由於各種機緣因素，這裡成為各種文明的交集點，使我們不得不驚歎它的多樣性：土壤與地形的多樣性，宗教和文化的多樣性、民族和種族的多樣性等等。

對於體質人類家來說，這裡是真正的樂園。在同一片土地上，居然存在著這麼多的人種，堪稱世界上獨一無二的「人種博物館」。

從人類學上分析，東南亞的人種可以分為四個類型——

1 · **南蒙古利亞人種**：其特徵是膚色黃，頭髮直。中南半島上的大多數——泰國人、緬甸人、越南人都屬此人種。絕大部分中國人也屬於這個人種。

2 · **馬來—印度尼西亞人種**：其膚色比蒙古利亞人種稍深，呈淺褐色，與蒙古利亞人種差異不大。主要分布於馬來半島和南洋群島。可能是以中國南部為中心，分散移居到東南亞各地的。

3 · **巴布亞人種**：膚色黑、捲髮，面部凸出，與蒙古利亞人種和馬來種差異較大。主要居住在伊里安（新幾內亞）島。目前這個島的東部屬於印度尼西亞。與澳大利亞土著比較接近。

4 · **原始種族**：多居於山林邊遠地帶，過著刀耕火種或漁獵的生活，尚未進入農耕社會。主要有尼格里脫人（又稱「矮黑人」）、維達人和原始馬來人。他們的個子比較矮小，皮膚黝黑，是東南亞最古老的原住民或首批進入東南亞的種族群。

由於東南亞獨特的地理位置，數千年間，因戰亂、疾患、飢荒或獨立，亞洲大陸民族往此遷移從未停過。這裡優越的生活環境，數量不少的無人居住的荒山，和沒有中央集權，成為便於遷徙的社會條件，促使人們從不同的方向，因各自不同的原因，在各自不同的年代遷向此地，使這裡成為種族與民族遷徙的「十字路口」，從而形成了現代東南亞地區極其複雜的人種與民族。奇怪的是，由於各民族之間頗有「老死不相往來」的傳統，互相之間通婚極少，使得這種人種上的差異雖經千年洗淘，至今仍清晰可見。

　　僅人種上就有如此大的差異，民族就更不用說了。在東南亞，各國毫無例外，都是多民族國家。最多的是印度尼西亞，有一百個以上。其中比較多的種族有馬來人、華人、越人、高棉人等。此外，很多民族本身互相之間都有某種親緣關係。也許在各個國家存在占大多數的主體民族，但從總體上看，沒有一個民族占人口上的絕對優勢。

　　這從各國的語言上可以得到印證。由於各民族各說各的話，因而東南亞的語言十分複雜。如在新加坡這個小小的城市國家裡，居然存在著 20 種民族成分，各有各的民族語言。為此，憲法規定馬來語為國語，承認華語、泰米爾語、英語為官方語言，但日常行政用語是英語。這樣的法律規定雖然照顧了方方面面，但族際間的用語還未解決。即使在占新加坡總人口76.7％的華人內部，也通行著相互不懂的方言（閩南語、粵語、客家語、海南話）。有鑑於此，政府號召華人講統一的華人語言——華語（普通話），現已取得了相當可觀的成績。居住在半島地區的民族形勢甚至比在海島地區更為複雜。從事山邊種植的那些遊耕者方言多達數百種，占據著湄公河與安南海岸的分水嶺，散居在老撾、泰國北部和緬甸撣邦高原的大部分

地區及附近的山區裡。

　　相對而言，最普遍使用的語言是馬來語。這種語言在馬來亞和印度尼西亞地區廣泛地通用，菲律賓南部、泰國、柬埔寨及越南南部沿海等地區少數民族的語言也與之密切相關。排第二位的是泰佬語，不僅泰國的主要民族泰人，緬甸的撣族，老撾的老龍族，柬埔寨西部、東北部和馬來半島北端的一些少數民放也操這種語言。再者就是越芒語，越南的越族和芒族均使用它，它是擁有七千萬人口的越南由南至北的一種通用語。另外一些比較通用的語言就和殖民背景緊密聯繫在一起了。由於西方國家長期的殖民統治和文化滲透，原宗主國的語言，如英語、法語，仍在東南亞的一些國家流行。

　　此外，當然還有文化上的巨大差異性。由於歷史機緣的不同，傳到這裡的各種外來文化大都以宗教面目出現，其內涵千差萬別。差不多世界上所有重要的宗教以及學說、思想，譬如佛教、儒家、伊斯蘭教、基督教、印度教，都隨著絡繹不絕的移民者和探險者來到這裡。每一個國家、民族都做出了自己的選擇；而且，在漫長的歷史進程中，往往依靠自己選擇的宗教信仰，支撐自己的國家度過一個又一個難關。

　　這些宗教在每一個國家並非完全純粹，而是往往幾種宗教皆大歡喜又面目不清地混雜在一起。譬如說，最早傳入東南亞的宗教是婆羅門教和大乘佛教。一開始，這兩種宗教在東南亞，特別在半島地區是並存的。作為柬埔寨偉大文明古蹟的吳哥窟，就是建於吳哥王朝時期，佛教和婆羅門教的建築。但後來約在十三世紀，小乘佛教也傳入了東南亞，逐漸取代大乘佛教的地位。婆羅門教也趨於衰落；但這個宗教依然在東南亞社會留下顯著的痕跡。至今仍有很多宗教儀式直接源自婆羅門教，宮廷裡每年舉行的大典仍然採用婆羅門教的儀式，柬埔寨

國王仍被稱作婆羅門教主，婆羅門教的高僧則被國王尊為國師。國師對國家來說，也是至高無上的。國師的權力範圍是主持王宮的儀典，保管國王的王冕、金履、掌扇、羅傘、寶劍等五項傳國之寶。國師甚至還有類似於羅馬教皇的權力，新國師的登位儀式必須由他主持，這樣才會得到國王的承認。

事實上，各種人種、民族帶來各自的文化，為此地的文化提供了多種選擇性。不同的文化在東南亞的同時存在造成了某種平衡機制。文化的多樣性有助於地區的平衡。否則就會如同DDT 的出現般，造成生態系統多樣性的大大減少。在一個地區，各種文化成分越是紛然雜陳，此地的文化就越有包容性。

這個地方的歷史似乎有些超出中國人從自己的民族中得來的經驗。有「逐鹿中原」傳統的中國人常常感到奇怪，這裡千百年來，居然從來沒有出現過一個統一的國家，不管是在海島地區，還是在半島地區。凡一個民族成為一片大陸的持久性強者，必定在某一方面有特別超人之處，或軍事、或文化、或經驗。但是，東南亞的廣大範圍裡從來沒有出現過一個占主體位置的民族。

其實，這本來就是一個非常自以為是的問題，這裡的人根本從來不會提出這樣的問題，只是簡單地生活著。他們有自己的土著文明，也具有強大地吸收文來文明的能力。文化來到此地，很少有不留下印痕的。這裡像一隻不斷裝上貨物的小船，幾乎靜止地浮在水面上，默默地承載越來越重的文化。別人和自己不同，又有什麼關係？歷史本身並不是只有一種正確的選擇。統一並非此地人的夢想和事業，一種單純平和的生活才更符合他們的心理需求。也許這種靜止，骨子裡還是亞洲式的。人們討厭那種俗氣的爭先恐後，不喜歡急急忙忙的生活方式，用一種永不凋謝的寧靜看待生命。

同住一個屋簷下

翻開今日的《辭海》，「東南亞」的條目上有一個簡單確切的說明：「亞洲東南部地區，包括中南半島上的越南、老撾、柬埔寨、緬甸、泰國、新加坡、馬來西亞的西馬來西亞部分，馬來群島的印度尼西亞、菲律賓、文萊、東帝汶和馬來西亞的東馬來西亞部分等國家和地區，面積 448.6 萬餘平方公里，人口二億九千多萬。」我們已經了解，在這十一個國家，由於地形、民族的不同，差別何止千萬。然而，任何差別本身都是有限度的。難以想像，這裡的各個民族千百年來，幾乎「同住一個屋簷下」，卻沒有相互影響。

事實上，我們在看待東南亞時，總是非常容易犯一個錯誤：往往專注於東南亞各國歷史文化的不同特點，即多樣性，而忽略了其作為一個地區的相對統一性。

最早提出這一異議的是歷史學家。二次大戰之後，歷史家紛紛把東南亞當成專門的地區撰寫通史。其中最為著名的就是D·霍爾的《東南亞史》和約翰·卡迪的《東南亞歷史發展》。這兩本著作摒棄了東南亞研究的「歐洲中心論」和「印度中心論」，堅持東南亞的主體性與統一性。

實際上，在這個當前被稱作東南亞地區的地方，曾有過一段相互緊密聯繫的歷史。我們透過表面上的紛繁，細細推究一番，就會發現在多樣性中同樣也存在相對統一性與整體性。從整個這個地區的範圍來講，這裡當然也存在它固有的文化。事實上，我們在東南亞大陸大部分地區發現的文化，其性質是同一的。但是，由於各自歷史傳統與生態環境的不同，從而必然具有相應的差異。

譬如說，他們都具有相似的文化環境，不可避免地受到印

度與中國兩種文化的薰陶與影響。但他們做出的文化選擇是相同的，都沒有原封不動地照搬，而是有選擇地主動吸收。東南亞的歷史並不是中國或印度歷史的延伸，它的文化也並沒有跳入印度或中國文化的模式之內。

原因很簡單，早在印度和中國文化形成，發展，輸入之前，東南亞就已經有了自己的獨有文化了。如果是一張白紙，畫上任何圖案，顯示出來的也就是那些。但此地並不是一張白紙，並不是文化的真空地帶，只等外來文化的滋潤。上古年代，這裡甚至是世界上最早耕種稻田的地方，而且有複雜精巧的灌溉系統，也擁有了與農業社會的灌溉要求相當的社會組織。這裡已開始馴養黃牛和水牛，金屬工具也得到了初步運用，人們甚至已開始把對海的幻想付諸實踐，掌握了一定的航海技術。人們用竹子，這種東南亞大陸上最常見的植物，製作各種工具和建築，如手杖、鏢槍、弓箭等等。

這裡的人廣泛地崇奉土地神和祖先。如果你當時在這裡，就隨處可以見到泛靈主義的信仰，人們敬畏地講述著關於山與海、有翼動物與水生動物、深山民族與海濱民族對立的二元論神話。東南亞人還有另外許多相似的習俗：吃魚露，住高腳屋，穿各種套頭衣服和紗籠、製造各種獨木船，如燕尾船，筏子，還吃檳榔、染牙齒。這裡的人在受到外來宗教的影響之前，性格就非常溫和。這可能是傳統民族文化的遺存，他們相互之間熱情幫助、團結友愛。

十七世紀來到此地的一個意大利傳教士感嘆地說：「儘管他們之間甚至互不相識，但他們和睦相處，待人接物十分坦率，就像在同一個家庭裡出生和長大的兄弟那樣。」

他們同樣輕視腳和左手。對他們來說，身體的每一個部分似乎都是有所指的。如果在這裡作客，你絕對不能翹二郎腳，

落座後應該把腳平放在地板上，因為腳是身體最低的地位，被這裡的人看成是最髒、最低賤的，不能用它觸碰和指向任何東西。應雙腿併攏，輕聲與別人交談。從別人面前走過時，應微躬身高，以示歉意。如果你是左撇子，來到東南亞，必須不停地說明，才能繼續使用你的左手。向當地人遞送東西，絕對不能用左手操作，否則會被認為是鄙視他。至於拋東西給別人，更是不允許。這裡排斥一切給別人造成麻煩和不莊重的動作。

在東南亞國家的社會結構中，還有一個重要特徵，就是雙系繼承制。由於堅持了婦女的重要地位，女性在此地仍然受到特別的重視。這是一種遠遠超過印度與中國的特別關注。當然，不同的國家，程度也有所差異。下文我們還要詳細論述。

即使是表面上看複雜多樣的宗教信仰，也並非完全互不相干。當然，在這裡，你可以發現任何一種流行於世的主要宗教，如佛教、伊斯蘭教、基督教、印度教、猶太教，以及道教、錫克教等。若要大致區分，現代東南亞主要可分為三大宗教區——

佛教區：越南、柬埔寨、老撾、泰國、緬甸、新加坡
伊斯蘭教區：馬來西亞、印度尼西亞、文萊、菲律賓南部
基督教區：菲律賓中部、北部

這種信仰的多樣化，直接的後果當然是為東南亞千差萬別的文化成分推波助瀾。但是，在此地，無論什麼外來宗教，都與東南亞土生的原始拜物泛靈信仰相結合，使東南亞的宗教別具特色。源於印度的佛教、印度教輸入東南亞以後，不再保留原來的形態，它們已本地化、民族化；也只有如此，才能在東南亞國家紮下根來。舉一個明顯的例子：上座部佛教傳入緬甸

後，與當地的那特（意為保護者）信仰相融合。至今緬甸的塔剎寺廟裡往往還供奉著各種那特的偶像。

　　而在東南亞的半島地區，許多民族本身就是混血的。如高棉人，他們在來到柬埔寨之前，種族上就已經是一個複合體了。約在公元前二世紀，今日高棉人的祖先從現在泰國的呵叻高原南下到了柬埔寨，大致就是湄公河中下游地區，與當地土著，也就是占人融成一體。此後，據信，這裡不斷來了許多印度移民。因為今天我們看到的許多記載扶南國歷史的碑文，都是用梵文刻寫的。這說明印度文化當時在這個國家已經占有了相當重要的地位，梵文成為扶南這個多部族國家的國語。這些印度人無疑也加入了他們的血液當中。

　　七世紀時，真臘取代了扶南，高棉部族開始逐漸分布到現代柬埔寨的整個領土上。又過了一個世紀，有一些馬來人占據了與陸真臘並存的水真臘。到了九世紀，一個統一的，前所未有的強盛國家——吳哥王朝出現在柬埔寨土地上。可以確定，一個統一的高棉部族就在此時走向成熟。這個時期如同漢朝之對漢朝，全族人因為生活在一個空前強大的國家，從而對自己的民族充滿了自豪和驕傲。其後，從十世紀到十五世紀，另一種人——泰人陸續遷入。十七世紀起，越南和中國移民也源源而來。各移民和種族間的同化與融合經歷了漫長的歷史過程，使高棉部族從中不斷吸收新鮮血液，爾後就逐漸形成今日的高棉族，擁有把各種成分融合成一體的民族文化。

　　此外，還有東南亞的文學、藝術、音樂、舞蹈等等，同樣都保持了同一的傳統精神內核與風貌，並在汲取印度、中國、阿拉伯的文化給養後，獲得了新的發展。這些都還要在後文中論及。

　　實際上，在東南亞內部，存在著一種連鎖反應的機制，無

論是歷史還是文化。這種連鎖反應往往在外部世界對這裡施加影響或壓力時，表現得最為明顯。像是在印度、阿拉伯、中國及東亞諸國大力發展海上商業貿易之際，東南亞地區各國之間的聯繫大大增強了。聯繫的方式是多種多樣的，可能是移民，可能是戰爭，也可能是商業貿易。這使得東南亞的許多民族共同具有他們本土文化傳統的特徵——在技術發展、耕作方式、宗教及社會政治制度上很是相似。

譬如，緬細南部和暹邏的早期孟族居民曾經分別向西向東，把他們的農業技術和社會制度傳授給古老的驃族和高棉族。這種文化影響甚至遠及北面的緬甸人。又如在十三世紀末時，泰族暹邏國的政治影響遠遠擴展到馬來半島。在足足五百年的時間裡，撣族和泰族曾是緬甸人長期的競爭對手。馬來半島的馬來人與蘇門答臘、西婆羅州的同族人長期保持著密切的聯繫。而爪哇、布吉斯、麻六甲及南婆羅州的商人很早便在爪哇淺海和麻六甲海峽上展開密切的機易關係。

正因為有如此豐富的本土文化，在外來文化傳入之後，東南亞人民當然能夠理直氣壯地用某種方式堅持著自己的傳統文化，對其做有選擇性地吸收，形成自己的別具特色之東南亞國家的民族文化。

二次大戰以後，東南亞面貌發生了巨大的變化，一系列民族獨立國家興起。東南亞新興民族國家為了發展民族經濟與文化，重建它們之間的傳統聯繫；特別是東盟的成立和不斷擴大，標誌著東南亞區域性聯繫的全新發展。

本書將努力把東南亞當成一個政治、經濟、歷史、地理和文化緊密聯繫的整體進行綜合介紹。當然，要在多樣性和同一性間取得平衡並非是一件容易的事。好在我們已經確定以東南亞作為整體論述，有了這個前提，討論多樣性也就有了堅實的

基礎。如果帶著這樣的眼光走進東南亞，我們就會看到這裡獨有的豐富與單純。

土地的選擇

　　丹納（H. A. Taine）在其名著《藝術哲學》中曾提出一個著名的觀點：藝術品與藝術家所生活的環境、風俗、時代精神完全呼應。當代人類學家在研究過程中也往往發現，在全世界範圍內，往往在兩個或者更多相距甚遠的文化圈裡發現相同的文化因子。這種細節上的相似程度，一部分研究者認定是由於人類遷移過程中的文化傳播，即所謂的「傳播論派」。但另一些人類學家至今堅持認為，之所以相似，甚至相同，只因為環境的相似；而在自然環境、生存環境差異很大的地區，就極難找到相似性的存在。

　　舉個例子說，愛斯基摩人和馬來人雖然都需要衣食住行，但因為所處的環境不同，他們在發展過程中的文化發明也一定不同。愛斯基摩人住的雪屋並不是如現代人想像中那麼浪漫。這種坑屋（gallery huts）很像史前人類的洞穴，其建築材料是冰雪的堅塊。進口是一條極低仄的隧道，人必須困難地俯身潛入。雖然這種房子在我們看來不太精緻，卻和周遭冰天雪地的環境極為相合。對愛斯基摩人來說，在這樣一個生存環境裡，根本沒有什麼別的建築材料，冰塊是唯一，也是最容易得到的建材。

　　然而，在馬來半島上也有一種造在樹上的所謂「樹屋」（Tree huts），其屋離地約 35 至 50 呎，築於大樹的低枝上。當地土著在樹幹上還特意砍挖了許多小缺口，住客們由此攀爬

上下。這種屋子的建築方法很簡單，即把樹枝的兩端縛連，中間空處便可容人了。整個屋子的形狀像蜂窩一樣。屋高約四到六呎。入口也是一個小孔，很不容易進出。馬來土著之所以造這種在我們看來頗有想像力的屋子，其實原因也很簡單，大略是為自身安全，免受敵人或野獸的侵害而避居樹上，順便可兼帶瞭望、放哨。

值得一提的是，現在考古學家所發現的世界各地原初民，住在雪屋中的極少，因為常年居住在高寒地帶的部落本來就很少見。而樹居者卻比比皆是。有樹屋的地方大多是樹木茂密，猛獸猖獗之地，所以土著們不得不避居樹上。

當然，這個例子並不是為文化獨立發展論者吶喊助威，否定傳播者，而是為了強調環境對文化的重要和不可忽視的作用。特別是在我們將要討論的東南亞地區，環境是一切事物的第一成因。

我們先看看東南亞到底指什麼。嚴格地說：「東南亞」這個詞在漢語中是一個比較年輕的詞彙。以前，在中國的地理書上，把此地通稱為「南洋」，意指它位於中國南方的大洋之中。到了明代，張燮在他所著的《東西洋考》中，以文萊（渤泥）為界，東為「東洋」，西稱「西洋」。明初三保太監出使南海諸國七次，航行所歷，均在文萊以西，故稱「三保太監下西洋」。清代以降，則皆以「南洋」概稱亞洲東南部地區。

過去的西方人把這一地區稱為「遠印度」、「外印度」或「東印度群島」。他們的稱呼之所以不離印度，一是因為以印度為其東漸的目標，而哥倫布堅持將中美洲加勒比海地區視為西印度，於是印度便有了東西之分；二是，早在公元前二世紀，希臘地理學家托勒密就將此地稱為「恆河外印度」，故歐美人皆因襲之。

「東南亞」這個詞真正作為一個地理名稱出現，濫觴於第二次世界大戰期間。一九四三年，英國的蒙巴頓將軍在這裡建立了東南亞盟軍司令部。以後，這個地理概念逐步推廣，在戰後為世界各國所普遍採用。

　　今日東南亞是由一系列鑲嵌在海洋中的半島和群島組成的。從地圖上看，簡直像一塊破碎的鏡子，滴滴答答地牽連著遙遠的澳洲大陸。地質學家很肯定地告訴我們：遠古時代，東南亞系列島嶼是亞、澳兩大洲之間連接的大陸塊。今天的東南亞中心地帶為巽他台地，其中大部分為淺海，稱之為「巽他大陸架」。冰川時期，大陸部分經過巽他台地組成的陸橋，可遠達澳大利地。大約二萬五千年前，冰蓋開始溶解，海平面上升，巽他台地的一部分被海水淹沒，遂分成許多島嶼；此後又經過長時間侵蝕和沖積，便形成現今東南亞的地形地貌。東南亞的這十一個國家，地理上分屬中南半島和馬來群島兩大地區，各國在文化、宗教、歷史和習俗上的許多方面，也顯示出這兩大範疇。

　　從總體上看，這片土地雖然零碎，陸地總面積卻也有四百四十九萬平方公里，海陸總範圍共約一千二百萬平方公里，幾乎和整個歐洲加北非地區一樣大。其中，中南半島地勢北高南低，大體上都是南北走向的山脈。北部的那加山脈、阿拉干山脈、登勞山、長山等分別為喜馬拉雅等高山的餘派。這些山脈到緩斜處便成了一個個高原，如撣邦高原、呵叻高原、多樂高原、甘蒙高原等。這些南北走向的山脈客觀上阻礙了相鄰河谷之間的橫貫往來。這意味著一切商業活動和部落遷移的通道都處於南北方向。

　　半島上的河流大多自北向南，主要有紅河、湄公河、薩爾溫河和伊洛瓦底江。這些大河流域的下游地區因為每年定期泛

濫，形成面積廣闊的沖積平原和三角洲。東南亞半島地區的古代王國就是在這些肥沃、富庶的大河中下游地區誕生、發育和強大起來的。此外，這個半島還有一個得天獨厚的優勢，就是處在中國、印度這兩大古老悠久的文明中間，千百年來，深得兩者的潤澤和滋養了。

　　了解這些地理狀況，對我們了解這裡的文化、歷史有非常重要的意義。這些因素起碼決定了農業資源成為這裡的基礎。這裡在歷史上起過重要作用的民族，幾乎全都占據著三角洲地區，成為以農業為生活依靠的國家和民族。像是緬甸，蒲甘時代起就以緬甸的三個內陸灌溉區為中心；高棉人則發揮了柬埔寨大湖盆地的巨大農業潛力。群島中，由於地理狀況的限制，只有爪哇擁有可供農業發展的大片土地。

　　緬甸是東南亞中南半島地區最大的國家，境內有一條伊洛瓦底江是其最長的河流，整個漂域面積達 43 萬平方公里，占緬甸全部面積的 63.5%。可想而知，這條河對緬甸人有多重要。他們把它稱為「天惠之河」，並賦予這條河種種美麗的傳說。人們說，古時候這條河是雨神伊洛瓦底居住的地方。這個神非常鍾愛自己的一頭白象，這條江正是從白象鼻車噴出的大量的水匯聚而成。

　　這條河確實無論對緬甸的農業，還是交通運輸，都起到了重要的作用，是緬甸各族人民的搖籃，也是其文化的發祥地。這個國家幾乎所有的重要城市，如「萬塔之城」蒲甘、首都仰光，都在沿江兩岸。緬甸中央河谷地區的東西聳立著寬廣的撣邦高原，這個高原向東一直延伸到今天泰國的北部地區，並越過湄公河中游，到了老撾境內。最早從湄公河向南移居的民族是孟族。後來，寬闊的湄南河谷成為孟族及其後的暹邏人經濟和文化的發祥地。

另一支高棉族可能是孟族的親族。他們在孟族向南遷居之後不久，填補了湄公河中部地區一片肥沃又空閑的土地，後來建立了一個我們中國史書上稱為「扶南」的國家。這個國家以湄公河三角洲及西北部的大湖地區為中心，公元三世紀時，已經成為此地最強大的國家了。

以老撾為起點，沿湄公河向東伸展的山脈，與越南海岸平行，構成了商業與人口移動的險峻屏障。

有史初期，占族一直居住在狹窄的越南沿海地區南部，越南人則占據著這個地區北部的一個肥沃地區——紅河三角洲。這地區的內地群山同緬甸的高地和高原一樣，居住著各種文化原始的民族；他們在這地區住的時間並不比任何一個民族少，但他們對這個地區的歷史卻沒有起過重要的作用，只是默默地在這裡重複著遠古的生活。事實上，正是這些山脈在氣候和人種上起到了分界線的作用。

越南人的歷史文化在東南亞地區是比較獨樹一幟的。肥沃的紅河流域為這個國家提供了堅實的農業基礎。同時，由於受到中國將近一千年的統治（從公元前約 100 年到公元 939年），這裡漢化得相當徹底。可以說，其各個領域都受到中國文化的全面影響。儒家文化在這裡被吸收入他們本土的文化體系之中。那時，越南人口語中雖仍講自己的語言，但在許多領域，如哲學、商業和正規教育方面，則完全採用外來的漢語。

特別是在公元 200 年左右，由於漢朝滅亡，中原政權割據，戰事頻繁，大量中國知識分子來到這裡避難。這無疑加強了我國的學術思想在越南當地的影響。後來越南人還直接從中國吸收了儒教和大乘佛教。但這一發展並沒有割斷他們同印度文化的關係，也沒有排除本地宗教習俗的延續。歷史上，越南農民一直固守在他們的家鄉，以保護本地的神靈、祖先。這在

客觀上極大地減少了人口的流動性。在一些自古就有人居住的村社裡，只存在著數量有限的姓氏，一般一個地區只有十幾個。這種信念當然與越南本身的農耕文化有密切的關係。

從九世紀後期開始，隨著唐朝勢力的衰微，越南終於脫離了中國。具體的起因是公元 826 年，整雲南遷移來的南詔泰人入浸紅河流域，作為保護國的唐朝政府卻沒能幫助河內擋住敵人的進攻。在唐朝統治崩潰後，越南於 939 年完全獨立。儘管如此，在政治制度上，建築和藝術方面，還是留下了不可磨滅的中國文化的痕跡。

半島東南面的馬來群島也同樣肥沃富庶，但條件成因並不同。這一萬兩千多個大大小小的島嶼星星落落地散布在印度洋和太平洋之間的廣闊海域上，北起巴坦群島，南至羅地島，西到蘇門答臘島，東接東南群島，其陸地面積亦有二百萬平方公里，為世界上最大的群島。海島上到處崇山峻嶺，尤為著名的是多座活火山。從地質學的意義看，這些火山是太平洋西岸火山帶的一部分，也是緬甸阿拉干山脈向南向東的延伸。它在荒蕪的安達曼群島和尼科巴群島浮出水面。在這些島嶼上，今天還居住著東南亞最古老的住民之一——尼格利陀民族。他們甚至比馬來人還來得早。但同樣也是非常沉默的一族，在這裡的歷史沒有留下什麼印痕。

頻繁的火山爆發為島民們帶來了肥沃的火山沖積土，這種土的土質極適合種植經濟作物。海島各地區因為相距頗遙，即使在一個島內，也因為高山阻擋，造成地理上的隔絕，因此，歷史上，各部落之間存在的差異較大，更難以建立跨越島嶼的行政大國。然而，與此同時，由於海上交通工具的發展和商業貿易的繁榮，處於東西海上交通要道的東南亞海島地區，歷史上曾興起過一些盛極一時的海上商業大國。

由於整個東南亞地區，除了老撾以外，幾乎每一個國家都有綿長的海岸線，使得這裡大部分地區的海上貿易和農業同樣重要。那些因為無法發展較大規模農業生產的民族，如生活在越南南部狹窄海岸的占人、望加錫海峽的布吉斯人及蘇門答臘北部的亞齊人，因而有機會進入主要的貿易潮，為其政權提供了紮實的基礎。

　　蘇門答臘島西部有許多非常零亂的低矮小島，這裡自古以來就同時是海盜和漁民的庇護所。其他幾個大島如婆羅洲、棉蘭老上的深山居民基本上都是文化、經濟、商業比較落後的民族。在這個海島地區，很長的時間裡，幾乎沒有出現過什麼統一的政權，大家基本上各自為政，連外來文化在這裡的影響也遠不如半島地區那麼強烈。

　　自然環境和人類的社會環境實際上不僅強烈影響各民族的生存手段，與人類的社會組織、社會制度、親屬關係、分配形式、風俗習慣、遷徙模式、婚姻型態、飲食習慣、生育習俗、勞動方式、人口狀態、宗教信仰等等也都有關係。

　　換句話說，地理本身並不創造技藝和習俗，它只是給你機會或不給你機會。地理只吩咐，這樣的事是不能有的，那樣的事是可以有的；有時候它也會強硬地規定：這些東西是非有不可的。

　　舉個例子說，在半島地區，人們因為大陸部分與中國、印度兩個重要的文明相連，受到的文化影響很大。公元一世紀，一個來自印度的年輕人意外地當上扶南國國王。上任後，他立刻教他的妻子，也就是原先的女王，把一塊布當中剪一個洞，從頭部往下套，使這裡有了第一件衣服。舉國立即起仿效。但在海島地區，很多土著由於交通隔絕，島內崇山峻嶺，少與外界接觸，直到十八世紀還穿著樹皮衣。當然，樹皮衣估計在當

地也流行了幾千年了，它的製作工藝也不簡單。

公元 1777 年，有一個歐洲沿船在東加島上看到了製作樹皮衣的整個過程。一個女子先把桑樹皮剝下，然後把外皮刮去，把內皮放在水裡浸軟，攤在一棵大樹的樹幹上，再用榔頭捶打。經捶打的桑皮互相黏疊，需要多長多厚，便加多長多厚。末了，為求光澤，還放在某種汁液裡浸一浸。更講究一些的話，也可以把樹皮放在雕有各種圖案的木版上，用一種特殊顏料在上面平擦，樹皮衣上就會印出種種花紋。也許這種樹皮衣也不失美觀，但在舒適性上肯定略遜一籌。

在半島地區，由於農業的關係，人們必須大量聚集於河谷處，因此多多少少曾經存在一些比較強大的國家。但在海島地區，人們基本上一直是各自為政，以粗放的耕種、採集和漁獵為生，所以地方政權也處於相當鬆散的階段。這裡當然也會出現一個氏族的擴張要求和另一個氏族的自主要求發生矛盾的事。在別處通常是用武力解決這種常見的問題。一個氏族征服另一個，不僅擴大了領土，還可以將其他氏族貶為平民或奴隸。但在這裡，人們卻沒有這樣做。

譬如，在菲律賓並沒有氏族組織，每個村莊裡住的各家族之間都是仇敵。他們各自都牢記幾百年甚至幾千內積下的矛盾，勢不兩立。但他們也不是完全沒有鄉鄰之誼。一旦有外賊，他們還是會自發地組織起來，把賊捉住，殺掉。

每個社會都有其獨特的社會秩序，依靠自然、利用自然是所有民族的課題。東南亞的地理環境為此地的人提供了各種不同的生存標準，可以漁獵、可以出海、可以農耕，也可以採集。正是這種多樣性的選擇使東南亞文化的豐富成為可能。

風雨的變調

　　一說起東南亞，似乎頭一個反應就是熱。那是一個熱得出奇，熱得從不停止的地方。那裡與中國四季分明的氣候完全不同，在我們看來，簡直天天都是夏天。這個地區正好橫跨赤道兩側，屬於熱帶氣候，溫度常年保持在 30 度左右，氣溫的年均差不到 2 度。一年當中，這裡的天氣只有兩種改變：雨季和季風。說得嚴重一點，正是這兩種氣候深刻地影響著東南亞的文化和歷史。

　　當地人常說這裡：「終年皆是夏，一雨便成秋。」根據降雨量的季節變化，全年可分為雨季、涼季和熱季。從五月中旬到十月中旬是雨季，從十一月到二月為涼季，從二月中旬到五月中旬是熱季。涼季的月平均溫度也不低於 18 度。四月最熱。由於這裡雨量充沛，氣候宜人，草木生長極為茂盛，終年瓜果飄香。

　　這樣適宜的熱帶氣候，為這裡帶來了數不清的資源。最重要的當然是農業。水稻喜歡生長在多水的地方。考古學家發現，這裡很早就生長一種不需要人工種植的野生稻。因此，可以說，這裡就是水稻的故鄉，也是世界上出現的最早栽培種植水稻的中心地區。當地人後來培育出來上百種早稻、晚稻、糯稻、粳稻。至今，這裡仍然是世界上的一個重要產糧區。泰國香米潔白、晶瑩，米粒細長，有「白色金子」之稱。廿世紀八〇年代以來，泰國已成為世界五大糧食出口國之一，大米出口居世界首位。

　　還不止於此，這裡每年的收穫，足以讓亞熱帶氣候的農民嫉妒。東南亞的很多地方都可以做到一年三熟，甚至四熟。這裡的農民根本沒有現代農業中所謂的暖房概念，因為這裡本身

就是一個大暖房。

　　熱帶氣候還造就了這裡大片的原始林區。在眼下這個綠色越來越少的星球上，這就顯得更加彌足珍貴。譬如緬甸就是一個名副其實的森林之國。這裡到處長著密林，森林面積占國土面積的 57%，處處是綠色，連江河湖海也被悅目的綠色所染透。這裡最著名的木材是柚木。

　　這種木頭質地堅固又耐腐蝕，不易漲縮，能廣泛應用於建築、造船、家具等方面。最著名的例子是，在 1790 年，曾經用這裡的柚木建造了一艘名叫「成功號」的帆船。足足過了一百二十多年後，到了 1912 年，這艘船居然還牢固完好，渡過了大西洋。另有一種生長在緬甸的龍腦香樹，樹幹粗壯筆直，遍布魚鱗狀的斑紋。這種木材更神奇，經過蒸餾以後，所得的晶體稱為「龍腦」或「冰片」，香氣馥郁，被我們中醫用作芳香開竅之藥。

　　這裡更出名的資源當然是水果。有人甚至說，東南亞地區是「太平洋上的果盤」。這裡的水果不僅品種多，而且價格極為便宜。一年四季水果不斷，著名的水果有榴槤、芒果、菠蘿、龍眼、紅毛丹、荔枝、香蕉、柑橘、葡萄、柚子、桃子、番木瓜、番石榴等。最特別的水果是榴槤。這種被譽為「水果之王」的水果因為對它的不同評價相差十萬八千里而著名。它在東南亞的地位出奇的高。這種水果形狀近於球型，表面上布滿木質刺，果肉營養豐富。滋味實在獨特，當地人覺得吃後回味無窮。對初次品嘗的人來說，光聞味道就難以承受了。不過，它妙在多吃幾次就會上癮。

　　水果對於東南亞人來說，像每天必須吃飯一樣，是生活中不可少的一部分。泰國人吃芒果有自己獨特的方法，他們沾鹽或辣椒醬吃。還有人把芒果和糯米合在一起吃，據說是一味意

想不到的佳餚。但是切記，吃榴槤或芒果糯米飯時絕不能飲酒，否則這兩種食物在體內相遇，會產生大量的熱量，令體溫急劇上升，輕者暈眩，重者喪命。

森林資源也帶來了同樣豐富的動物資源。在莽莽熱帶叢林裡，生息著野象、野牛、老虎、豹、熊等各種野獸，猿猴類、鹿類、蛇類在這裡擁有各種齊全的種類。東南亞人最喜歡的動物是象。尤其是白象，被視為聖物。古代，人們馴象作戰，軍中還有專職的象兵。今天，由於林區山高谷深，象仍是此地運送木材的主要工具。一頭體壯的大象一次可以運送 3～5 噸木材。這裡的鳥類資源同樣也很豐富，最名貴的就是孔雀。

可以想像，從古到今，人們在這裡的生活是極為愜意的。人們生活在一個美麗的環境裡，氣候也溫暖宜人。人們的辛苦勞作基本上都會有令人滿意的收穫。豐富的生存資源就在身邊，不需要人們費勁心機去得到它。這使這裡的人有一種容易滿足的性格。容易滿足和懶惰是不同的；他們也同樣認真地勞動生產。這裡的人更多地是以一種做減法的思維過生活，而不是沒完沒了地多了還要再多。

這個問題似乎和現在流行的環保意識也有關聯。我們往往重視從自然中所獲取的數量，而不關心質量；往往保持眼前的平衡，而忘記了後代可能面臨糟糕的環境。

此地的東南亞人似乎很早就懂得這一點了。他們的所作所為似乎和當地的環保觀念中「很少的浪費，更多的循環」不謀而合。譬如說，東南亞人中最喜歡穿的服裝—紗籠，居然有許多不同的功能。上街時，這是非常不錯的體面衣服；在河邊洗澡時，可以做毛巾用；睡覺時，可以把它當作薄被；頭部頂著裝了水果食物的藤籃叫賣時，可以把它當作頭墊；出門時更可以把它挽成錢袋。這裡的人從出生到死去都用到它。它是最早

的搖籃。母親把它兩端束綁，以繩繫於樑上，就是一具嬰兒相當不錯的床。母親上街，還可以把它當作背帶，將嬰孩背上。人死後，它也是一件相當不錯的壽衣。如此多功能的服裝，在別的國家、地區似乎還沒有聽說過。並不是說東南亞人不會做一些功能單一的衣服，恐怕這背後還是一種經常做減法的文化心理在起作用。

很多東南亞人對金錢和發展經濟毫無興趣。他們具體的生活標準是夠吃夠用就行了，而他們的生活必需品一直很容易就有了。這種帶有「烏托邦」色彩的生活鼓勵了一種享受的生活方式。當然，這種享受與我們所說的那種香車寶馬式的奢華完全不一樣，而是一種比較簡單和原始，但充滿快樂和滿足的生活方式。這種人較人性化的生活曾經讓第一次來到這裡的葡萄牙水手羨慕不已。他們顯然受到了這種無憂無慮的氛圍感染，有不少人終生留在這裡，像這裡雖然不穿衣服但不知憂愁的島民一樣，過著另一種沒有基督的幸福日子。

如果沒有季風，東南亞的歷史可能永遠完全一樣，一些也不改變。事實上，每年如期而至的季風，為這裡的生活帶來恰到好處的節奏和動感。

這種變化最明顯的莫過於正是季風千百年來帶來了各種各樣的人群。我們已經介紹過，東南亞是世界上人種最豐富的地區之一。之所以造成這種局面，當然和東南亞的地理位置有關。打開世界地圖，會發現東南亞的地理位置實在太特殊了，正好在畫面的中心，身處東南西北的交通要道上，可謂八面玲瓏。但是，島嶼的位置並不是唯一的理由。在航行技術和工具都不發達的年代，季風的作用是極其重要的。特別是群島地區的先民們正是乘著季風，才從北方的大陸來到這裡，開始他們的生活。即便後來的殖民時代，人們還是每年苦苦地等到季風

到來，才敢出船下海。

　　這裡的季風主要有兩種：由於北熱帶氣團的壓力，高氣壓帶南移，每年十月到三月間，季風從東北刮向西南，自北回歸線向赤道移動。相反，每年的四月至九月間，由南熱帶氣團帶來的西南季風從西南吹向東北。每年的這兩次季風對東南亞與其鄰近地區的航海和貿易影響很大，所以又被人們稱作「貿易風」（trade wind）。由於東南亞地區特殊的地理位置和豐富的特產，多少年來一直吸引著各國的商船一次次來到這裡。

　　歷史上的帆船貿易時代，從印度和西洋來的船隻，以及從中國和東北亞來的商船，都是在季風吹送下往返航行的。那時候的人準備出海之前，總要在岸邊等上一些日子，待季風來臨。出行的準備則是早早開始，惟恐延誤了時機，錯過了季風，要等下一次，可就要到次年了。可以想像，季風來臨之前，海港上早已一片忙碌。多少年來的經驗可以準確地告訴當地人，季風何時出現。一旦季風來臨，各種膚色的船員動作熟練地升起船帆，帆被風頂得鼓鼓的，海面上的船隊絡繹不絕。

　　季風的意味還遠遠不止於此。實際上，乘著商船一起來的，還有一種極有進取心的力量。它顯然與東南亞原來那種舒適、緩慢、仁慈的傳統有些格格不入，它帶來一種冒險及創新遠大的精神，而且每年都出現，讓這裡的人也不得不開始產生一些改變。原來清一色的阿拉伯人和華人商人中，也開始出現馬來人的身影。

　　商業貿易在東南亞國家雖然出現得較晚，卻大有後來居上的趨勢。馬來半島和南洋群島地處南海國際貿易要道上，由於經濟動易與航海技術的發展，十世紀以後開闢了亞洲大陸到菲律賓群島的直達航線。海上貿易促進了東南亞國家，尤其是海島地區的經濟發展。在這個基礎上，形成了東南亞另一個類型

的強國──海上商業王國。

　　十五世紀時興起的伊斯蘭麻六甲王國就屬於這種類型。這些海上商業王國以海港城市為中心，擁有商船隊，建立了海軍，每有商船進港停泊或僅僅是過境，他們就徵收貿易稅發財。他們在自己的轄區裡抑制外來的海盜，但他們自己有時也在海上幹海盜的營生。這種類型的國家雖擁有跨越島嶼的廣闊領地和屬地，但與以農業為基礎的大陸國家相比較，內部聯繫有些鬆散，他們所依靠的收入來源並不是非常牢固。而且，由於收入太單一，一旦失去對港口和海峽要道的控制權，這個王國就會極其迅速地瓦解和衰落下去。麻六甲王國在葡萄牙殖民者攻陷麻六甲後急劇衰落，正說明了這一點。

　　除了這種冒險的商業精神外，季風無疑也為這裡的人帶來了戰爭和各種文化。那些在遠洋上漂泊的船，上面有商人、戰士，有強盜，也有真正的傳教士。他們作為文化的使者，不辭辛勞地來往於諸島間。也許他們雖各傳不同的教，或佛教，或伊斯蘭教，或基督教，或婆羅門教，但實際上他們所做的事都是相同的──進行文化的有意傳播。所以，季風不僅使東南亞成為東西方經濟文化交流的有效通道，還對東南亞諸國歷史文化的發展產生了極其深刻的影響。

　　當然，這都是事後的總結。當時面對季風，東南亞人並沒有想這麼多。他們主要琢磨的還是怎麼讓自己生活得更加舒服。他們建造了東南亞特有的杆欄式建築，以離開地面升騰的濕氣。房屋一般都是四面開窗，以順應四面八方的海風。對他們來說，生活是美好的。水、土地、必要的早期、充足的動植物，什麼都有。乘著季風來來往往的人並沒有深刻地徹底改變這裡的生活節奏。今年的季風也許帶來一些新的小玩意兒，可這種動感和變化畢竟有限，早期的東南亞人當然可以優閑得坐

在自家房子的廊簷下，面無表情地看著外面的落雨，嘴裡毫不擔心地嚼著如血的檳榔。

Chapter 1
古老的回聲

祖先的日子

　　東南亞地區最著名的特點就是其居民來源的極端複雜，它的歷史似乎是就是一部移民的歷史。那麼，最早來到此地的究竟是誰呢？

　　嚴格地說，這裡最早的住戶並不是真正的人類。這個神祕的住客直到十九世紀末才為世人有幸知曉。一八九〇年，荷蘭考古學家杜布瓦在東爪哇的一個村子裡發現世界上首例人類頭骨化石。這是人們第一次發現猿人化石。這一發現意味著東南亞是世界人類形成最早的集中地之一。從此，「爪哇人」聞名於世，被認為是世界上最早的人類之一。

　　這種被稱為爪哇直立猿人的物種腦容量約有九百毫升，各種特徵說明了它介於猿於人之間。在據今幾十萬年以前，這裡就進入了人類最早的舊石器時代。當時的氣候比現在更潮濕些，涼爽些，海面水位比現在低近一百公尺，亞洲大陸和菲律賓群島仍有陸橋相通。甚至還有一支原始人類大約在 25 萬年

前，通過陸橋，來到菲律賓。不管是在海島還是在半島，當時的人們都生活在密林和草原上，同成群的劍齒象、熊貓、犀牛、野豬、野牛、虎、豹、猩猩做鄰居。他們居住在山洞或叢林裡，靠採集野果和捕捉動物充飢。但他們的日子遠非在伊甸園裡那般逍遙自在，因為稍不小心，他們反而會成了食物源的食物。事實上，與動物相比，人類似乎沒有什麼技能上的優勢：沒有利爪，沒有堅牙，沒有有助於逃跑的長臂、長腿。這種不安全的生活造成了精神的極度緊張、恐懼，甚至在今天的現代人深層心理裡也反映出這種早年的艱辛。

為了給自己一個穩定的保障，猿人在山坡上開採一種原生岩，經過初步打磨，做成很多刮削器、石斧和各種砍伐掏挖工具。從此，東南亞的人類真正開始脫離動物階段了，因為他們再也不為生存而適應自然了。

為了生存得更好，他們開始讓自然適應他們的需要。在今天越南的度山，人們發現了上萬件舊石器時期的工具。考古學家把此地此時的文化稱為「砍砸器傳統」。這種文化在緬甸的伊洛瓦底江流域、泰國的芬諾伊河谷、印尼的巴索卡河谷、菲律賓的呂宋島北部等地都有分布。這些年來，人們在這些地方發現了許多舊石器時代製造的各種人類石製與木製的工具。

但造化對人類並非一直如此厚待。有時在自然面前，人顯得無比脆弱。有時候，人們甚至連失敗的原因也不清楚，就完全消失了。曾有人近似危言聳聽地宣稱，人類已經經歷了六次大滅絕，而每次似乎都有極少數的幸運者留存下來。在許多民族的人祖神話中，我們似乎隨手就可以找到很多證明。總是舟船或葫蘆成為人類最後的避難營。但大多數人還是消失了。

走入菲律賓的那支原始人沒有住居大陸的同胞那麼好運，他們連同當時生活在菲律賓島上的象、犀等大型哺乳動物，都

滅絕了。至於滅絕的原因，現在還不清楚。這個結論似乎有些讓人傷感，多少讓人有些兔死狐悲的感受。實際上，這種人種的滅絕在人類史上實在屢見不鮮。別的不說，就拿我們最熟悉的周口店北京猿人，也沒有直系後代，似乎也走上了這條絕路。雖然現在還沒有形成定論，但是，目前學術界已傾向於認為目前的人類只是較晚從非洲走出的一支原始人部族而已。

值得欣慰的是，人類以生生不息的態度默默對抗大自然的殘忍。大約在兩萬五千年之前，又有一批還屬於舊石器時期的亞洲矮黑人通過陸橋，到達菲律賓。他們可稱得上這裡最古老的土著居民，也就是在中國史書中被稱為「海膽人」的部族。

但他們沒有想到，若干年後，冰川融化後增加了水量，淹沒了陸橋。他們被迫永居此地。他們也發展了從大陸帶來的石器文化，並開始走出洞穴，用樹枝、樹葉搭蓋房子居住，用樹皮做衣。他們還開始使用弓箭，食用熟食。不過，顯然由於地理上的隔絕，這些古老的住民成為被人遺忘的一族，他們以後再也不曾加入當地的主流文化。幾百年前，當西方的傳教士和水手來到這裡時，發現他們仍繼續過著幾萬年前的生活。

然而，大多數部族還是往前繼續發展。考古學家今天在和平文化（地處越南的和平省）發現了骨器、陶器和珠母貝殼工具。更重要的發現是在柬埔寨及印度尼西亞各島嶼發現了一種矩形石斧文化。這種四角磨刃的石斧，毋庸置疑，在當時來說，是一種先進的生產工具。事實上，這種工具遍布於太平洋各島嶼，西到馬達加斯加，東至復活節島，這種文化不僅是世界上磨製石斧較早的文化之一，還充分證明了南太平洋所有的島嶼，自古以來就是作為一個整體相互聯繫的，文化藝術也有它的血緣相似性。

到了新石器時代，人們的生活有保障多了。公元前 6000

到前 1500 年，先後有兩批蒙古利亞種的古印度尼西亞人來到菲律賓及印度尼西亞，他們帶來了很多新石器時代的技術文明：磨光的石器工具、簡單的製陶技術，並開始有意識地種植一些農作物。

約在公元前 3000～1000 年前，構成現代群島居民多數的祖先馬來人分成兩批，從海上移居東南亞群島地區。他們已是掌握新石器時代文化的先進者。這次，比他們早得多的原住民——矮黑人該瞠目結舌地看著他們了。他們的移入帶來了新石器、青銅器和鐵器，同時也帶來了奧斯特羅尼西亞語言。他們顯得非常能幹，簡直忙個不停：身手熟練地自己動手製作磨光的石器，用手捏製陶器，敲敲打打地建造木質房子。他們已經不喜歡飽飢不定的漁獵生活，而是燒荒耕作，奮力用石鋤、石鏟整地鬆土，種上旱稻、薯類等糧食，並開始馴養家禽、家畜。

第二批馬來人自印度化程度較高的馬來半島和蘇門答臘地區，他們是乘船來到馬來群島的。上岸以後，因為他們把自己的航船稱作「巴朗蓋」，所以把這個新的居留地以及他們的社會組織都稱作「巴朗蓋」。每一個巴朗蓋由三十到一百戶組成，人數不等。整個社會基本上由貴族、自由民和奴隸組成。

這個地方後來出現的第一個國家組織「麻逸國」實際上就是一種多個巴朗蓋組成的聯盟。對他們來說，這個島嶼或許也像一隻船一樣。

毫無疑問，馬來人對船確是有特殊的感情。二千多年前的他們顯然已經有了相當成熟的造船術。非如此，不會有兩次比較大規模的移民。古人的生活已逝去，不可追，但我們仍可以從這次馬來化浪潮後的遺物中尋得蛛絲馬跡。譬如，在馬來西亞西北部的一個洞穴裡，人們發現了距今兩千三百多年前的船

棺葬。我們知道，葬儀中所選擇的物質器物往往是對這個民族最為重要的東西。如我們中國人常常講究入土為安，泥土對於我們這個農耕民族歷來有非同尋常的意義。而此地的船滲入了葬儀裡，當然也意味著它對日常生活的意義極為重要。人們不僅活著時靠船生活，死後或許也希望自己永生的靈魂能永遠隨船蕩漾吧！

另一些住在海邊的人卻不獨對船有此鍾情。在越南東海沿岸，考古學家驚奇地發現了許多堆積如山的蚌殼。他們研究之後，告訴我們，這實際上是一個垃圾場。這裡的原始人顯然經常以蚌肉為食物。吃完後，他們當然毫無環保意識地把蚌殼丟在一邊。這樣的行為一直延續了幾千年，蚌殼日積月累地堆積在一起，占地居然可達上萬平方公尺，可見這裡曾聚居過的密集人口。這樣的一個海邊民族，當然對海最有感情。與之相對應的是他們對土地的冷漠。他們顯示根本不在乎被農業民族視之為生命的土地，毫不猶豫地將蚌殼隨手扔下，以至於完全淹沒了土地的本來面目。此外，這個民族的喪葬方式也非常奇特。不是土葬，不是水葬，不是船葬，也不是樹葬，而是蚌殼葬。人們先在蚌殼堆中挖出一個圓形的墓穴，然後把死者埋入其中。安葬時，人們還會放幾件石器工具和穿孔的蚌殼裝飾品等做殉葬品。也許在他們樸素的思想裡，有了工具和不絕的蚌肉，在那個世界就可衣食不憂了。

到距今二千五百年前的時候，半島地區的紅河流域產生了另一個偉大的文明——東山文明。這個文明影響非常大，從越南往北傳到雲南、四川，往南傳到馬來半島和印度尼西亞群島，主要以青銅文化為特徵。在這個文化圈裡，有一種特別的鼓：鼓身均分為胴、腰、足三段，鼓面中心是光芒四射的太陽紋，外面是一道道裝飾著圓圈、飛鳥紋樣的暈圈，鼓的胴部、

腰部飾有華美的羽人和船的圖案。這些器物不僅說明了當時此地的冶煉技術已有相當水平，能做出這樣精細的銅器，也說明在上古時代，這裡的人對太陽和鳥非常崇拜，與我國的東夷文化圈有某種相似之處。

事實上，人們已經學會用青銅製造各種生活用具，如農具、武器、樂器、儲存器等等。在這裡出土的青銅器上，我們還可以從上面的雕刻中清楚地感覺到兩千五百年前這種曾有的歡樂氣氛。人們經常聚在一起跳舞，或者在河上賽船；人人都紋身，不分男女，都喜歡帶著漂亮的耳環和手鐲，並染黑牙齒；最常見的零食就是檳榔。

這段歷史也許今天說來簡直有些枯燥乏味，卻是一段不得不說的歷史。在上古我國夏代的時候，這裡的人就有了先進的石器、鐵器和青銅器，有了能渡過遠洋的海船，有了真正的農耕技術，以及其他偉大的文化成就。現在東南亞民眾的許多信仰、習慣甚至都可以追溯到這個時代。那個時代的東南亞人已經會種種稻穀，信仰萬物有靈說，崇拜祖先的靈魂，實行土地公社的共同耕作，居民之間互助合作。

人類的遷移也許是整個人類當中最頻繁的一種活動了。現在人類學家大多傾向於認為，今天絕大多數的人類都是後來從非洲走出的。從某種意義上講，遷移已成為千萬年來人類的一種常態運動。在那遙遠的上古時代，走陸路遠比走水路輕鬆。這種輕鬆不是來自體力上，而是來自智力上。真正的海上遷移並不多見，原始馬來人正是這些不多見的勇士中的一員。人類來到這個群島本就是一件非常不易的事，這些馬來人來到這個新的環境以後，毋庸置疑地成為這裡真正的主人。因為他們不懂帶來了文化，還在這裡發展了適應於此的新文化。他們製造石斧，使用舷外有集叉托架的獨木舟，種植水稻，飼養家畜和

水牛，以及編織、製陶等。

在馬來人中，天賦最高的是爪哇人，他們以鐵製、銅製武器及日用器皿等先進的工藝而著稱。早在公元前，馬來族航海者已將他們的產品和語言傳播到遠及印度以外的東非海岸和馬達加斯加南部海洋地區。他們可能已經向非洲傳入山芋、香蕉和甘蔗，基本的馬來語還傳給了馬魯古群島東部的太平洋各島民。可以說，馬來民族相比於別的民族，絲毫不差勁，也是東亞文化圈裡足以自豪的一員。

「腳踏兩頭船」

進入史傳時代的東南亞，有一個明顯的特點：這裡似乎特別容易受到外界的影響，可算是外來文化紮根的好土壤。整個地區也因為來自四方的外來文化，此起彼伏地出現一個個短暫而頗為強大的王朝。這就使得這裡的歷史顯得七零八落。

扶南國是我們所知的這個地區最早的重要國家。這個國名，對我們中國人來說，似乎格外熟悉，因為它就來自於我國史書的記載。「扶南」在柬埔寨語中是「山」的意思，它的統治者在最強大的時候，被稱為「山地之王」。這種山岳信仰可能與印度宇宙論傳統中的須彌山有關。

在這個國家建立之前，這裡已經有了自己的文明。根據考古發現，在距今六千二百年前的柬埔寨，儘管我們不知道確切的種族，但已經有人在這裡製作陶罐了。人們還發現了距今一千五百年前的人骨化石，體格已與現代的柬寨人很相似了。那時的柬埔寨人有自己的原始農業，主要種植水稻，捕捉魚蝦。

關於這個王朝的起源，有這樣一個傳說。

故事中有一個叫混填的外國人來到這個國家。我們不知道他的國籍，但他很可能是一個印度婆羅門。因為史載混填「載舶入海」，而那時印度的造船技術已非常高，只有一千年後的葡萄牙航船才比得上它。再者，公元前後的孟加拉灣是當時最繁華的國際航運中心。

　　這個年輕人在這個國家公開反對當政的女王。奇怪的是，後來他竟然獲得了認可，甚至還娶了名叫柳葉的女王，自己成了這個新國家的國王。這個故事如果是真實的，那應該發生在公元一世紀。其實，一個身分不明的外國人通過自己的才能、智慧和運氣，娶了女王或公主，在世界各地的傳說和童話裡本就屢見不鮮，甚至成為一個民間文學的重要母題。但蘊涵在這個母題中的文化深意，遠非人們想像中那麼美好。

　　事實上，初民並不覺得國王是一個非常幸運的人。正相反，這是一個吃力不討好的工作。通常，國王首先是一個巫師，溝通於神與人之間，一旦神沒有滿足人的要求，這個尊貴的人立時就會成為階下囚，受萬人唾罵。

　　可見，國王這個位置簡直是一個燙手山芋。怪不得當日許由寧可巢居，也不要堯禪給他的帝位。所以，一般而言，人們傾向於把這個職位給外鄉人，自己寧願當他安穩的臣民。混填的情況可能也是這樣。雖然我們對他並不了解，但可以設想他的生活不會輕鬆到那裡去的。不過，不管怎麼樣，新國王確實是有才能的，他的到來，使此地開始了新的文明生活。

　　最顯著的表現是婦女穿上了衣服。國王「教柳葉穿布貫頭，形不復露。」這種進步意味著當地已有了初步的紡織技術。據中國史書記載，三世紀時的扶南已經廣泛種植棉花。混填還逐步建立了國家體制，定都特攻城，並對他的七個兒子進行分封，開創了王權的世襲制度。

扶南地區其實是一個很容易富庶的地方。內地的河谷不僅為所需的農業資源提供了天然的發展地，還擁有充分的魚類供應。每年七到十月的雨季造成了河水的定期泛濫。這裡的洪水根本不似我們常說的「洪水猛獸」，而是代表著繁榮和富強。洪水帶來的沖積沃土給河谷提供了大量養料。而大水退去之日也是一個值得慶賀的節日，當地人稱為「水節」。每年的乾旱季節，人們可在河的低窪處毫不費力地捕到大量游動遲緩的魚。

　　但是，僅有良好的自然條件，這個國家也不一定就能強大起來。新國王帶來了全新的富裕思路，使得當地人逐漸成為熟練的耕作者，也是商人、造船匠、航海家。這個國家的富裕建立在雙管齊下的基礎上，一方面大力發展它的造船業。

　　三世紀時這裡就有能力製造長八、九丈，寬七、八尺的大木船。這種船似乎利用了仿生學，船的頭尾像魚，最多可容納百人。這些船完全可以經受得住長途航行的考驗，經常來往於中國、印度和地中海之間。這在當時是非常罕見的。這樣的船舶條件，加上地處南海交通要衝，而從使扶南的海上貿易非常活躍。這個國家非常重視商業，著名的「扶南大舶」滿載貨物，常常出沒於南海諸國，還直達印度西海岸。

　　「其市東西交會，日有萬餘人，珍貨寶物，無所不有。」公元二世紀以前，這裡已是東西方使者和商人所必經的地方了。另一方面，他們也有非常發達的農業，建立了許多水利灌溉系統和蓄水池，以適應這裡雨季、旱季分明的特點。此後，這被當作一項重要的文化傳統，為後世所繼承。在後來的真臘時期，同樣也修建了許多大的蓄水池及複雜的水道網。

　　憑藉這樣的經濟支撐，這個國家的強大當然指日可待了。根據我國史料的記錄，繁榮期的扶南國國都建築已經相當講

究。城內主要建築是用抹上石灰泥的磚造成，都城本身甚至圍有磚牆。牆是一種具有重大文化意義的建築。對初民來說，它似乎沒有什麼實際用處，既不能擋風遮雨，又浪費勞力。它的出現意味著剩餘財產的大量出現，意味著人類的私有心理已經開始真實地外化。建牆，遮擋了人們窺視的視線。

不過，一般居民仍然住在架於河道兩邊椿子上的竹屋裡。周圍的田地裡種著水稻、棉花和甘蔗。與前述比較，這種建築上的差異暗示著在財富和地位上已存在巨大的差別。

此外，還意味著這裡已結束了原始狀態的群婚，實行著一種有一定限制的婚姻制度。所謂「宮牆之高，足以別男女之禮。」（《墨子》）房屋作為一種建築手段，對男女原先自由的婚配進行了分隔、約束，並且強化了配偶制。

扶南國的普通人用珍珠和香料納稅。他們以鬥雞、鬥豬為娛樂。當犯罪事實無法認定時，則用水燙、水浸和鐵烙等折磨的辦法求得公正的判決。這種「神判法」說明初民對自然極為敬畏，而強大的心理力量足以使犯罪者伏法。他們相信神明知曉一切罪惡和冤屈，一定不會放過罪惡者。直到近代，緬甸和泰國仍繼續保留著這種習俗。

在扶南國歷史上的中後期，曾有過大規模的印度移民浪潮。這些外鄉人似乎總能在這裡找到他們的位置。他們之中的某些人甚至步混填的後塵，成為這個國家的統治者。如五世紀早期赫赫有名的統治者——僑陳如二世，就是一個印度婆羅門。這些移民通常是因為不滿意印度的現狀，或乾脆是失勢的貴族。他們想找一個印度文化已經確立的地方重新安家。扶南正是一個理想的去處。

事實上，由於印度人的不斷遷入，扶南的全盤印度化已不可避免。這裡的民眾生活有極多的印度教痕跡。譬如，寡婦、

鰥夫不得再婚；實行火葬，死者的骨灰盛放在各種質地的匣子裡，材料昂貴與否，根據死者的地位而定；大乘佛教和濕婆信仰在此地一直緊緊結合在一起⋯⋯等等。

這個國家最後毀於內戰之手。公元五四〇年，一個親王和一個高棉公主結婚。這個婚姻意味著印度化過程將受到阻礙。戰爭留下許多分裂出去的小國家，一個世紀後，全地遭高棉人入侵。值得慶幸的是，扶南國的種種優秀的文化非但沒有在戰爭中消失，其藝術、書寫形式和行政管理方面更相繼成為高棉人、緬甸人和泰族人的老師。

他們當中最好的學生可能就是高棉人。高棉族在九世紀末時已完全併吞了柬埔寨本土，其後又統治了暹邏灣沿岸的孟族領土。這片土地的重要性在於它包括了大部分連接水道的陸路運輸地區。高棉族的確是武力上的征服者，但他們並不粗魯。這個民族在政府組織、灌溉種田，以及建築、藝術、文學上，後來證明，都具有極高的才能，甚至超過了他們的老師。

特別是九世紀到十五世紀初葉，以吳哥為都城的真臘王朝，是柬埔寨歷史上的一個鼎盛時代，歷史學家習慣把它稱作「吳哥王朝」，其疆域遠遠超過今天，西至緬甸中部，東臨南海，南抵馬來半島。今天的老撾、越南、泰國的一部分領土一度都在吳哥王朝的控制下。今天我們再觀察這些地方，就會發現高棉人的武力征服帶有明顯的經濟目的。這些地方的農業資源往往都很豐富，商業上也具有重要的戰略地位。

吳哥王朝的興盛是前所未有的。人們在肥沃的土地上栽種各種農作物，生產稻米。這裡常年重視農業生產，致力於水利工程建設。最令人驚嘆的工程是以吳哥城為中心，建成了設施完備的巨大水利系統，使當時的農業生產「大抵一歲中，可三四番收種。」

此外，人們還在洞裡薩湖捕撈魚蝦，用先進的方法開採金銀銅鐵礦，並出產沉香木、象牙、孔雀、五色鸚鵡石及林木等物產，用自己堅固的商船運到需要這些奢侈品的國家。

不僅如此，人們的生活質量大大提高，生活中有了各種農具，精巧的牛車、馬車，食物有了海鹽做調料，還能經常飲用多種美酒。人們把棉布染上各種顏色，做成華麗的衣服。這種農藥、手工業的繁榮，造成了剩餘產品的大量出現。於是，商業也在這個基礎上迅速繁榮起來了，原先的一月幾集，顯然已經滿足不了需要。在吳哥都城裡，每天上午都有集市。

可以想像，在白灼的陽光下，那些苗條健康的東南亞人被曬得黑黑的，優閑地走在熙熙攘攘的市場裡。婦女們身手不凡地把各種形狀的容器頂在頭頂上，臉上往往塗著白色的粉——這不僅僅是為了美觀，或是一種民族習俗，實際上它還具有實用效果——阻隔那太厲害的紫外線。這裡國內外的商品都有，對那個時代的人來說，可算是品種繁多。史書明文記載，那時整個吳哥王朝真臘國總共有一百二十一個驛站，專供遠道而來的商賈休息。

人在滿足了飽暖以後，最需要什麼？下面一組枯燥的數字，或能間接提供真臘時代高棉人的回答。據碑文記載，在蘇耶跋摩七世時，真臘全國有一〇二所醫院，每家醫院有醫生兩名，助理醫生六名，護士十四名，製藥師六名，廚師兩名和其他人員，總共九十六名。看來，真臘人的回答與現代人的回答一樣，都是要健康。而這樣舉世罕見的醫療條件就存在於一個從來都是地廣人稀的地方。可見他們生活的富裕程度，不僅有閑錢來關心健康，而且還有那麼多人可以完全不從事農業勞動，直接靠醫術生活。

農業的發達直接造成了手工業分工的日益精細，商業隨之

迅速繁榮，故此地有「富貴真臘」之稱。著名的吳哥文化產生在這樣的時代背景下，也就根本不奇怪了。1296 年，一位中國的來訪者周觀達來到這裡時，這個國家雖然已經衰落，但吳哥城的輝煌還是給這個來自中國的來訪者周觀達，帶來強烈的震撼，這個國家雖然已經衰落，但吳哥城的輝煌還是給這個來自中國的文人以深刻的印象。他發現這個國家非常有吸引力。稻穀充足，非常容易找到異性陪伴著，也容易安排住處和經營商業。他詳盡地描述了這裡的奢侈之風；如巴揚寺的鍍金塔、官府的金框窗、王宮裡長廊上的數十面金屬鏡子、成千上萬的宮女和妃妾，以及國王出巡時壯觀的儀仗隊。

　　此外，周觀達以中國人的正統觀念，震驚於此地宮廷裡普遍流行的男女濫交。這種情況並不僅僅涉及婦女，還流行於一群踟躕街頭的流浪者。他們是嬉皮之士之類的人群，天天在鬧市招搖過市，並大聲宣稱自己需要同性伴侶。但同時周觀達也發現這個國家的許多人已經開始厭倦這種驕奢，生活簡樸的小乘佛教開始受到重視，僧侶得到廣泛的尊敬，佛教高尚的道德準則開始為這個厭倦等級、強迫勞動和專制統治的民族提供了一種振作精神的典範。

　　這在古代社會好像是一條不可更改的規律，很少有一個繁榮的國家不逐漸走上驕奢之路的。十三世紀的真臘也是如此。而且，原因也總是驚人的一致：統治者貪圖享受，大興土木，對外又連年征戰，耀武揚威，最後民窮財盡，人民怨聲載道，並出現暴亂。西部的泰族人乘機獨立，建立了素可泰王國。

　　他們首次洗劫了吳哥城。一個世紀後，泰人的新王朝阿瑜陀耶更嚴重地威脅真臘，有三次攻陷吳哥。自此，真臘國王只能遷都。吳哥王朝結束以後，柬埔寨喪失了作為半島國家的強大地位。曾經不可一世的文化之都——吳哥也漸漸為人遺忘，

巍峨的王宮殿宇和光彩奪目的吳哥古剎漸漸被熱帶林海淹沒，獨自在日益茂盛的叢林裡回想昔日的榮耀。

國家的強大是有很多原因的。有的依靠強大的軍隊，可以得到廣闊的國土面積；有的依靠得天獨厚的地理位置，成為商業貿易中心；有的則四處掠奪，奪取他人的生產成果；有的則因為土壤肥沃，事半功倍。但這幾種方法都是不牢靠的，一旦外部環境出現了變化，內部也就難保。

從扶南國到吳哥王朝的先進之處在於建立了發達的灌溉農業基礎和繁榮的商業，這也是這個地方興盛多年的重要原因。也許這種手段最適合半島地區既保內，又向外的兩種性本質。腳踏兩頭船，其實是一個最保險、最穩定的好主意。

第三十七個神

古東南亞歷史上還有一個取得過很高軍事、宗教成就的國家。因為它定都蒲甘，我們稱它為緬甸蒲甘王朝。在此之前，我們知道的緬甸境內最早的國家是被中國史書稱為驃國的國家。這個國家存在的時代大約在三國魏晉時代。

驃國曾經有過相當燦爛的文化成就。從史書上，我們了解到驃國的都城是用青磚砌成的一個圓形城市，周圍達一百六十里，有十二座城門。都城四角都建有寺廟，城中居民超過萬象。國王的宮殿更是豪華，殿內奇珍異寶無數。國王外出，排場甚大，近則坐金繩床，用人抬著走，遠則乘大象，有嬪妃宮女數百人隨行。這種奢侈氣氛當然也蔓延到了貴族社會。我們知道當時的貴族婦女在炎熱的氣候裡，常常需要三到五個奴僕持扇在旁伺候。這種富貴的基礎是驃國發達的農業，這裡很早

就盛產大米、棉花和甘蔗。這個國家後來在公元 832 年被雲南的南詔政權攻陷。驃族從此遷移，和其他民族融合，在歷史舞台上消失了。

本篇的主角是另外一個民族，名曰緬族。關於這個民族的起源，學術界說法不一。有人說他們是此地的土著，也有人說他們是驃人的後裔。不管怎麼說，這個民族在征服的過程中，也學習了不少新的知識。他們從撣族那裡吸取了政治統治的經驗，從孟族那裡吸取各種文化知識，並融合了驃族的發達文化，使自己的國家越來越強大。

公元 849 年，緬族人修築了蒲甘都城，首次形成了由國王統治的君主國家。十一世紀下半葉，緬族來到下緬甸孟族人的土地。早期緬人是較好的征服者，而不是勤奮的學者。後來緬人統治者和原來的孟人居民之間在文化上和政治上的合作，無疑是因為他們都需要共同面對來自北方的共同敵人泰族而促成的。然而，這些好戰又粗野的征服者顯然在學習方面進步很慢，好不容易才採取了孟人的書寫體系、數字、行政制度、建築藝術和佛教信仰。但這種過程顯然只是適應和同化，因為緬族傳統的本來面貌，諸如神靈祭祀等，都被完整地保存著。公元 1044 年，緬族王阿奴律陀創建了緬甸歷史上第一個統一國家——蒲甘王朝。

緬甸蒲甘王朝的興盛基於兩個原因。一是因為伊洛瓦底江中下游地區是一個三角洲平原，土地肥沃，物產豐富，是緬甸人賴以生息的「魚米之鄉」。另一個原因是因為它的獨特位置。它處於中國和印度之間。自古，上緬甸為中國通往印度，乃至歐洲羅馬的路上通道，下緬甸又為中國古代航行到東南亞、南亞和西亞各國的海軍中轉站，對溝通東西方的經濟文化交流和各國的友好往來，起了重要的媒介作用，也為自己贏得

了發展的機會。這兩個重要條件使這裡發展得非常快。

在建立蒲甘王朝之前，這個民族就長期存在著泛靈信仰。他們認為一切均有靈，包括天地、湖泊、樹木、祖先。他們想盡辦法討好這些神，以使自己免於疾病和麻煩。到了十一世紀，緬甸還專門整理了他們古老的信仰，建造了一座特別的眾神祠，內奉三十六個飄忽不定的神靈。為首的是波巴山天神。波巴山是一座火山的山峰，在蒲甘的東南面，人們每年還要在這裡另外舉行祭祀儀式。這些神靈幾乎沒有什麼共同點，唯一相似之處就是他們都是因遭暴力而死。而對他們的崇拜與道德毫無關係，因為他們非但沒有值得稱道的操守，一般還凶惡、貪婪、淫蕩。

精靈崇拜往往也意味著對魔法、巫術的熱中。緬族人往往把一些無辜者弄死，埋在有特別重要意義的地方，如王宮大門、城牆等，以作為新建築的保護神。這其實是對土地的一種祭奉，希望地神不要遷怒於他們，要怪罪就找那些奉獻給他的人吧。如果將建築物的地基或者把鋤頭入土，地神必然動怒——這種信念在東南亞地區也廣泛存在。

住在菲律賓群島的原始馬來人播種以前，一定要殺一個奴隸，以祈收穫豐厚。直至今日，仍有很多地方把動物埋在新建築物的基礎下，以平息地神之惡氣。

不過，緬族人也有自己獨特的信仰，人們極度推崇符咒和占星術。一週之中，每一天都與天上的八顆行星分別聯繫，星期三占兩個。孩子的名字總與他出生那一週的日子有關。在採取軍事行動之前，參戰的士兵勢必向有關的神靈辭行。人們完全肯定這種方式，認為它對請求友善的神靈幫助他們，反對敵方神靈的勢力是極為有力的。甚至有人宣稱，飲用與魔力混合的酒或紋身，可以保證刀槍不入。

但是，這些看來極為堅定虔誠的信仰，似乎在一夜之間就開始動搖了。當緬族第一次與印度文化直接接觸時，便不可思議地特別醉心於佛教了。上自王室，下至普通百姓，都全身心投入佛陀的懷抱，以至於佛教乾脆成為緬族國家存在的理由和支柱。崇信佛教的阿奴律陀王把興建佛塔寺廟視為「功德」。

公元 1059 年，他親自在京都蒲甘城督造了瑞喜宮塔，並動員全國城鄉人民仿效。緬甸的建塔寺之風從此興盛起來。歷代君王都在此大興土木，建造佛塔。短短兩、二百年間，蒲甘城成為當時緬甸最大的佛教中心，在東南亞享有「萬塔之城」的美名。雖然這個稱號對無數民眾意味著種種艱辛的工作，但這裡的人還是相信蓋屋不如造塔，造塔為教徒最大的德行，有點錢都想給自己造個寶塔，以致佛塔在這裡有增無減。

集緬甸建築藝術和佛教文化之大成的蒲甘塔群，儼然是一座蘊藏豐富的東方文化寶庫，為後世研究緬甸的歷史、宗教、繪畫、雕塑、建築等提供了極為寶貴的實物資料。緬甸的佛塔不僅在建築上各有千秋，而且可以分成舍利塔、佛器塔、佛像塔和佛經塔四種。

在緬甸萬千佛塔之中，仰光「瑞達光」大金塔最為宏偉壯觀。說起這個大金塔的歷史，還得從兩千五百多年前說起。住在緬甸的孟族兩兄弟一起去印度經商，有一天，他們在路上遇見正在菩提樹下參禪的釋迦牟尼，便向佛祖獻上蛋糕。接著，佛祖向他們講解佛法。兩人聽罷，就表示要皈依佛教。於是佛祖賜他們聖髮八根。他們帶著這八根聖髮返回故里，後建塔一座，將八根聖髮珍藏其內，供人崇奉。

那時候，這座塔的高度只有 8.3 米，是現在大金塔的前身。後經歷代王朝修建，始有今天的規模。這座金塔建造在仰光的丁固達拉崗上，是仰光最高的建築物。在山頂平台上，正

中是主塔，四塞圍達 64 座小塔，四角各有一座中塔，鋪滿大理石的平台四周建有許多佛堂亭榭，形成一個巨大的塔群。塔群建築錯落有致，渾然一體，氣勢非凡。大金塔的主塔高達 121 米，塔基周長 432 米，塔身貼滿金箔，加在一起，恐怕至少有七噸多。塔頂裝飾有重達 12.6 噸的金屬寶傘一頂，上面鑲嵌著口種寶石、鑽石六千多顆。塔頂懸掛風鈴上萬個。這些風鈴中，金製的有一千六百零五個，銀製的有四百二十個。無論在陽光下，還是夜晚的燈光下，大金塔始終金碧輝煌。

僧侶在這個國家受到異乎尋常的重視。當緬甸和錫蘭發生了連年戰出時，受尊敬的佛教僧侶又擔當了一個新的角色：利用他們和平的身分，在兩方之間斡旋，直到取得和解。在這個國家，佛教已經得到了無以復加的地位。人們狂熱地建造幾千座佛塔，以表達他們對佛陀的尊敬。

但是，緬族人的這種宗教狂熱並沒有讓他們忘記原先的信仰。為了尋求兩者之間的調和，緬族人沒有少費心思。為此，他們按照自己的理解，為佛祖在他們的信仰裡安排了新位置。譬如，他們把原來八個占星因素特意增加到九個，為佛陀增加了一個；又在他們那個著名的三十六神祠裡，特意加入第三十七個神。人們非常聰明地在佛塔入口處設置據說可以嚇走凶神的護衛獸，極簡便地就把萬物有靈論和佛教協調起來。

雖然其它宗教並沒有退出蒲甘王朝的國土，我們仍可以在蒲甘宮廷裡看到印度教供奉的因陀羅和那加龍神，也可以發現真正的婆羅門擁有宮廷占星師和測算建築學家的職位，但佛教所占的比重顯然多得多。甚至於白象也成為這個曾經野蠻的民族的至寶，只因為傳說釋迦牟尼成佛前曾經是一頭白象。

人們把白象的出現當作喜事臨門的重要徵兆，並且是關係友好的國王之間相互交換的最佳禮品。因為白象代表一個國家

的安定繁榮，擁有白象的國王被視作佛的寵兒。譬如，當今的泰國國王居然在現在森林日益減縮的情況下，得到了十二頭大象。這一創紀錄的數字，使他被泰國人認為是真正洪福齊天的國王。這種白象外交，成為東南亞國家歷史上的慣例。

順便要指出的是：所謂「白象」，並非白顏色的象，在東南亞地區的當地語言中，往往稱作「瑞象」。白象是歐洲人在十六世紀時的誤譯。據相象經記載：「凡是四足豐滿如柱，臀股肥大，背脊平坦光滑，肩肌厚實，走路時經常昂首揚鼻，兩牙碩大，為良象之貌。其皮膚、鬃毛為金黃、銀白、嫩綠、淡紅等顏色，便是瑞象。」

但是，這種珍貴的白象對緬族人來說，卻又是那麼可望而不可即。因為自古白象只出現在泰國森木裡。其他國家，包括緬甸的森林，雖與泰國森林連成一片，但從來也沒有出現過。

這一現象的確令人費解，泰國人當然也就有理由引白象為榮了。在泰國歷史上，大象具有無比重要的地位。如果沒有大象，泰國的歷史可能要重寫。這句話絕非聳人聽聞。早在泰國歷史上的大城王朝時期，就曾因大象而招來戰禍。最著名的一次象戰是大城王朝的第十九世君王與緬甸王儲的一次戰鬥。在這次象戰中，泰方訓練有素的數百頭大象齊上陣，將緬甸王儲擊斃於象頭上，緬軍大敗。這次象戰的勝利在泰國歷史上是至關重要的，使一度淪為緬甸屬國的泰國重新獲得獨立和自由。為此人們還特意建造了紀念塔，每年都要舉行遊行，紀念大象的功德。

我們言歸正傳。佛教到底給緬甸帶來了什麼呢？這個地區的土著文化中當然存在很多東西，如各種生產技術、泛靈主義的原始宗教等等。但還缺乏一樣東西——道德倫理。

在這個民族眾多，戰爭頻繁的地方，人們逐漸厭惡戰爭，

開始探詢戰爭的原因，也開始對自己有了道德上的要求。這也就是佛教的一個重要的實際作用。有了佛教，人們開始有了思想，有了倫理判斷。法庭可以利用人們虔誠的宗教信仰，通過宣誓等手段，防止偽證，甚至從根本上使人們減少犯罪的企圖。在普通村子裡，也開始有了教師和教室。佛教僧侶自己創辦寺院，在這裡把佛經當作教科書，反覆告訴人們應克己自制，仁慈憐憫，尊重智者和長者。不管是王公貴族還是富人，都會把自己的財產、封地捐獻出去，以支持一些宗教機構。這種財產流動的客觀效果就是「減少貧富差距」。

然而，事物往往一不小心就會走向反面，對佛教的過分熱情也會引起麻煩。在蒲甘王朝的後代，政府的稅收已少得可憐，過多的土地、奴隸和財寶被敬贈給宗教。而且，無論從經濟上還是社會上，宗教的聲譽因為欺騙行為的出現，顯然開始降低了。為此，政府不得不特別成立一個王家委員會，唯一的工作就是鑑定這種以宗教為目的的各種贈送奉獻活動。

這種行動並不完全起因於政府的嫉妒，而是寺院的吸引力實在太大，影響了政府的正常運作。譬如說奴隸。在緬甸，大多數奴隸被安排在宗教機構裡。這些人來自各行各業，有看門人、廚師、石匠、紡織工、編織工、畫工、打鐵匠、挑水人、樂師、理髮匠、車夫、船夫、製鎖人等等，幾乎無所不包。他們成為寺院的奴隸以後，並不改變原來的工作，生活上也沒有什麼變化，往往還是住在各自的村莊裡。和過去唯一的區別就是他們生產的東西絲毫沒有國家的份兒，全部歸寺院所有。

無數豪華的寺院和好幾個驕橫暴戾的國王終於耗盡這裡的財富。十三紀紀，蒙古人的鐵蹄滾滾而來時，他們幾乎沒有還手之力。佛教對這些東南亞國家既意味著文化信仰的輸入，事實上又完全控制了他們的思想。他們所信仰的佛教恐怕和佛陀

的本意相差甚遠，但這對緬族人和他們的東南亞鄰居來說無所謂，他們只想崇拜一個神靈。

為什麼吃大米？

俗話說：「龍有九子，各不相同。」一個民族也許有機會接觸別的民族，也許沒有機會。就算接觸了新技術、新思想，也許會張臂相迎，更多的可能是無動於衷。這種偶然和必然又有誰說得清呢？雖然生活在同一個區域，但各民族之間的經歷、發展還是千差萬別的，有的會退化，有的不斷發展。

如果住在馬來半島上的奧朗薩濱巴人（Orang Sabimba）所說的故事有事實根據，那麼他們就是一個退化的民族。他們是這樣敘述他們美好的歷史的：他們曾長時間痛苦地被海盜壓迫，以至於決意逃離故土，拋卻原有的土地和文明，並且發誓不吃雞肉，因為雞，這種可惡的動物曾經背叛過他們，用叫聲告訴海盜他們的存在。因此，現在他們什麼也不種，只是搜集食用野果、野生植物，以及除了雞以外的任何動物。很明顯，整文化人類學的角度，這個故事裡事實的成分並不多。起碼對於雞的禁忌可能另有原因。但同時這當時至少說明這個民族曾經和雞這一類家禽有一定的淵源；也就是說，這個民族過去至少了解過一些與農業相關的事。然而至今，他們幾乎還是馬來半島上最不開化的一族。沒有土地，也沒有船隻。當然，他們也不需要這些累贅。每天悠哉悠哉過日子，又有什麼不好？反正食物並不缺少。

住在同一個島上的賈昆人（Jakuns）和奧朗薩濱巴人一樣，也是早期馬來人的後代。而他們自己對族源的聲稱卻有兩

個版本。有人說，自己的直系祖先是一對白猿，另一些人則宣稱自己是白人的後裔。也許，對他們來說，當初駕著帆船來到這裡的白人本身就像神一樣，而神就是傳說中的白猿。就如美洲印加人的傳說中，也有這種白皮膚的天神，於是當時的印加人毫不猶豫地把歐洲人的到來當作神的降臨。現在的賈昆人主要以漁獵為生。雖然他們也從事農耕，但仍然是刀耕火種的方式，收穫物根本不夠食用。因此，全村的人還常常到叢林裡，用兩、三個星期的時間採集松香、藤蘿，再賣給華族商人，用換來的錢買稻米。賈昆人也有簡單的織布機。不過，他們顯然不喜歡這些玩意兒，至今還是用樹皮做衣服。

顯然，不管是奧朗薩濱巴人還是賈昆人，他們都已和外面的文明有所接觸。但他們為何放棄嘗試新的生活方式，新的勞動工具呢？其實這個問題是帶有普遍性質的，答案也不僅僅「惰性」兩個字可以解決。專家們常常會發現，在原始部落中，人們往往對發展農業生產所引用的新技術有一種莫名其妙的抵觸情緒。其實，村民們的這種抵觸並非簡單地由於頑固、保守所致，而是基於農業與社會結構的某些重要關係。

人們一旦開始採用了新方法、新技術、新工具，就走上一條精耕細作的不歸路。首先，新的耕作方式帶來的良好結果讓農民們決心花更多的時間伺弄這些農作物，漸漸減少了漁獵時間，既而逐漸停止了這一部分的工作。因為他發現，好好用心的話，這些農作物作為他的食物已經足夠了，他又何必再去又危險又辛苦地狩獵呢？當農業成為他唯一的生活來源以後，他就開始考慮更多的問題了。比如，如何消除飄忽不定的旱澇影響。為此，他毫無選擇，必須開始學習灌溉技術。由此，他也就模模糊糊地預感到以後要學習，要改變的還有很多。

我們知道，刀耕火種的種植方式只在很短的時間裡干預自

然的生長。相反，一塊水稻田事實上就是一個永久性的人工池塘，全靠人類的修築和維持。精耕農業者比獵人更受環境的制約。獵人和採集者對周圍環境的影響甚微，他們幾乎不需要主動去保護他們的食物源。而精耕農業者基本上是重新安排了他們的生態系統，他們必須付出巨大的努力，以保持他們創造的人工平衡。他們必須觀察水位、維修水渠、消滅害蟲、清除雜草、供養牲畜等等。否則，這種人工化的平衡就可能坍塌，產量會驟然下降。所以，精耕實際上增加了風險，為天災人禍也提供了可能性。所以，承擔風險的人越是改變他們周圍的生態系統，就越是需要更複雜有效的社會組織來組織各種勞動。沒有有效、成熟的社會職能部門協調，長久的農業高產是很難達到的。

其次，隨著灌溉的出現，不同的土地間原來在生產效益方面的細微差別大大地擴大了。那些靠近水源、排水性能良好的得到了灌溉的滋潤，產量遠遠超過那些不適宜灌溉的土地。這樣，農業精耕化就給人們帶來了社會和經濟上的差異，亦即「貧富分化」。

此外，還有其他許多社會變化：人口密度增加、貧富分化、貿易增加、手工業者出現，甚至城市的初步形成。精耕農業和這一系列迅猛的社會變化的確切因果關係至今仍是一個人類綱家爭論不休的重要問題。但不管精耕農業究竟是不是這一切變化的原動力，顯而易見，它一定是一個重要因素。

當然，這是一個極端複雜的過程。奧朗薩濱巴人和賈昆人當然不會像這樣，考慮得那麼複雜、精細，但他們當然也會想到新工具的使用會給他們帶來許多麻煩。用我們的話說，就是整個社會結構的劇烈動盪。他們現在衣食不愁，又為什麼一定要勞心勞力地辛苦自己呢？到頭來，可能種了一些自己吃不掉

的糧食。

　　而且，人類當然是有守舊性的，不會有了新方法，就立刻丟了舊方法。種地一定那麼靠得住嗎？遇到天災人禍，連今天的人也會有心無力，何況他們？而且，糧食的味道也並不是太好，哪裡比得上魚肉或鹿肉的滋味？

　　可是，一旦他們很需要這種進步的成果，無動於衷顯然再也不會是他們的反應了。很多歐洲的水手都曾詳細描寫過，東南亞海島上的土著是如何珍視鐵釘的。這種喜愛之至的程度顯然讓見多識廣的船員們印象很深。

　　原先他們蓋房子、造船隻，都只能用椰子殼做成的繩捆紮。他們雖不是效率專家，也知道釘木板比捆木板省力許多，也牢固得多。土著們往往乘上岸的水手不注意時，撞碎船板，取出鐵釘。關於鐵釘，今天還流傳著許多用它能和當地土著換多少珍寶的故事。其實，這種對土著的嘲笑是很沒有道理的。事實上，對他們來說，這種文明的成果簡直太神奇了。用今天的話說，製造鐵釘的技術附加值很高，也許它的造價很低，但因為它的技術含量，當然可以賣出一個好價錢。也許，如果那時歐洲人邀當地人學習造鐵釘的技術，他們一定會欣然接受的。可惜，這當然不是殖民者的目的。也許，文化的進步是建立在民族的交流上，但這種交流也需要真正的需求在背後支撐，否則只能是一廂情願。需求是發明之母，也是接受之母。

　　緬甸北部還流傳著這樣一個故事：一個自認為好心的歐洲人送給山區裡的圓落一種新式的犁。當地的居民發現這種犁能犁得很深，連堅硬的地下土也翻了出來，就非常不高興，拒絕使用這種新工具。那個歐洲人根本沒想到自己的慈善措施竟然就這麼被否定了，大為光火，並不慎掉落了自己的眼鏡。這些可憐的居民以為這個歐洲人要燒死他們，就逃入山林，從此失去蹤跡，沒有人再見過他們。

Chapter 2
聞香尋路途

別讓風吹了我的胡椒

　　這一切都是從香料開始的。

　　我們東方人很難想像歐洲人曾經表現出的那種對香料的瘋狂渴求。自從羅馬人在旅行和戰爭中破天荒第一遭嘗到那辛辣而芳香、酸澀而清爽的調味品後，歐洲的廚房和酒廠就一直惦念這種妙不可言的小東西。

　　但宗教限制了他們的欲望。在中世紀即將結束的歐洲，人們仍然每天粗茶淡飯，如今西方常見的食物，如番茄、玉米、馬鈴薯等，都還沒有在歐洲安家落戶。人們當時做飯也很少想到在食物中放糖或檸檬，嘴裡簡直快淡出鳥來。

　　可是，隨著商品經濟的迅速發展，人們開始追求生活本身的樂趣。最早是上層社會開始接觸到一種來自東方的奇怪作料。只要在最普通的菜裡放一點點香料，如一小撮乾胡椒、薑末或桂皮之類的，便頓時產生一種獨特爽口的感受。靠酸、甜、苦、辣各種味道懸殊的香料，可以烹調出各種味美可口的

食品，這是許多他們從未享用過的美味。人們千方百計地弄一些被稱為香料的東西，來滿足自己禁錮千年的口慾。

這種風氣很快便從上流社會蔓延到所有階層。不久，飲食粗鄙的歐洲人越來越奢愛這些刺激性調味品。他們傻乎乎地認為要把食物做得可口，必須多放胡椒，味道越苦越辣越好。雖然我們不該嘲笑他們那時的口味，因為吃了一千多年無味的東西，好不容易有了味道，當然要給自己的味蕾一個大展身手的機會。但是，有的事情實在讓人難以控制自己的笑聲：有的歐洲人居然在啤酒裡放薑，葡萄酒裡放香料粉，每喝一口，嗓子眼裡都辣得冒火。

人們開始對自己的食物越來越講究起來了，沒有加入香料的食物突然變得難以忍受了。此外，由於歐洲冬季氣候嚴寒，牲畜難以過冬，富人們為了把損失減低到最低程度，最好的辦法就是把牲畜在冬天來到之前大批屠宰，用鹽和香料醃製保存。但是，當時香料的價格讓富人們卻步──它的價格比牲畜本身還要貴。

此外，歐洲需要如此大量的香料，並不僅僅是為了食用。出入宮廷的貴婦也越來越離不開新鮮的所謂阿拉伯香料了──這些泌人心脾的麝香、香味濃郁的玫瑰油和龍涎香，無疑使她們不僅在視覺上美麗，在嗅覺上更是完美無缺。而天主教堂也非想像中那樣古板，在歐洲成千上萬的教堂裡，神父的香爐終年香煙繚繞，但這億萬支神香沒有一支出自歐洲本土，都是不遠萬里，經由水旱兩路，從阿拉伯運來。

事實上，對中世紀晚期的歐洲人來說，一切東方的東西因為來自遠道、稀少罕見、新穎神奇、價格昂貴，遂被奉為至寶。「阿拉伯的」、「波斯的」和「印度半島的」等等這一類形容詞在這一時期，和講究的、精緻的、文雅的、豪華的、貴

重的等詞義相同，有點類似於十八世紀時「法國的」這一形容詞。現代歐洲的任何一種流行風潮都不能與當年風靡多年的香料相比，東方的花香彷彿施展了無形的魔力，把歐洲人弄得神魂顛倒。

商人們當然對這種新風尚喜出望外，只恨得不到更多香料。那時，歐洲的香料是以粒計價的，幾乎和銀子等量齊觀。把胡椒作為像貴金屬一樣的支付手段，在當時的歐洲國家之間已是相當普遍的辦法了。現代人已無從想像，曾幾何時，胡椒可用來購置田地，充當嫁妝，甚至去買公民權。更形象一點說，在中世紀的歐洲，人們如果形容某人是個大富翁，便說他是「胡椒袋」。

如果今人有幸能看見當時的人們稱量香料時的鄭重情景，一定會終身難忘。人們先做好一切準備工作，關鍵是把門窗全部關緊。這樣做的目的並不是怕被嫉妒的鄰居看見，而是避免穿堂風把貴重的胡椒粉吹跑。然後，人們再小心翼翼地用稱珠寶和藥材的精確小秤計算香料的重量。也許今天我們會覺得那時歐洲香料的價錢實在太離譜了。可是，想想當時取得香料的困難及危險，就不覺得奇怪了。

在當時看來，東西方的距離非常遙遠，每一粒胡椒、每一片花瓣從馬來群島的綠樹上摘下來，一直到它在歐洲商人櫃檯的最後一站之間，不知道要經歷多少波折和磨難。僅僅交通工具，就包括人扛、船運、駱駝商隊、輜重車輛等等。

具體地說：一個馬來人在他的家鄉把剛成熟的果子摘下，裝入大筐，然後自己扛到市場，很便宜地賣掉。除了越曬越黑和汗流浹背，他最後幾乎一無所得。可是，買他貨的穆斯林商人卻能獲利。他頂著炎炎烈日，要在小獨木舟上待八到十天，才把貨物從馬爾他群島運到麻六甲。這其中吃的種種苦頭當然

要轉嫁賣給未來的使用者。

這時，第一個坐享其成，吸食別人血汗的人出現了——麻六甲的蘇丹。他當然要收取即將掙大錢的商人的貨物運輸稅。只有上完稅，商人才有權把香料裝在稍大些的帆船上，划起寬葉槳，揚起方形帆，沿印度海岸慢慢前進。

接下來就是連續幾個月的海上航行，不是沉默地忍受沒完沒了的酷熱，就是為躲避颱風和海盜而沒命地逃跑。就一般機率而言，五艘船中總會有一艘落入颱風或海盜之手。不過，此事無妨，剩下的貨物也能賺大錢。差不多到達現在伊朗的世界，人們就棄舟登陸了。在這些轉運碼頭上，成千上萬駱駝老老實實地排著長隊，等候主人把貨物捆紮在它們身上。然後，這支有點讓人想起《一千零一夜》的「四條腿艦隊」便有節奏地一搖一擺起程了。

沙漠的情況不比在海洋上好多少，有沙漠風暴，有強盜，也有無數收費的關卡。最後一個收稅者決不是最寬容的——威尼斯艦隊早就等著這些貨物了。這個小小的國家當時完全壟斷了西方的香料貿易。就這樣，這些兩年前在熱帶陽光照射下生長成熟的香料，此時才載上各種馬車，運給歐洲商人，然後再轉到顧客手中。

很明顯，這宗長途貿易已經過了一打以上的貪婪之手，價格難免高得離奇。當然，最高興的還數阿拉伯和威尼斯商人。他們一頭一尾，牢牢地控制住東西方之間的香料貿易。他們一直注意保留產地位置的祕密，以保證他們那豐厚的利潤。

是這些貪財的商人造成了香料的昂貴，以至於即使是歐洲的貴族，在使用胡椒時，也小心翼翼地關上門窗，輕手輕腳地撒上它。很明顯，巨大的需求就在那裡翻騰，出了大錢的顧客絕不會一直這樣沉默下去。

香料的誘惑

哪裡有人大發橫財，那裡就一定有另一群人因為沒有得到相同的好處而結成同盟。

伴隨著高額利潤而來的一定是無限的嫉妒，但歐洲人沒有辦法。當時伊斯蘭教像銅牆鐵壁一樣，把印度和歐洲隔絕開來，不准任何信奉基督教的船隻在紅海航行，不准任何信奉基督教的商人通過紅海。於是，歐洲人在不甘不願地從威尼斯人手裡買來昂貴的香料的同時，暗自滋生出一個大膽的願望——另尋一條通往印度的路。

十五世紀之前，通過了方百計地打聽，歐洲人得知香料大略產自印度附近，那裡出產的香料品種有丁香、胡椒和肉豆蔻。雖然他們不知道這個地方的確切位置，但印象中富庶而又神祕的東方便意味著無盡的財富。

去找香料的產地，這個提議最早是出自葡萄牙王子亨利。他的目的除了要打斷香料貿易的壟斷外，還希望向東方傳播基督教。在他的主持和推動下，西歐一些國家的冒險家紛紛開始遠洋航行。當時，他們的主要目的地是印度。航海經驗在一次次的航行中積累。慢慢地，人們發現了非洲南端的好望角，既而發現了印度洋航線。這樣一來，印度也就不遠了。

終於，1497 年，葡萄牙人達・伽馬沿著進入印度洋的航線，抵達非洲東岸的馬林迪。在那裡，他們幸運地得到一名穆斯林領航員的幫忙，這個能幹的雇員根本不需要葡萄牙人發明的星盤，就安全地將他們帶到他們想去的地方。整個船隊於第二年到達印度卡利庫特。按實說，葡萄牙人剛到印度時，並沒有打算做強盜，因為他們隨船確實還帶了一些葡萄牙當地的特產織物什麼的，準備和當地人交換。但他們一旦上岸，在市場

裡逛了一圈，就不敢把自己的貨物拿出來給人笑話了。

　　歐洲的產品根本無法同亞洲產品競爭。他們的襯衫質量比不過印度人的，價格卻是他們的十倍。所以他們想到了搶劫。他們的貨物雖然不怎麼樣，卻擁有比較先進的航海技術和武器。他們非常無恥地沿途洗劫印度商人的船隻，甚至炮轟了印度的城市。

　　靠這種方法，他們掠得大批香料、絲綢、寶石、牙象等珍貴商品。當 1499 年，達·伽馬船隊滿載戰利品回到里斯本時，人們不敢相信他居然真的直接運回了香料。儘管這次航行，由於船上條件惡劣，船員死傷過半，但船隊帶回的財富居然超過了成本的幾十倍，讓贊助人大大地獲了利。

　　後繼者逐漸意識到控制印度洋的重要性。1508 年，葡萄牙艦隊擊敗了印度和埃及人的聯合艦隊。這次海戰之後，葡萄牙和印度之間的定期航行成為可能，里斯本也因此大大繁榮起來，取代了威尼斯，成為歐洲最大的東方商品市場。

　　但是，人的慾望是無止無盡的。葡萄牙人仍然遺憾於印度本身並不出產香料，香料的價格仍然過貴。為此他們想進一步找到離香料更近的地方。這裡他們盯上了麻六甲。

　　十五世紀後半葉的麻六甲王國正當強盛，是東南亞最繁榮的國際貿易中心和商品集散地。在這裡，東南亞各國的名產，如馬魯古群島的香料，爪哇的大米，蘇門答臘的黃金，中國的絲綢、瓷器、珍珠，印度的棉布，以及中東各國的毛織品等等，應有盡有。麻六甲海港不僅停泊著隨季風到來的各個商船，還有許多來自印度、阿拉伯和中國的商人定居城內。

　　麻六甲的成功和它優越的地理位置有密切的關係。它位於東西方貿易路線的中心，又是東北季風和西南季風的交接處，各地商人必須逗留在麻六甲，等候季風的改變，才能繼續行

程。這裡港口很深，沒有大風浪，又靠近香料產區。種種優點加在一起，使這裡幾乎沒有理由不繁榮。

關於這裡的發現，還有一個以小犯大的故事。當時，這裡的第一任國王在外逃亡，偶然來到這裡。當他正在一棵樹下休息時，看到一隻獵狗正在追趕一頭鼠鹿。突然，這頭鼠鹿轉過身，把其中一隻獵狗踢下河裡。大王立刻覺得這是一個會給他帶來好運的兆頭，應該在這裡建立國家。因為他所靠的那棵樹叫作麻六甲，所以這個地方也被定名為「麻六甲」。這個地方的確有些像那頭鼠鹿，弱小而不服輸，彈丸之地，卻將整個地區的海外貿易這麼一個龐然大物掌握在手中。

這樣一塊肥肉，海盜們當然不會放過。貪婪的葡萄牙人費了一番周折以後，如願以償地佔領了麻六甲。公元 1511 年，正當麻六甲的商業繁榮達到頂峰時，這座城市卻被一群大膽的葡萄牙人占領了。他們算得很精明，只要得到了麻六甲，不但可以全部攔截香料貿易的四個活動地段，即爪哇人、印度古吉拉特人、阿拉伯人和威尼斯人的商業地盤，還可以直接控制香料群島本身。

但他們的過分貪婪注定他們的好運不會長久。上島後，島內的貿易非但沒有發展，還逐漸衰落了。因為葡萄牙人強迫經過麻六甲海峽的所有船隻都要在麻六甲港停泊並交納損稅，取得通行證。這對商人們來說成本太高了，許多商人轉移到亞齊、文萊等地。葡萄牙人根本沒在這裡實現他們控制香料貿易的目的。當時的葡萄牙人還處在海盜式的掠奪階段，對商業的訣竅知之甚少。

儘管如此，葡萄牙人對麻六甲的侵佔還是嚴重影響了伊斯蘭商業。從直布羅陀海峽到新加坡海峽，所有海峽悉數歸葡萄牙國王所有，伊斯蘭教受到了致命的打擊。這件事不僅轟動了

整個歐洲，就是中國和日本也有所風聞。教皇在眾多教徒面前，為葡萄牙人的豐功偉績做感恩禱告，因為他們把半個地球都獻給了基督教統治。在當時基督教世界的中心羅馬，人們還舉行了慶典，其隆重程度是凱撒大帝以來從未見過的。人們向教皇獻上了無數從東方運來的戰利品，最引人注目的是一頭活象，它在人們的歡聲笑語中以額觸地，向神甫叩拜。

麻六甲國際貿易的衰落，促使葡萄牙殖民者更急於找到香料之國。他們貪婪的目的終於在 1521 年實現了。葡萄牙人真地找到了香料群島，並壟斷了香料貿易，里斯本因此大賺其錢。這讓它的老對手——西班牙人非常眼紅。

西班牙王室決定相信葡萄牙人麥哲倫，出資讓他遠航。麥哲倫用生命回答西班牙人，他們的決定是正確的。他在菲律賓群島被當地人打死，但他的船隊帶回關於香料群島的消息。當然，這次航行還有一個偉大得多的意義——首次環球航行獲得成功，這充分證明了地球是圓的。但對西班牙統治者來說，巨額的財富重要得多。接下來的二十年是葡萄牙人和西班牙人爭奪香料群島的二十年。從教皇調停到談判，最後還是戰爭解決了問題，葡萄牙人成為勝利者。

上帝最後選擇葡萄牙人來發現這條航線，也許是有意義的。在此之前，這個歐洲小國從未引起哪怕是歐洲人的注意。事實上，這個國家不久前還進行了長期的英勇鬥爭，擺脫了摩爾人的統治，剛剛站穩腳跟沒多久。也許獨立讓他們感到了無限的希望，也許他們從摩爾人那裡也學來了征服的慾望，也許因為它的全部陸地邊境都和與自己友善的西班牙接壤，這一切決定了這個貧窮的小國只有靠貿易和殖民活動向外擴張。

此時，全世界都以驚異、羨慕的眼光注視著這個僻處歐洲一角，習於航海探險的民族。趁法國、意大利、德國這幾個歐

洲大國毫無意義地互相傾軋之際，葡萄牙，這個歐洲的「灰姑娘」卻不知不覺地把自己的領土擴展了一千倍。

經過數千年的地區隔絕之後，歐亞大陸的文明便以這種形式首次面對面相遇了。難以理解的是，一個人口只有兩百萬的歐洲小國，怎麼能把自己的意志強加給比它擁有大得多的人力、物力、資源的亞洲諸國呢？

一個重要的原因是葡萄牙人運氣極好。大批來自美洲阿茲台克帝國和印加帝國金庫，以及墨西哥、祕魯銀礦的金銀到得恰是時候，使葡萄牙有足夠的資金到東方來。正如達‧迦馬所發現的，一件葡萄牙製作的襯衫等於印度襯衫價格的十倍；換言之，葡萄牙人原本根本沒有可以用來交換香料的東西作為支付之價，現在由美洲的金銀做到了。

如果從實利主義的角度看，很難說，歐洲人來到東南亞，對這裡是幸還是不幸。不管怎麼樣，葡萄牙人的到來意味著東南亞過去那種平靜的日子很快就要結束了。

大帆船‧紅色通道

然而，一無所獲的西班牙人當然不甘心！於是，他們來到了菲律賓群島。

1521 年三月十六日，麥哲倫率領他的船隊到達了菲律賓。一個月後，他想強行登上一個叫馬坦的島，和當地的土著發生衝突，戰死在那裡。後來，過了幾年，又來了一支西班牙船隊，將這些群島取名為「菲律賓」，以表達對後來成為西班牙國王的菲利浦王子的祝福。在這裡沒有遇到強烈的反抗。這主要是由於菲律賓群島當時還沒有出現比較強大的政治力量。

事實上，在西班牙人來到之前，菲律賓土著分別從屬於不同的部族，相互殘殺。但是，外國勢力的出現，反而使他們團結起來，一致對外。唯一遺憾的是西班牙人原來想要香料和傳教的目的只實現了一半，這裡根本不出產香料。但西班牙人沒有洩氣，他們找到了另一條致富之路。

也許，相比之下，西班牙人的眼界更加開闊。他們聰明地在新近佔領的美洲和東南亞群島之間開闢了全新的航線。西班牙國王敏銳地感覺到這條航線會帶來驚人的利潤。1565 年，西班牙的大帆船首次從菲律賓將香料運往墨西哥出售，獲得了豐厚的利潤。這以後的兩百多年間，靠著這種大帆船貿易，墨西哥城裡出現了香料以外的中國絲綢、瓷器，印度的棉布和爪哇的胡椒。貿易商從墨西哥換得大量銀元。

在此期間，國王制訂了許多鼓勵國民從事海上貿易的政策。政府決定，每一個向東印度群島地區移民的西班牙僑民都可以從貿易中獲得一份利潤。例如，在 1565 年的一次航行後，就有多達一百九十人得到了分紅。同時，為保護西班牙的絲織業和限制墨西哥的白銀外流，1593 年，西班牙政府規定中國絲織品永遠不得進入秘魯，而且每次貨運的總價值有固定數字的限制。整個大帆船貿易範圍也正式完善了。

但是，這種政策和限制，結果只能造成各種欺詐行為，腐敗的行為使得實際能從大帆船貿易中分到好處的人越來越少。在 1786 年的一次航行中，只有二十六人參加，其中有一人就控制了 23%的艙位。

實際上，兩百多年前的這條從美洲到亞洲的航線遠非坦途。每年有兩艘船約在二月或三月乘著季風從美洲出發。這些船一般是在馬尼拉製造的，規模比較大，約有三、四層甲板，所運的貨物主要是白銀和壓艙物資，或許還會帶一些花邊和美

洲巧克力。乘客包括一些高級官員及其家屬、二十到八十名免費旅行的教士和一些交付船費的商人。當然，也有些被強迫服役的士兵。外國人和未經批准的人都不得乘船。航行路線是按照巴拿馬的緯度線，向西經過馬紹爾群島和加羅林群島，前往宿務海峽。在滿帆順風的情況下，一般兩、三個月內就可完成整個航程。

船隻約在每年六月間返航。那時當然滿載著用各種方法搞到的大量商品。除棉花和少量馬尼拉雪茄外，極少裝運菲律賓的產品。主要貨物是印度棉花及各種綢絲、薄絲、天鵝絨、錦緞製成的長袍和其他服裝。運載的襪子數量可以達到五萬雙。此外，還有床單、波斯地毯、成套餐具，教堂用的法衣、手帕等。次要的商品有黃金、寶石、翡翠、玉石、象牙、黃銅、牙籤、藥材和香水。

到了公元 1700 年，奴隸也被算作貨物之列。可以想像，在大帆船準備起航前的兩個多月時間裡，馬尼拉是一個非常繁忙的地方：貨物需要檢驗，裝箱，商人入境需要登記，船隻需要修理和改裝，另外還需要準備七到九個月的糧食和飲用水。

東航船顯然沒有西來時那麼順利。穿過宿霧海峽之後，船隻只能利用南吹的季風。但到了北緯十五度處，風向就開始不穩定。七月、十月之間，隨時可能遇到颶風。許多船隻在日本列島遇難。這種航行使大家非常容易染患熱病、壞血病和皮膚病。最理想的情況下，一次航行起碼要費時七到八個月。許多船隻根本沒有達到目的地，就消失了。這種航行的高失事情況，使得馬尼拉一度財政極度困難；十七世紀上半葉，曾經因為負債達一百萬比索而實際破產。

不過，也正是這種大帆船貿易，讓馬尼拉發展得極為迅速。到十六世紀末，馬尼拉已經成為東方的一個商業中心。從

表面上看，馬尼拉是一個非常輝煌豪華的城市。1603 年發生的大火災並沒有讓人悲觀。這場火災把原先在這裡的簡陋棚屋一燒而光，富有的商人馬上用石頭和磚瓦重建。貿易巨頭在這裡的生活是無憂無慮的。一年之中，他們有四分之三的時間無所事事，華屋、美服、佳餚、僕從，應有盡有。

這種奢侈而快樂的壞處必然導致懶散的生活風氣，他們沉緬於賭博、詐騙和其他惡習，根本不注意農業和工業的發展。華人在這裡經營零售業，提供手藝人，也為西班牙的大帆船收集貨物。當地人則在警察和教堂控制下，不斷提供食品和僕役。雖然大帆船貿易使馬尼拉迅速發展成一個繁榮的都市，但這種繁榮並不穩定。基本上，所有外運的貨物都不是菲律賓本島出產的，殖民者過分依賴商業利潤，從而不願從事基礎的工礦業和農業，造成這個資源豐富的地方居然國內生產凋敝。馬尼拉的豪華生活因此也很快覆滅了。

原因顯而易見：西班牙僑民把全部的希望都寄托在每年一次的白銀船隊。然而，一艘船的遇難就能輕而易舉地毀掉一個小商人的生命和他一家的全部寄托。另一些失敗的投資者寧可做乞丐，也不願做工；許多商人淪為赤貧。他們當中有很多逃兵和冒險家，沒有收入來源時，就行凶、欺詐，無所不為，把馬尼拉的治安搞得亂七八糟。

現在，讓我們回過頭來再看看當時東南亞本身的商業情況。當時這個地區還有相當多的未開化民族。譬如，婆羅洲的達雅克族大多隱居在山林和河流沿岸一帶，性情淳樸、聰明、勇敢、善良、義氣。當歐洲人瘋狂地來到這裡時，達雅克人正在用一種極為淳樸的方式，與外間的陌生人進行交易——以物易物。用這種買賣方式，顧客與物主是不見面的，也無法進行討價還價。雙方似有默契，不約而同地將物品放在規定的河畔

或幾株大樹底下。一般達雅克人會出售島上的土特產，如樹膠、鱷魚皮、蛇皮、藥材等等。他們用舢板把這些貨物載到特定的「無人交易所」，一一搬上岸，然後取走華僑商販以同樣的方法擺放在那兒的鹽、布匹、鏡子、梳子、裝飾品、金銀等物。

「價值」是不論的，主要是換取自己所需要的。土著多半取走生活的必需品，而華僑小商販換取土產，用以轉賣，維持生活。在這種交易中，如不需要，就棄之不拿；而如果自己所帶的量太少，也不會貪心地將對方的一攤東西一掃而光。這種交易建立在完全信賴、互利、需要的基礎上，很少有欺騙的事發生。

難以想像的是這種單純的貿易居然和西班牙的大帆船貿易同時出現在一個時代裡。很可能那時的達雅克人並非對西班牙人的到來一無所知。可是，這又有什麼關係呢？大多數東南亞人在這個時代仍然過著自己簡單的日子。

西班牙商人穿梭於母國的兩個新殖民地之間，奪取豐厚的商業利潤。但是，獲得這種利潤的過程也並非坦途。這種沾著血腥，冒著極大危險的紅色商路，顯示著歐洲當時的那種時代精神。他們是攫取的，總想得到更多，物質至上主義的他們，幾乎開始輕視自己和別人的生命。

當然，西班牙商人當初冒著危險進行交易時，不會想到他們無意中也為別人做出了貢獻。譬如說，這種大帆船貿易對中國倒是一件大好事，生絲出口因此大量增加，白銀不斷留入中國國內，對中國沿海地區商品經濟的發展起了重要作用。此外，還有甘薯、菸草、玉米等作物從美洲經菲律賓傳入中國，菲律賓的香蕉、椰子、芒果也有意無意地傳入了美洲。至今，我們看菲律賓歌舞和服裝時，還會看到墨西哥藝術的影子。

葡萄牙人的疏忽

　　當年，葡萄牙人乘風在東南亞海域春風得意時，應該知道這種榮耀的日子來自於自己國家優於他國的船舶技術和豐富的航海經驗。當時他們或許沒有想到，一百多年後，基於同樣的優勢，荷蘭和英國逐漸取代了他們的地位。雖然他們堅韌不拔地把戰爭堅持到最後，但殖民勢力的全面崩潰已不可避免。其實，葡萄牙的衰落並非毫無跡象可尋。這樣一個本土人口不足一百五十萬的歐洲最小民族，不可能長期統治整個非洲、印度、東南亞和巴西，奴役他們，對他們發號施令，或者壟斷這些國家的貿易，更不可能永遠保證這些國家不讓他人染指。

　　事實上，葡萄牙在不知不覺中已耗盡了維持這個貿易帝國所需的資源和人力。但要取代他們，需要一個同樣堅決，屬不同文化背景的強國才能辦到。對東方的夢想使人類的航海經驗因此大大地豐富了。人類的前輩居然曾通過這種方式認識純潔無垢的大海，也許讓後輩有些難堪。但人類的所有活動又有多少完全符合純潔的道德標準呢？

　　並不能說，葡萄牙人對荷蘭人，這個未來潛在的對手，沒有防備之心。事實上，葡萄牙人一直努力壟斷他們對東南亞航線的知識。但葡萄牙在另一方面的錯誤決策，導致了對這一方面努力的完全失敗。

　　十六世紀末，荷蘭人為自己民族的生存，已同西班牙、葡萄牙（此時兩國已合併）的國王菲力普二世戰鬥了三十年。這當然讓國王非常惱火。國王任性地命令：所有荷蘭人不得在里斯本獲得任何香料。這一行動的直接結果就是迫使荷蘭人自行去找尋東方的產品。同時，葡萄牙人對保守航海祕密的企圖，因為自己的大意和疏忽，完全失敗。在葡萄牙船隊上的許多因

貧困而願意以生命做賭注的水手中，很多就是荷蘭人。他們就這樣在糊塗的葡萄牙人眼皮底下掌握了東南亞航行的路線。

第一支荷蘭遠征船隊於 1595 年，也就是西班牙國王頒布香料禁令的一年以後，開始了他們往東南亞的冒險夢想。雖然這支船隊在歷時兩年的航程中，與東南亞土著發生了不少不光彩的衝突，損失了一條船和一百多名船員，但船隊帶回歐洲的香料仍使這些生還的冒險家發了一筆橫財。

可以想像，這樣一個富有刺激性的消息會帶給這個歐洲小國多大的鼓勵。荷蘭的年輕人再也不甘心坐在家裡過貧窮日子了。雖然當水手的死亡率很高，但巨額的財富讓很多人決定孤注一擲。僅在 1598 年，就有分屬荷蘭五家公司的二十二隻船踏上遠征的道路。這些船隻的成功率還算高，居然有十四隻滿載貴重的貨物返回本國。

然而，荷蘭人的好運並沒有結束。1599 年，甚至有一支荷蘭船隊首次抵達一向難以尋找的香料群島——馬魯古群島。

從這個產地直接運回的香料使荷蘭人足足獲得了四倍的利潤。但事情並非一直如此順利。此後，大批荷蘭商人湧向東印度群島，希望從利潤豐厚的香料貿易中分一杯羹。激烈的不良競爭使當地的胡椒價格上漲，利潤減少。同時，荷蘭人的商業活動也不可避免地受到葡萄牙人和西班牙人的阻撓。鑒於這種內憂外患的情況，荷蘭人成立了保護自己利益的「荷蘭聯合東印度公司」。

這個公司的概念和今日所謂的公司者完全不同。它擁有荷蘭國會授予的特許權，擁有從好望角到麥哲倫海峽廣闊地區的二十一年貿易壟斷權。公司甚至擁有武裝力量，有權在亞洲各地發動戰爭，條建城堡，訂立條約。這幾個字眼，在受過無數欺辱的中國人看來，意味著背後無窮的辛酸血淚；但對他們來

說，是權力、財富和地位。

很快，這個公司就開始覺得掠奪式的貿易不保險，因為英國東印度公司的成立意味著荷蘭人有了強有力的競爭者。荷蘭人的公司因此走上武力征服的道路。他們的行為足以讓人想起後世的法西斯。譬如，1620 年，荷蘭人為了防止班達島居民進行香料的走私活動，採取了殺雞取卵的行動，竟將該島居民全部趕走或殺死，用外來的奴隸勞工取代他們。事後，他們對這次著名的屠殺進行了辯解，說這是在實施基本貿易條例方面所必須採取的措施。如是，通過種種強硬手段，荷蘭在東南亞建立了自己的商業霸權。通過戰爭，印度尼西亞、麻六甲、爪哇、蘇門答臘等等——都成為它的殖民地。

但是，這個新的殖民地者與他的前輩葡萄牙人、西班牙人完全不一樣。荷蘭商業帝國的精神實質是全然世俗的，目的只有單純的一個——利潤。它決不是一種披有神聖外衣的十字軍傳教，也不是像早期的麥哲倫船隊那樣，帶有浪漫主義的冒險。它唯一能借用的辯護詞是聲稱這是在歐洲進行的為民族生存所做之殊死鬥爭的一部分。

事實上，荷蘭人當然不是一個好的傳教士，但一定是一個極為成功的商人。純粹的商業目的使它採取了非宗教政策，而這在宗教局勢複雜的東南亞無疑是相當實用的。毋庸諱言，荷蘭人的這一政策，至少在印度反應良好。他們在印度同科羅曼德爾和孟加拉的商業集團以相處融洽而聞名遐邇。荷蘭人實幹的商業精神在我國的史書裡也有印證。在他們派往北京的幾次使團中，荷蘭東印度公司的代表對按進貢者身分所做的例行形式，如宮廷跪拜，從未提出過異議。

總體來說，荷蘭人在東南亞的貿易是一種訓練有素的專業活動。他們是歐洲首屈一指的商人——交易的能手、優良的水

手、精通銀行和保險業務。他們往往在航海之前，足足提前兩年，仔細考察了市場情況和價格浮動的走勢，列出詳細的回運貨物清單。他們非常重視對東方的交易。東印度公司的亞洲貿易，相比於國內市場的需要，總是處於更優先的位置。譬如，由於東方大量需要歐洲的貴重金屬物資，荷蘭人寧可自己不用這些金屬，而把這些貨物裝上前往東方的船上。

荷蘭人也注意到維護香料來源的壟斷，使其成為荷蘭貿易體系中最能經常贏利的成分。他們做到了葡萄牙人想做而沒有做到的事。因為目光短淺的葡萄牙官員為貪求賄賂，葡萄牙從來沒能真正壟斷外洋航線。在葡萄牙時代，阿拉伯人的船還是能夠自由駛入紅海及波斯灣，和威尼斯人一起，根本未被逐出貿易領域。整個十六世紀，他們成功地繼續做他們的香料生意。直到更精明的荷蘭人和以後的英國人取代了葡萄牙人以後，這些中間商才黯然失色。儘管這種監管的費用很高，但是，比起荷蘭人在歐洲能賣出原價十倍的價錢，這些錢還是微不足道的。

當時，荷蘭人的精明已經達到了這樣的程度：他們控制香料的價格，使它在亞洲市場上保持足以被轉賣到歐洲的高價，但又沒有高得過分，以至於扼殺了亞洲的貿易。荷蘭人在亞洲的貿易計畫非常周密。在這裡，他們更多的是以國際商人的身分出現。他們不再像葡萄牙人那樣，把香料直接運回國內，而是把香料、胡椒、布匹運往中國，換取中國貨物，和日本進行交易。日本人支付的金銀銅可以馬上在印度出售，然後在印度獲得更多的布匹，進行香料貿易，再運往中國。

當然，隨著英國及西歐其他海上強國的興起，曾經不可一世的荷蘭海上帝國仍然追隨著葡萄牙和西班牙，輕易地坍塌了。與葡萄牙人不同的是，荷蘭殖民者沒有在當地居民中積極

傳播他們的宗教，也不鼓勵他們的官員和士兵同當地婦女通婚。荷蘭人在馬來半島的目的純而又純——奪取商業利潤，而不是領土的佔領和傳教；或者說，後兩者是前者的一種輔助手段而已。他們實行壟斷的唯一商品是香料。他們絕少因為貪婪和宗教狂熱而犯搶劫和屠殺的罪行，而葡萄牙人在麻六甲和馬魯古群島的某些行動是以此為動機的。在當地貿易能滿足他們要求時，荷蘭人從不是海盜，而是顯得比較規矩的商人。

由於這些原因，如果可以用天平稱量，也許那時的的東南亞人對荷蘭人的憎恨會比對葡萄牙人少一些。因此，當荷蘭人離開這裡，歷史學家開始清算這段面目不清的歷史時，驚奇地發現，荷蘭人對馬來半島的影響甚至比葡萄牙人還小。他們除了從這裡整船地運走香料之外，連孩子也沒留下幾個。

真真假假傳教士

在所有侵略東南亞的歐洲殖民國家中，很少有像荷蘭這樣對商業以外的事毫無興趣的國家。事實上，在西方對東南亞的殖民活動中，宗教起了相當可觀的作用。

有一位歷史學家甚至不無誇張地認為：「印度支那殖民史是傳教士一手寫成的。」根據天主教教會的資料，早在 1533 年，就有四名天主教士自海道進入越南，講授天主教教義，成為東南亞傳教士的先驅者之一。這些最早進入越南和東南亞其他半島國家的教士為西班牙人，但他們缺乏經驗，又不努力學習當地語言，不久就毫無成果地離開了。還是後來葡萄牙教士堅持了下來，他們在越南一度相當活躍。到 1650 年，他們已向三萬人布過道，培養了幾十名修士（講道者）。

歷史的舞台終於等來了大有作為的法國傳教士。他們是在十七世紀進入越南和印度支那地區的。其中最早，也是貢獻最大的教士是法國耶穌會士亞歷山大・羅德。他於 1624 年進入越南，在越南南北各地先後活動達 21 年之久。他非常明智地學習並使用越語進行傳教。他甚至很像日後的民族誌學者，對當地的經濟、政治、資源和社會情況進行了廣泛的調查，還曾經繪製過一幅相當詳盡的越南地圖。在他的旅行筆記中，有意無意地鼓動其國人到此淘金。他向他們指出，這裡有五十多處良港，並鼓吹：「占有這個地區，歐洲的商人將獲得豐富的利潤和充足的財源。」

　　他更為重要的工作是率領其他一些和他志同道合的傳教士，創造了拉丁化拼音越語文字。當然，他們創造這種文字時，並沒有想到普及它。他們發明這種用拉丁語注越南語言的初衷，只不過為了他們自己學習語言方便，就像我們也常常在初學外語時，用本國文字注音一樣。但是，後來這種方法從個人和傳教士的學習小組中流傳出去，在殖民者強迫下，越南人也開始再次學習他們國家的這種新文字了。它就是目前仍在越南廣泛使用的越南通用國語。

　　雖然西方洋教勢力在半島地區的活動開始得較早，但由於此地信奉佛教和傳統文化根深柢固，洋教影響事實上很小，主要功能只是充當商業貿易的槍手。但是，同樣的基督教，在海島地區的情況可就不一樣了。

　　西班牙人征服菲律賓群島之前，該群島同東南亞其他地區之間的聯繫與其說是文化上的，還不可說是人種方面的。儘管我們不能說菲律賓人沒有借鑑過印度文化，但仔細論來，這種影響還是屬於表面的。本地的政治制度和商業習慣發展得相當不完全，人們熱中的宗教信仰也只限於崇奉祖先和自然界的神

靈。雖然在西班牙人到來之前，伊斯蘭教已經傳入此地南部的部分地區，但由於時間還不長，並沒有真正在這裡站穩腳跟。

　　前文已經提到過此地歷史上就是一個移民不斷的多民族島嶼。十三世紀宋朝時的中國文人曾經描寫過當地人的政府，每個村莊或島嶼在政治上也是分散的。交易以易貨方式，在酋長的住所前進行。出口的商品有黃蠟、棉花、珍珠、貝殼和檳榔子。他們同中國宋朝的商業往來大約始於十世紀後期，這種接觸為他們提供了冶金、火藥、製傘和製作銀器的知識，並讓他們知道穿著鬆寬涼爽的長袍。他們極為崇拜的善神就是以偶像表現出來的他們的祖先，惡神則是他們的敵人。他們也崇奉自然界的各種神靈現象，如太陽、月亮、樹木、河流、山洞和動物等。這裡似乎還沒有想到建造寺廟等專門的宗教場所，祭祀儀式就地在叢林中舉行。正是因為本地宗教和文化的粗野、質樸，為傳教士的活動提供了機會，使基督教將人民統一到一神教的旗幟下。

　　西班牙人的貢獻是它原先沒有意料到的。他們帶來的外來文化使這個群島在政治上第一次統一出來，基督教在這當中起了意想不到的作用。當然，這些人並不是憑著慈悲情懷來到這裡的，而是以戰鬥精神全面佔領菲律賓人的土地和心靈。在菲力普二世的領導下，西班牙人民大概把自己當作上帝旨意的代行者，要在歐洲粉碎新教，要給美洲和亞洲人民帶來福音，並自願指引他們進入太平盛世。

　　但這種保護人的身分是要付出代價的。傳教的同時也就意味著嚴禁殘暴地踐踏當地人的權利。西班牙帝國也確實為此放棄過一些殖民者看來不錯的建議。據說，菲力普二世曾屢次拒絕西班牙船長關於征服計畫的建議。這些以掠奪為生的船長聲稱只要有少數果敢的士兵就可征服中國，也可征服日本。這種

建議很容易讓人想起發生在美洲阿茲台克人和印加人身上的可怕故事。

可能是出於西班牙努力傳教的一種褒賞，教皇把管理東印度群島新教會的任務全權委托給西班牙國王，而鞭長莫及的國王也就理所當然地把這一神聖權利，或者說把土著基督教化的任務交給了正規的教士。教士們的業績證明他們是忠於職守的。他們為了加快實現這個宗教目的，把此外一切其他利益放置在從屬地位上。這種行為也得到了國王的支持。國王不僅負擔傳教的一切費用，還必須彌補馬尼拉政府不定期的虧空。當然，西班牙政府在東南亞地區的收益要比這種支出多得多。

不管怎麼樣，傳教士確實請求國王支持，指定了一些保護土著不受壓迫的法律。但國王和政府的仁慈並非永遠一如既往，事實上，西班牙的政策是在顯示慷慨的關懷與殘暴的貪婪之間左右搖擺的。因為政府並不是專業的傳教士，有時候，他們不得不考慮經濟上的得失。

但西班牙人在菲律賓群島的努力傳教還是獲得了豐厚的成果，這種影響一直留存到了今天。至今菲律賓仍然是東南亞地區唯一的天主教國家。之所以能做到這一點，和當年傳教士特殊的傳教方法有密切的關係。

所謂「文化的人」，實際上就是一個教育的過程。給予不同的教育，當然出產的就是不同文化品格的人。當時的傳教士顯然也意識到了這一點。一開始，當地的成年人總是經常對異質文化抱持著仇視的態度，想要改變他們已經成熟的信念並不容易。這也是各類宗教的傳播者經常遇見的困難。那時，聰敏的西班牙傳教士馬上調換起初那種呆板的傳教方式，而以訓練當地名門望族的孩子作為初步目標。

這樣做的好處很多。首先，這些孩童由於年幼無知，易於

接受新的思想灌輸，而這種思想的地位類似語言中母語的地位，一生都難以改變。其次，這些孩子還有無數的機會，在其父母好奇或放鬆警惕時，有效地把思想傳遞給他們。他們的父母當中就有當地的頭領，如果把他們爭取過來，那麼實際上整個社區稍後都會接受洗禮。至少這些重要人物會因為可愛的子女而對基督教不反感、不排斥。更重要的是，在這樣一個社會階層變動極少的地方，這些出身良好的孩子，日後毫無疑問就是社會的中堅，這當然會對基督教在此地的未來產生積極的影響。所以，這種作法一箭可以有好幾鵰。

1578 到 1609 年的幾十年期間，被稱為菲律賓傳教事業的黃金時代。1578 年以後，不到十年，就有十七萬人皈依基督教；到 1750 年，已驚人地達到九十一萬了。一些頭領的兒子還被別有用意地邀請到神學院接受高等教育。但問題並沒有完全解決。許多土著也許會在年輕頭人的催促下，接受教堂的洗禮。但是一回到家，他們就會快快忘記這件事，基督教徒的各種義務和確定的行為規範對他們毫無意義。傳教士們很快尷尬地發現大多數新教徒在施過洗禮以後，就根本再也不到教堂了。

如何繼續訓練，灌輸這些皈依者呢？對當時的傳教士來說，這是一個重要的課題。誠然，他們在美洲也有過類似的經歷，當時他們把新基督徒們集中在大傳教站裡。但在這裡，這種方法行不通。傳教士無法說服當地的農民在一段時間內放棄耕種稻田和每天必須的漁獵工作，以及承受離開祖先的墳地的巨大痛苦和不安。

他們採取了類似於在中國傳教的利瑪竇的智慧，使用了一種折衷方法，效果還算不錯。傳教士們成立一個教區總部，舉辦豐富多采的節日活動，吸引土著定期前來。這當中包括遊

行、跳舞和遊戲，還有一些宗教和禮儀方面的慶祝活動。當然，這些傳教士也無奈地准許當地人在這樣的祭祀活動中祭祀當地的守護神。顯然，土著們幾乎是懷著娛樂的目的，在禮拜日來到這裡的。雖然基督教並沒有憑著它本身的魅力吸引住這裡的民眾，但它畢竟已經全面進入普通人的日常生活中了。

等到基督教在菲律賓站穩了腳跟，西班牙人自己也開始「窩裡鬥」了。到了十八世紀後半葉，西班牙殖民當局與教會的權力發生了衝撞。由於長久以來，出於種族歧視和政治猜忌，教會一直反對任用菲律賓人擔當教職。為了打擊教會的勢力，西班牙政府准許菲律賓當地的教士管理一部分教區。到了1826 年，西班牙教會又得到王室的支持，女王下令由西班牙教士接管已由菲律賓教士管理了五十年的教區。菲律賓教士於是奮起開展教會的菲化運動。他們上書女王，要求撤消這一決定，揭發教團的黑暗內幕，並要求恢復原先的教區權力。但是，這一運動遭到殖民政府當局的殘酷鎮壓。

傳教士是一種特殊的職業。他們作為上帝的使者，興沖沖來到了東南亞，傳播他們所認為的最偉大的宗教。我們很難說他們的動機中宗教的純度有多少，正如我們也無法判斷他們在這裡的功過是非。我們所能夠肯定的事實是，基督教的確為這裡帶來了一種新的文明，尤其是對那些比較閉塞的民族，像菲律賓土著以及其他一些山區民族來說，雖然東南亞的大多數國家在面臨上帝時，還是堅持了他們的佛教信仰，一些傳教士在這些國家也非但沒有傳遞出代表仁慈的上帝情懷，還幹出了許多商業槍手的勾當。

但是，我們不能抹殺另一個事實，對那些長期生活閉塞的土著來說，佛教並沒有翻山越嶺，來到這裡，倒是傳教士不辭辛勞地把上帝的福音傳遞給他們。也許這些民族在東南亞一直

是相對比較沉默的一族，對整個地區的文化發展貢獻不多，但他們也同樣擁有文化交流的權力。這種適當的交流也會使他們迅速發展。譬如說，在菲律賓，基督教的人道主義思想在整個社會起了相當大的作用，使得這裡的社會福利事業進行得非常早。

　　1578 年，一個基督教教士在馬尼拉開設了第一家醫院，它成為遠東歷史上最早的一家醫院，比美國的第一家醫院早了173 年。1814 年甚至還專門設立了痲瘋醫院；此外，還有孤兒院、兒童庇養所等設施。十七世紀初時，在醫療保健方面，這裡就超過了世界上許多別的發達國家。

你方唱罷我登場

　　上帝也許只是隨心所欲地把這個穀種或是那個畜種安置在這裡或那裡，因為這種安排與氣候的關係似乎並不很密切。但這種很偶然地安排卻使地球上的各個部族總是享受不到上天在各自駐地以外的贈予。冒險的商業把這些障礙第一次一掃而空，他們竟然輕而易舉地打亂了世界上動植物的原始分布。譬如玉米，在哥倫布之前，不出美洲一步，現在居然正承擔著維持億萬非洲人生命的繁重工作。

　　1500 年之前，歐洲還沒有一個人知曉什麼是可可這種原產於墨西哥，可製成飲料的植物。歐洲人在十七世紀初，才通過荷蘭商人，第一次看見茶葉的尊容；過了一百年，這裡的人仍普遍把它當作萬能之藥。甚至有一個主教特意寫了長長的58 行拉丁詩，讚揚它的神妙。一個民族完全靠本地的資源和智慧而達到至善境地的假設是完全靠不住的。畢竟，從別人手

上轉過來要簡單得多。這往往並不是因為人類的懶惰，而是老天作梗，當然也可以說是天公作美。

當然，歷史上的重大發現也許總帶有多多少少的精神道德因素，但真正促成發現的往往是物質方面的慾望。如果麥哲倫當年的計畫沒有一本萬利的前景做誘惑，君主和商人們絕不會拿自己的錢開玩笑。說穿了，麥哲倫這麼偉大的環球航行，也不過淵源於世俗利益——為了香料。在這種利益的驅動下，葡萄牙人、西班牙人、荷蘭人、英國人、法國人一撥一撥「你方唱罷我登場」，來到這片島嶼地區。帶著商業目的的數百年侵略，給歐洲人的生活帶來了不少變化。

一個葡萄牙海船上的小手回到他旅途中曾朝思暮想的里斯本時，卻傷感地發現這個城市完全變了。過去少有船隻航行的河上，如今竟船滿為患，擁擠不堪，成千上萬的人群在一些簇新的豪華宮殿和鬧市區之間行走。十年間，這個城市變成了世界的中心，成了豪華的首教。女人們穿著華服，坐在敞篷馬車上，炫示著她們的印度珠寶，她們走過的空氣裡也帶有脂粉香。整個城市學起了倫敦、巴黎這些大城市的派頭，夜夜歌舞昇平。當然，變化最大的是在餐桌上。香料調製的食物再也不是什麼貴重的商品了，普通人也能放心大膽地在菜餚上大撒胡椒末。一個世紀前的渴求顯然已為人民所忘，人們安心享用來自異國的美味。

東南亞地區同樣也有了顯著的變化。這幾百年的貿易事實上帶動了東南亞一批城市的繁榮。十七世紀，半島地區一個普通的首府——越南的首都升龍城裡就有很多街坊。每一個區都常常生產一定的商品並出售。在這裡，很多外國商店林立。每月初一、十五的趕集日，升龍城裡更是熙熙攘攘，碼頭上船舶雲集，運輸各種各樣的商品。這些景象都在傳教士的日誌中被

詳細描繪了。

　　順便提一句，殖民時代之後的東南亞文字史料大大增多，學者們再也不需要依靠中國史書上關於朝貢使團的記錄作為唯一的史料了，那時各式的歐洲人留下了許多歷史文獻。

　　但這種變化只是表層的變化。如果我們深究殖民時代的東南亞人心理，就會發現，所謂的變化遠非只有商業繁榮那麼輕鬆。殖民者在這裡不僅留下了各種血統的孩子，留下了在各地區言中不少零星散落的歐洲語言詞彙，留下了不少因為戰爭而得來的槍炮知識，更留下了這裡前所未有的民族自尊心，或者說，罕見的愛國精神。

　　在殖民者來到之前，東南亞人僅僅偶爾和鄰居們發生武裝衝突，所謂的「愛國心」，也在那種閑適的生活中顯得非常淡漠。但是，就如同物理學中所說的，物體在外力作用下，它的內部結構往往更加緊密，殖民者絡繹不絕地到來，築起了這裡罕見的愛國心。今天我們仍然可以從這裡的國歌、神話等等之中感覺到這種深切的感情。

　　在一個菲律賓的神話裡，人們這樣訴說人類的起源：上帝造人時用土和水捏製人形，然後放在太陽底下曬。沒想到曬過了頭，泥人被太陽烤得像泥一樣黑。於是懊喪的上帝決心從新來過。做好人形後，他依舊把泥人放在太陽底下。但這一次他太心急，時間還不夠，他就以為好了。結果做出的人很蒼白。上帝不甘心，吸取了前兩次的教訓，決心再做一些最完美的人。這次曬的時間不長不短，做出最漂亮的褐色人。

　　顯然這個故事是按照當地人的理解，解釋人種膚色上的差異。而且，我相信這個故事的起源是比較晚的。因為，如果要推斷這個故事產生的背景，那一共有兩個條件。首先，這個地方已經開始學會製陶了；而且，對陶的製作中所必須掌握的關

鍵問題，譬如時間的把握，有了初步的認識。第二是已經得知世界上除了黃色人種及黑色人種這兩種島內存在的人種以外，還有白色人種。所以，這個故事一定是在白人來到此島以後才出現的。也就是說，這個神話故事本身的時代背景就是白人入侵他們的家園。正是在這樣的背景下，他們的神話中仍然沒有顯出一絲一毫自卑感；正相反，他們非常大聲地用故事宣稱他們是世界上最偉大、最優秀的民族，是上帝的寵兒。

而且，他們的愛國心並不是停留在口頭或是事後的追悔上，而是切實轉化為鬥爭的力量，隨時誓死保衛自己的國家。他們的勇猛是讓人難忘的。最悲壯的故事發生在 1906 年的巴厘島上。在此之前，這個島上在印尼以美麗、安靜、和平、友善、安逸而著名。但是，這一年，荷蘭人來了。

當時的巴厘王子做的第一件就是把王宮燒了，顯然是下了破斧沉舟的決心。次日，他把王族的所有男女老少集中起來，連抱著嬰兒的婦女也來了，大約有二百五十人，他們個個穿得整整齊齊，手執武器，面對前來侵略的荷蘭人，擺開了陣勢。荷蘭人先是勸降不果，巴厘人繼續往前進，直到走入荷軍槍支的射程內。荷蘭人開始掃射。血肉之軀哪敵得過子彈，第一個倒下的就是走在最前面的巴厘王子，後面的巴厘人也隨之一個個倒下了。為了不願被俘受辱，有一個老人揮著利刃，把所有受傷的同胞都殺死，然後自殺。這些人最後全部陣亡。王子的異母弟弟聞訊後，也帶人前來支援，最後一樣全部犧牲。當時，這位年輕的小王子只有十二歲。

用戰爭學中比較實利的觀點看，王子和他的人民的行為無疑是最愚蠢的。他們可以有很多種選擇。可以逃亡，組織流亡政府，四處尋求幫助；可以退卻，到山區打游擊。當然也可以投降，保全這裡的和平。但他們選擇了一種最壯烈的辦法，用

死亡表明自己不願受奴役的態度。他們所要的和平是自由的，沒有外人打擾他們的生活的；他們不要妥協的和平。這種慘烈的態度在今天這個全世界世俗化的時代已經幾乎無存了。

誠然，外來者的侵略為此地的生活帶來了包含現代化跡象的變化。現在還有許多歐洲人興奮地把這種功勞往身上攬，把自己看作是這個地方偉大的變革力量，好像他們當初來到這裡就懷著極為純潔高尚的目的，僅僅為了把此地帶入先進社會似的，正像他們對侵略印度和中國所說的一樣。但是，這種改變究竟給當地人的生活帶來多少幸福呢？是不是我們只要有了更舒適、更便捷的生活，就是幸福的呢？

這牽涉到一個概念：究竟什麼是幸福？基礎是精神還是物質？幸福又到底有多重要？我們寧願是一個安全的，能用機器進行生產的奴隸呢？還是願意走在自由明媚的陽光下，心情愉快地啃食一只鮮果？幸福應該是人類精神的第一要素，所有別的事物都在其次，都為幸福而服務。人類各民族之間當然是要進行交流的。可是，交流的形式並非一定需要暴力。在全世界互相陌生的年代裡，人們不也在不知不覺中進行了友好的物質、精神交流嗎？當然，這種交流的速度遠不及後來的快。但是，那種強迫的交流，無疑使當地人的幸福感大打折扣。交流意味著變化，交流的雙方都會產生變化。

所有複雜的文化都是這樣東挪西借，發展起來的。否則大家各自閉門造車，世界絕不會像今天這樣豐富多采。任何民族當然都有自己獨有的智慧，往往一個部族在一種工藝上有極高的成就，在其他工藝上卻很平庸。但把自己的意志強加在他人身上，只會造成流血和戰爭。在殖民主義的制度下，文化的融合是不可能的，至少也是片面的。人類必須有共同一致的利益，這樣的文化交流才會真正帶來幸福。

又幾百年過去了，東南亞苦難的歷程似乎終於結束，相繼受到侵略的東南亞國家，如馬來西亞、印度尼西亞、菲律賓、緬甸等國家攜手一起送走了那些不請自然的異鄉人。但是，那些人留下的印痕是沒有那麼容易就消除的。某些歷史事件真正的力量總是蘊藏在它發展的過程中，在一定的時期總是只能發揮到一定的限度，往往又過了許多時間，它的影響才發揮得越來越明顯而充分。

　　直到今天，越南還流行著一首當年抗擊侵略者時，所創作的歌曲——

　　　　為長髮而戰，
　　　　為黑齒而戰，
　　　　打得它隻輪不返，
　　　　打得它片甲不留，
　　　　打得它知道英雄南國自有主。

Chapter 3
千年鐵檻寺

面面俱到的祭祀

　　人生是一個大謎。你聰敏靈巧，勤勞勇敢，卻兩手空空，顏面無光地回來；可你那懶骨頭的弟弟是被母親硬推出門去打獵的，倒好運氣地拖著一頭大鹿回家了。同你一起戰鬥的伙伴全部戰死，你卻死裡逃生，保住了性命。村子裡最健壯的力士昨天還身強力壯，今天突然就嗚呼哀哉了。那個奇怪的女人怎會一次生了兩個胎兒，而我的妻子卻從未生過孩子？福禍之間，好像只有一步之遙？究竟該走哪條路，往這裡還是往那裡走，才能獲得獵物？這種種事端帶著一絲神怪的氣氛，迷惑著初民的理性。在他們看來，宇宙中似乎到處都存在某種力量，只有抓住它們，人們就過上太太平平的日子了。東南亞人認為這種力量就存在於各個物體內部，它用奇特的手段控制這個物體本身，這才造成了這個變幻莫測的社會。

　　這裡的人廣泛地相信萬物有靈，認為人和動物死後都有精靈。精靈中有祖靈、守家神靈、守護動物神靈等。惡鬼散布疾

病和災害，善鬼則能驅逐惡鬼，救人於苦難。這些精靈都有超乎人類的能力，所以無論善惡，都值得崇拜。那時的人簡直是忙個不停，他們一刻不停地祭山、祭河、祭樹、祭鳥……

馬來人的文化，在爪哇達到了頂峰。他們相信一切物象皆有靈魂。它具有一種超凡的性質，以當地人經常以感覺到的方式存在著。在收割第一顆稻穀時，人們象徵性地使用一種非常不適合割稻的小刀。人們相信，如果使用鐮刀割稻，會發出很大的聲音，使而把稻子的靈魂嚇跑。因此，他們使用小刀，以保存稻穀的活力。爪哇人擁有精細地祭祀祖先的習俗，他們用傀儡和複雜的葬禮表現出對亡靈的充分重視。這些活動往往牽涉到當地所有的人，整個村莊都會一起為此事繁忙。在居喪很久以後，人們焚化屍體的同時，也焚化了代表死者靈魂的木偶。他們還特別重視安慰祖先的靈魂，以及替那些死於暗殺、自殺、難產等非正常死亡的那惡靈魂贖罪。

在爪哇東部，最重要的自然神靈是天父和地母，次要的則是代表瀑布、河流、海灘、潮汐、太陽和月亮的神。他們向這些神靈不斷地奉獻祭品。當然，祭品的內容在長遠的年代中也發生了許多改變：最初是人祭，後來是一隻家禽或一頭牛羊。這種祭祀旨在祈求保佑某幢房屋的地基、大門或稻田。在這裡，一些有特別意義的石頭和神山，都直接關係到整個社會的安寧。

越南本地的宗教也和東南亞的其他民族一樣，主要信奉神靈，並經常對神靈進行撫慰。這種撫慰通常不需要巫師的介入，一般人完全可以自己獨立完成。但有時也會以一定的代價，請出道教法師幫助找出究竟自己冒犯了哪一個神靈。在這裡，看不見的世界好像比看得見的世界還重要。使祖先的靈魂愉快是祭祀的主要任務，涉及家庭或氏族的一切重大事情時，

要深懷敬意地告知在場的祖靈。所有活著的成員，包括族長在內，一切言行都要對祖先負責。人們同中國人一樣，定期在祖先的牌位前供奉酒飯。此外，人們也注意到照顧那些已經死去的犯罪者、無子女的婦人及暴死者的孤魂。他們相信這些內心不甘的靈魂能夠造成很大的危害。

暹羅人相信，到處都有靈魂。無論毀壞了什麼東西，都可理解為自己是如此殘忍，居然強行剝奪了一個生命。因此，他們走路時，連樹枝都注意不碰斷。如果這種不幸的事發生了，無異於折斷一個無辜者的胳膊。他們的這種觀念並非完全出自佛教，恐怕還是原始信仰被吸收到佛教系統裡的一個明證吧！

這種泛靈論信仰還有效地保護了一些過去的重要職業，如神醫、巫師、占星者、算命者、圓夢者都繼續著他們的工作。十九世紀的暹邏，熱病和其他各種疾病仍被看作是著了魔。在宮廷，婆羅門專家的職責是占星、卜算和安撫神靈。國王本身就是神，它具有驅除水災、飢荒、瘟疫及各種天災的能力。國王的另一種重要工作就是能夠和祖先靈保持正常的聯繫。

一個英國婦女曾經在拉瑪四世的宮廷裡擔任女總管的職務。後來她在其著作中曾敘述，在一座新建的要塞人門的地基裡埋著三個祭獻者。據說，這是為獲得神的保護。她還說，這裡的除夕會用一根神聖的棉線環繞宮牆，然後徹夜在王宮中鳴炮。所有這一切都是為了擋住凶神。

東南亞的這種萬物有靈的象徵體系也許不太精細、嚴密，但這絲毫不妨礙此地住民信仰的熱情。這裡的許多習俗都一直為東南亞的許多民族所珍視，甚至在他們皈依了印度教、佛教、伊斯蘭教之後，仍然用一種相對比較隱蔽的方法保存著這種信仰。

每個社會都可分成神聖和世俗兩大塊。「神聖」意指一種

令人敬畏的超自然力量和與此相聯繫的異常現象；「世俗」則是指稱日常生活中普通的自然世界。

事實上，在萬物有靈的信仰中，自然和超自然並沒有像後來傳入的那些外來宗教那樣，存在那麼明確的界限。宗教信仰反映一個社會崇尚的神聖力量。在這裡，神聖的力量以雕像、岩石、動物、樹木，以及社會所選擇的任何東西作為象徵。爾後，這些象徵物便成為各種集體儀式，如公眾聚餐、舞蹈、慶宴、戰爭等的中心。通過這些活動，當地人便在習俗和信仰上聯合成一個整體，在具體行為中常常體現出寓俗事於神聖的祭祀之中的風格。

1847 年，一個顯然受了驚嚇的士兵在自己的筆記本上寫到：一個馬來姑娘今天被一群人殺害。她和他們之間沒並沒有任何矛盾，只是他們需要她的血來造房子，用血來澆灌柱子和房基是唯一實際的辦法。很多初民都認為生命就是血。神魔無緣無故剝奪人的生命，正是因為他需要人的血。得到了人血的祭獻，地神就不會為掘地三尺的行為而動怒。馬來半島的明蒂拉人也因為這種觀念而巧妙地驅除惡魔。他們將產婦放在火的近旁。據說，惡魔總是嗜喝人血的，只要有人血，惡魔必定出現。當然，他沒有想到聰敏的人已為他準備了他最害怕的火。

此外的很多娛神活動也同樣說明了人們從萬物有靈的觀念出發，想方設法地哄神靈高興，為自己謀得利益。譬如說「盪鞦韆」的活動。場地一般就設在舉行祭儀的神亭附近。人們早就先用粗竹子或木柱子搭若干個臨時支架，用兩根粗藤懸垂著，下端安上一塊踏板。這同時也是一種競賽。人們認為：鞦韆盪得越高，土地神或稻神就會越高興，莊稼也就會長得越高。燙鞦韆實際上是為了取得豐年的預兆。所以，最後的勝利者也是村子裡的英雄，因為他給村裡帶來了好運。

人們對於神的敬畏，似乎從來就是出自一種暗地裡的功利思想。這些崇拜萬物神靈的古代東南亞人，不知不覺中為自己營造了一個神靈充盈的世界。在他們看來，神靈和各方的靈魂都是確實存在的，絕對不可怠慢。從這種角度上看，他們的世界比我們的要豐富得多，哪怕一個人坐在家中，他們就會感覺到同時有數十雙神靈的眼睛看著他們。他們無法過一種非常獨立，或者說非常清淨的生活。他們必須伺候那些數不清的神靈，讓他們高興，也希望他們幫助自己實現願望。那時的東南亞人根本不認為自己具有高於動物的優越性。他們相信動物也有語言，並在神祕的灌木林裡有牠們自己的村莊。他們甚至自卑到認為動物才有優越性。

　　最渺小就是他們自己。整個自然和歷史的大環境中，日月星辰代表著自然界最神祕的部分，山川河流則是最有氣勢、最偉大的存在物。動物比人類更接近大自然的奧妙，因此它們也比人類知道得更多。人們本身的一切都是祖先的賜予，當然也不能怠慢，有目的的當地人毫無辦法，只能老老實實地崇拜這一切，面面俱到地——祭祀。

　　儘管有一度，此地萬物有靈的信仰被外來宗教的光芒遮掩住了，但這種古老的信仰很快就和新宗教結合起來，不可避免地以另一種面目出現了。聖徒代替了友善的神靈，奇蹟變成了魔法的新形式，肖像代替了偶像。不僅許多原始信仰的風俗被暗中保留了下來，事實上，人們迅速對新宗教狂熱拜的精神動力就來自過去對眾神的虔誠供養。

魔法師的魅力

也許世界上關於靈魂的信仰非常普遍，但是，肯定沒有一個地方像在東南亞這一帶那樣，把這種觀念運用得如此廣泛。任何事，人們都通過巫師的咒語加以解決。動機有時可以是殺死一個仇人，或者讓某地的人全部病死；或是為得到某位女子的芳心這一類比較美好的事。為此，採用的方法是如此多樣，簡直可以稱得上是一門藝術了。

至今這裡的許多山區裡仍有很多巫師，他們自稱能溝通神靈與人世之間的信息，有驅除惡鬼的法力，並能預卜吉凶。這些巫師通常地位相當高，他們作為神明的代言人，使敬重神靈的當地人也極為敬重他們。居住在緬甸北部的克欽人住在一種高架長屋裡，這樣的長屋一般有三個門：大門、客人門和神門。最後一道門只有巫師才有資格進出。此外，據說能在這裡出入的就是各種身分的神靈了。

東南亞的巫師似乎也並沒有辜負人們的期望，他們令人眼花繚亂的各種魔法手段，好像真的能解決人們生活中所有的問題。他們是這裡最有魅力的人。

譬如說，一個巫師如果希望一個眼下不愛他的女子為他發狂，他就這樣攝取，或者說指揮她的靈魂：在月圓之夜以及後兩夜，他每晚都來到外面，坐在蟻丘之上，面向明月，焚香禮拜，然後口唸咒語：「在朝陽升起和夕陽西下的時候，願你愛我愛得發狂！願你像思念雙親一樣，思念我！願你像想念家中的住宅和階梯一樣，想念我！雷聲隆隆時，想著我！疾風呼嘯時，想著我！天雨時，想著我！雞鳴時，想著我！因為我就在那月裡亮。某某的靈魂呀！到我身邊來吧！我不想把我的靈魂交給你，而是要你的靈魂和我的靈魂在一起！」

如果我們撇開這個咒語的功利意圖不講，光就辭藻的美麗，可稱得上是一首不錯的詩了。這也顯示出地巫師咒語極為冗長具體的特點。

這裡的巫師生活在一個萬物有靈的環境中，他的主要職責就是運用他掌握的技術，和一切神靈搞好關係，造福氏族。人們崇敬祖先的鬼魂，各個氏族也各有自己的神道。到處都有惡魔的勢力在某處隱伏，人們用千百種效用不明的方法辟除它們。人們若沒有術士的符咒相助，心裡總不會踏實。他時時刻刻都會感覺到自身和家族正面臨著可怕的危險。人們惶惶不可終日，他們經常邀請巫師神情嚴肅地觀察殺雞後雞血噴出的次數，或者查看它腸間油脂的形狀。

在婆羅洲，一些土著遇見最重大的問題時，最相信的是豬肝。當他們想知道所懼怕的敵人是否會來，疾病會不會使所有的人喪命，這個古怪的新玩意兒是否吉祥，都會慫恿巫師去詢問豬肝。人們首先把一隻活豬的腿綁住，由巫師拿著火把，先微微將豬燒灼。同時，巫師嘴裡唸唸有詞。這是在向神靈祈禱，希望能給予他們指示；也在請求這隻豬把消息傳遞給神。當然，更重要的是懇求神將他的意志通過豬肝，讓人知道。

譬如說，當一個印尼的土著巫師為自己落部的新生兒的名字占卜時，他必須這樣對豬說：「喔——聖靈的豬啊！請你將我們今天在這裡聚會的理由告訴巴列・配陽龍（這部落的尊神」吧！我們在這裡取這個小孩的名字，我們請求你傳遞我的信息於巴列・配陽龍。這是我的志願，我們要用可能的最後禮儀做著一切。我們僅是一群窮苦的人，不能在這條河上大規模地做著事。我們信任你將讚許我們的行為，而且我們希望幸福將降臨於所有到會的朋友……我們也請求巴利・配陽龍讓我們依據檢查你的肝臟，知道我們要給這個小孩取的名字是否適

宜，在任何方面是否將有害於他，他將來是否得病，以及將來是否會由於不實的傳聞而受到某種傷害。所有惠臨到場的那些人都是證人。」

當火把燒完，巫師就把自己的右手手指按在豬的腰腹上，並用手輕輕刺激它。通過這個動作，人們確信，豬確實已注意聽進了人們的要求。此時，豬的生命真的走到了盡頭，人們把槍刺入它的頭頸。當豬停止了一切掙扎，人們立刻把豬剖開，迅速而敏捷地將豬肝摘出，放在一個盤子裡。整個動作一定要快，因為人們相信，如果豬知道自己被殺掉了，一定會很不友好地把神的消息進行更改。此時，上了年紀的人有了用武之地，他們和巫師一起，成群圍著這個盤子，詳細研究預兆。豬肝的大小、性質，膽囊的形狀，以及肥嫩的程度，都是比較重要的幾個觀察指標。

此地的巫師的確是萬能的。在東南亞，由於只有雨季和旱季之分，人們有時要求巫師求雨，有時要求巫師停雨。

泰國的暹邏人在需要雨水時，就乾脆把神放到驕陽下；如果需要晴天，就將廟頂掀開，讓雨水澆淋這些神像。他們用這種動手不動口的方法，讓神靈也來嘗嘗這種雨水無度的滋味。

爪哇島上的巫師止雨時的工作還要繁重地多。他必須齋戒，既不得飲水，也不得沐浴。他所要吃的食物必須乾嚼。最關鍵的是他無論如何都不能接觸水。然後，巫師唸誦咒語，以阻止雨水。

由於雨水豐富，趕走雨水是印尼托拉杰人的巫師最慣常的工作。他在完成這個任務之前，也必須躲開一切和水有關的事：不洗手，不喝飲料，不把身上弄濕。然後在村外的一塊稻田裡給自己建造一間小屋，在那兒燃起一堆火。這堆火是決不能讓它熄滅的。他在火中燃燒各種據說具有驅雨特性的樹木，

並向著雨雲迫近的方向吹氣。此外，由於石灰非常乾燥，很適合驅散含有水氣的烏雲，他還會把石灰放在手心裡，向烏雲吹去。若以後又需要雨水，他只需要用水把小屋裡的火澆滅，立即又會大雨滂沱。

馬來人似乎認為巫術能做到任何事。他們的巫師把順勢巫術和接觸巫術的技術結合得很好。如果想殺死某人，首先得搜集他身上每個部分的代表物，如指甲、頭髮、唾液等等。然後，從蜜蜂的空巢中取出蜂蠟，黏上那些搜集來的東西製成蠟像，接著連續七個晚上將此蠟像放在燈焰上慢慢烤化，其間反覆申明：「我燒的不是蠟啊！燒的是某某人的脾臟、心、肝！」在第七個晚上燒完蠟像之後，這個人肯定難逃一死。

這並不完全是天方夜譚，當地人對這種巫術的恐懼也不無道理。民族學工作者的筆記上往往寫著這麼一些相似的故事：某一部落的健壯村民不慎觸犯了某種在我們看來無關緊要的禁忌。譬如無意中吃了他甚至絕不能觸摸的酋長的食物，或者不小心碰了一下丈母娘的手。接下來，此人便陷入極度恐懼之中，只等神明給予他最後的審判。他周圍的人不聲不響地開始為他準備後事。一般只需兩、三天時間，這個至少是患著憂鬱病的病人便會絕望地死去。

現代醫學往往把這種死歸因於強大的心理暗示。事實上，魔法、禁忌都是建立在聯想，自願相信兩事物、兩行為之間有神祕聯繫的心理基礎上。

這種聯想既以人類的智慧為基礎，也以人類的愚鈍為基礎。人類很早就學會把那些他發現有聯繫的事物結合起來，這種聯繫思維成為人類較早的思考方式之一，也是我們今人最重要的思維方式之一。古代的東南亞和我們今天一樣，努力尋找因果關係，尋找事物的聯繫。然而，他們所犯的一個大錯誤是

把想像的聯繫和現實的聯繫錯誤地混同起來。巫術和魔法的一般原理就是從不多的典型事例中發現聯繫，然後便大膽地應用到大量的一般事物上。

從另一方面說，這種種巫術造成的禁忌其實比所謂「文明宗教」複雜得多。我們到底憑什麼一口認定它是低劣的呢？哲學家乾脆地回答，它是一個大雜燴，沒有一個融合的系統。倫理學家嚴肅地說，它沒有道德原則，無區分地崇拜那些超自然力量。科學家更不屑一顧地說，它甚至連因果觀念也沒有。

然而，「文明宗教」和它的差別並沒有我們所設想的那麼大。其實，很多「文明宗教」顯然沒有那麼系統化，各個派別為解決分歧，還會揮動老拳。講到道德，舊約中上帝的粗暴是有目共睹的。而當我們的科學家遇見不可理解的自然現象時，他們就會高談起偶然性，似乎這樣就被納入了理性範疇。「偶然」這兩個字聽上去，當然比神鬼好聽得多。

其實，我們把這些信仰命名為「原始宗教」，也許本身就是一個錯誤。它遠沒有我們設想的那麼落後，甚而它根本就還存在於現在的世界上；包括在東南亞地區，這種萬物有靈的觀念仍然生命力頑強地存在著。現代人雖然已有了文明時代的宗教，但這種宗教似乎缺乏一種日常生活的親和力。原始宗教恰恰做到了這一點。它貫徹在日常生活的每個角落，它不抽象、就事論事的特點使得人們在社會生活中能夠經常使用它，以排遣心中的迷惘。它也並不是完全排斥理性。

事實上，巫術本質上是一種以對待人的方式影響某一物的靈魂。設法與它交談，讓它息怒，送給它最喜歡的禮物，或乾脆剝奪它的權力，想盡辦法讓它服從命令。這一切手段其實都已證明，如果用在活人身上，是行之有效的。

在現代的泰國，一個普通的泰族人決不會容忍任何人撫摩

他的頭部，因為這會傷害他頭部的靈魂。如果他連這種行為也不加以報復，那周圍的人會立刻驚異於一個人的怯懦竟能達到這種程度。巫術是通行的。我們中國人，誰又會無動於衷地從晾著女人內衣的曬衣架下走過呢？更著名的例子是關於寫著生辰八字的小布人的魔力。賈寶玉和王熙鳳曾一起為此大病一場。而一向以理性精神作標榜的歐洲人卻曾深信國王的御手可以治病。路易十四和他的繼位者在他們登極的那一天，分別用觸摸法治療了兩千個和兩千四百個病人。現在的歐洲也沒有人會在旅館裡開十三號房間。紐約城裡所有高層建築的十二樓之上都是十四樓。顯然，我們完全沒有脫離那個境界。

科學誠然成就了一些偉大的改變，但它並沒有改變人生的基本事實。它並沒有如我們所誇的那樣「征服了自然」，而只是服從了自然罷了，從而使我們對環境更適應了些，避免了一些原先沒有避免的困難。但它遠沒有杜絕不幸。而且，它在除卻一些困難時，往往會引起一些新的困難。農業增產了，人口增加了，我們又開始為如何養活未來的龐大後代而犯愁了。溫室效應、環境惡化這些已經說得很濫的話題讓我們相信，宇宙還遠沒有在我們的掌握之中。

孤獨的人類在宇宙自然中感覺到本身的無能時，他就會憑依超自然的力量。這是兩萬年前的事實，也是今天的事實。

靈魂的寄放站

東南亞地區普遍存在著一種靈魂信仰──世上的任何物質、生物，包括人在內，都有靈魂。對於人來說，所謂「靈魂」，似乎是某一種鏡子，或是個人狀況的晴雨表。它存在於

人體當中，既虛幻，又實際。說它虛幻，是因為它來去無蹤；有其存在，人們可以享受健康和幸福，它若一旦離去，人們要嘛生病，要嘛遭遇其他不幸。說它實際，是因為每一個靈魂甚至都有自己獨立的性格，而且它也有一個真正的成長變化的過程。隨著嬰兒的長大，逐漸強壯起來，那個嬰兒的靈魂也逐漸強壯，靈魂的性格也會變得堅定。所以，我們可以發現，當東南亞人舉行關於靈魂的必要儀式時，孩子的靈魂總是受到特別的關注，因為它還太脆弱、太渺小了。

靈魂不僅為人類所有，事實上它的範圍非常廣，包括動物、樹木，甚至一些非生物也有自己的靈魂。像是一頭大象、一匹馬、一頭牛、一輛牛車、一塊稻田，甚至一座城池，都有自己的靈魂。人們相信，任何事物都存在自己的精神和智慧。

東南亞人看待單株樹木就像看待有意識的個人一樣，他們相信樹木具有類似於人的生命和靈魂。馬來半島的明蒂拉人就信仰樹木中存在著精靈。它們居住在各種樹木裡，一淘氣，周圍的人就容易生病。同一個島上的達雅克人從來不砍精靈居住的樹木。如有人膽敢這樣做，他就要有勇氣承擔此後發生的第一次嚴重事件的後果。對他們來說，與其說樹是精靈的住所，還不如說是精靈的物質外殼。

當半島人要用傳統的木材建造他們標準的住宅時，他們認為，一棟房子最重要的部分是最先立起的那根柱子。它被成為「靈魂柱」或「首柱」。它的重要性和我國傳統建築中樑的重要性差不多。人們一般從同一個地方砍下大樹，建造一幢房屋。因為他們認為，當一棵樹被砍倒時，它的神靈仍在其中。如果從不同的森林裡砍樹木造屋，這些來自不同地區的樹中精靈一定會發生爭吵，以致給屋主帶來不安寧。

在緬甸，收獲女神對克倫人很重要。他們在稻田中間特意

建造了一間小屋子，用來給這位女神奉獻祭品。此外，他們還別出心裁地為女神提供了工作用具，考慮周到地在女神面前放上兩張小獸皮，讓她能夠捆住任何敢於侵入她田地裡的各種精靈。然後他們認真地向她請求：「老奶奶，妳保護我的田地，你看守我的莊稼，目光敏銳地看著那些走進田地裡的人。假如他們走進，你就用這條繩子捆住他們，你就用這獸皮捆上他們，不要放開他們！」有的時候，他們也會自導自演地和靈魂對話。

馬來群島上生長著一種榴槤果樹，樹幹光滑，高插入雲。奇妙的是，它的樹幹上不長枝椏，在靠近頂端的地方才結果。這種果實對當地人來說，味道極美；而對第一次到此的外鄉人而言，往往是惡臭無比。當地馬來人對這種水果的愛好，是一般旅游者所難以想像的。他們認真地種植這種果樹，甚至還常常舉行一些特別的儀式，以促進它的增產。這些儀式表現出人們對草木之神並不一直是那麼恭敬的，有時候為了自己強烈的需要，他們也會採取一些更有力的措施。一個當地的男巫會拿起一把斧頭，向果實結得最少的樹上使勁砍上幾斧，口中還憤憤地問道：「你還不結果實嗎？若再不結，我就把你砍倒！」這種威脅非常有效，另一個男巫趕緊爬上一棵旁邊的樹（因為榴槤樹是無法爬上去的），代表榴槤樹連忙回答道：「是！我一定結果，求你不要砍倒我！」

這裡的許多民族都相信任何人都擁有一種相似的靈魂。這些居住在人體內的靈魂能夠離開且遷居到他人身上，它們是心靈活動的傳達工具。同時，在某一個範圍內，可離開它們的身分而獨立。剛開始，靈魂被認為和人相似；其後在長久的時間過程中，漸漸失去了物質特性，呈現出高度的靈化。

靈魂應該是有具體形狀的。當地人常常說它受驚時會飛

掉，這表明它一定有翅膀。馬來人認為它像一隻鳥，緬族人則說它像一隻蝴蝶。緬族人認為死是靈魂離開，棄軀體而去。他們會在人死後七天，在死者生前住的房子舉行清淨儀式，用燭火熏這間不祥的屋子，同時放掉一隻象徵靈魂的蝴蝶，最後離去。

這種「鳥狀靈魂」的信仰在東南亞一帶非常普遍。馬來人認為，既然靈魂是飛行中的鳥，它很可能會在飛行途中被最適宜它的食物──稻穀所吸引。所以，它不會飛得很遠，多半會回到那個原來的軀體。爪哇人認為，剛剛出世的孩子第一次被放在地上是一個特別危險的時刻，新靈魂這時是最容易逃散的。於是，家長們把孩子放在雞棚裡，母親則發出咯咯的聲音，好像老母雞在召喚小雞一樣，企圖用溫情挽留住幼小不安的靈魂。在婆羅洲，如果有人從屋上或樹上摔下，被抬進家裡，這個人的女性親屬便會盡快到出事的地點，一邊撒下金黃色的稻穀，一邊口中唸唸有詞：「咯！咯！魂呀！某人已經回到家了。咯！咯！魂呀！」然後再把撒出的稻子揀回來，回到病人面前，把剛才的稻穀撒在他的頭上，再重複一次剛才的祝願。這樣做的目的當然是為了誘回在外面徘徊遊蕩的靈魂，重返主人的體內。

比較而言，緬甸卡仁人的招魂說辭更加富有技巧，可以說是威逼利誘。他們常常先準備一頓非常豐盛的飯食，內容包括公雞、母雞、米飯和香蕉。然後家長登上屋頂，苦口婆心地對頑皮的靈魂解釋：「靈魂啊！你不要滯留在外面了。天如下雨，會把你淋濕；太陽出來，你會受熱，蚊子要叮你，水蛭要咬你，老虎要吃你，雷電要轟你。但家裡多麼安適，你什麼也不會缺；不怕風吹浪打。安安逸逸地吃飯吧！」

他們都聲稱靈魂是一種真實的東西，他們經常可以看見自

己或別人的靈魂，具體的途徑就是做夢。人們認為夢裡的種種景象就是靈魂的具體活動。所謂「熟睡」，就是靈魂離開身體，在外飄蕩，做靈魂自己想做的事。由於自己和靈魂的密切關係，他們常常擔心自己睡著時，靈魂在外會受到意外的災禍，不能安全地返回體內。一個達雅克人如果夢見自己落水，他便會認定自己的靈魂掉進了水裡，以至於即使他醒了，都沒有安全返回。於是，他會非常擔心地請來村裡的魔法師，在盛水的面盆裡設法撈出那已經濕答答的靈魂，送回他的體內。

緬甸的欽人相信所有地方神、樹神、山神，以及動物和人的靈魂都是具體的，這些靈魂當然也會像人一樣跑來跑去。在他們看來，神甚至是需要住處的。善良的欽人便想到了如何為它們遮風避雨的問題。他們在道路上為遊方神和地方神建造住宿處，樣子非常像牛、羊的顱骨。估計是因為他們特別優待動物的靈魂。

在馬來人的很多傳說裡，我們可以常常聽到關於靈魂從一個人走到另一個人身上後發生的許多真真假假的故事。這些故事一般都相當類似，只有具體細節略有不同。譬如，有這麼一位倒楣的國王，他的靈魂非常不小心地誤入一隻猴子的體內。一個大臣得知這個消息後，非常機智地讓自己的靈魂鑽進國王的體內，從而佔有了王位和王后。真正的國外在猴子的外形下，意外地也來到宮廷裡，但他的待遇非常不好，可以說是受盡折磨。但是，時來運轉。有一天，假國王正在觀看公羊觝角，他為此還下了很大的賭注。不料他下賭金的那頭羊很不爭氣地鬥敗身亡，他用盡了所有辦法也不能使死羊死起回生。最後，假國王出於一種好勝的心情，讓自己的靈魂鑽進死羊體內。正在旁觀的那隻擁有真國王靈魂的猴子發現這種千載難逢的好機會，立刻撲進自己的體內，重新占有自己的身體。那個

篡位者的靈魂在公羊體內受到了被屠宰的下場。

當然，靈魂離體，有時並非出於自願，而是受到鬼魂或巫師的逼迫。緬甸的卡蘭人如看到有出殯者在自家門前經過，就會用一種特殊的繩子將孩子拴在家中，直到送葬隊伍走遠，看不見為止，以防孩子的靈魂離開自己的軀體，誤入過路的死屍當中。可以想像，卡蘭族的送葬人員本身也同樣不輕鬆，他們必須隨時提醒自己的靈魂不要進入死者的遺體。屍體安放於墓穴中後，人們趕在填土之前，各持一根竹棍和一支拐杖，把竹棍放入墓穴，然後拖著拐杖離開，意思是想向自己的靈魂示範這樣就可以離開墓穴了。送殯者離開墳地時，都帶著那根竹棍，祈求自己的靈魂跟隨他們一同回去。回去的路上，每個人都拿著事先準備的三根樹枝做的鉤子，一路走著，不時地叫喊靈魂跟在自己身後。到了家，再用鉤子做一個鉤住靈魂的動作。所有這些作法，當然都是為了防止自己的靈魂同死者的靈魂羈留在一起。

既然東南亞人普遍相信靈魂像鳥一樣，經常可以飛走，他們當然也就認定他們的靈魂有時候會進入別的東西體內。卡揚人每當遇見路過村莊的旅遊者，就非常擔心，害怕孩子那些活潑的靈魂會跟隨那旅行者一起遠遊。母親們常常衝動地將孩子睡覺的床板放在旅行者面前，求他告訴孩子的靈魂依舊待在原來熟悉的床上安睡，不要隨他到遙遠的異鄉漫遊。然後，這些床板都被周到地用繩子捆綁起來，以防止靈魂外出遊蕩。

在他們的意識裡，生命沒有終點，也不劃分類別。現代思維對生命的描述和認識是用分類和系統化的方法，生命被劃分為各個獨立的領域，植物、動物和人的界限是相當清楚的。但那時的東南亞人擁有的則是「心物不分」的直覺式野性思維，以這個基點而形成的生命觀是綜合的、互滲的，生命只是在相

互變形，它是一個總在轉化，永不中斷的連續整體。

　　換一種角度說，在東南亞人的意識中，靈魂和肉體並不一定永遠相守，作為精神的靈魂似乎受到更多的關注。這也成為日後佛教在這裡落地生根的心理基礎。

婆羅門的潑水節

　　整個東南亞最有名的節日恐怕就是半島地區的潑水節了。不過，所謂的「潑水節」只是一個俗稱，它真正的名字叫「宋干節」。這是泰國等地每年四月的佛曆新年，其重要和隆重程度如同中國的春節。其實，宋干節本是印度婆羅門教的一種儀式，最早只是民眾們在每年規定的日子，一般是在春天萬物復甦時，到河邊沐浴，以洗去身上的一切罪惡。

　　這個節日眼下在世界上非常有名。泰國各地都有各具特色的慶祝儀式，尤以古城清邁最為熱鬧。每年的這個時節，大批國內外的觀光客雲集清邁，那種熱烈的場面就像伊斯蘭教徒雲集麥加朝聖一樣。節日的高潮期一般持續四大，最重要的活動也有四項。

　　一是〔浴佛〕。善男信女在這一天把自己沐浴清潔，心懷虔誠地手捧香爐、鮮花、食品等供品，成群結隊地雲集寺廟，聽唱經文，祈禱祝福。僧侶用桃枝把浸著花瓣的香水灑到人們頭上。然後把佛像從蓮花座上請到院裡，用黃薑粉水和香水淋灑佛身。

　　二是〔堆沙〕。人們用小銀碗從河中掏出沙子，送到寺院的院子裡，堆起沙塔，塔上插上各色彩旗、鮮花，以此敬佛，隨後把沙子撒在整個院子中。

三是〔齋僧、放生〕。人們將自己平日餵養買來的魚、鳥等觀賞動物集體送往大佛寺，送至野外放生。

　　四是〔慶祝遊行〕。遊行隊伍往往以一群穿著有泰北特色的藍色粗布衫的樂師為先導，邊走邊演奏動聽的樂曲。遊行隊伍中最引人注意的是「求雨節皇后」。她乘坐一輛繪有雲彩和珍禽異獸的花車。等候在路旁的觀眾早已準備好一勺勺清水，當遊行隊伍走近，就向他們盡情潑去。被淋得透濕的遊行者便立即張開笑臉，向對方高歌致謝。按照傳統習俗，誰被潑的水越多，誰就是有福之人。

　　這些潑水節上重要的習俗，我們幾乎都可以在印度本土找到它的出處和淵源。誰都不能否認，來自印度的文化對東南亞的影響是巨大的。十六世紀之前，整個東南亞，特別是半島地區，接觸到的外國文化主要來自印度的宗教、藝術、科學和文字。中國文化當然也是一個影響因素，但基本上只是比較深刻地影響了越南社會而已，對其他地方的影響實在非常在有限，更多的倒還是技術和商業上的來往。

　　這是一個顯著的事實：印度的文化為東南亞民族所普遍吸收，而且這種吸收極為全面，從表層到深層都有，可稱得上是比較徹底的印度化了。特別是公元 320 到 550 年的印度笈多王朝，對於東南亞的政治、法律、建築、雕塑、音樂、舞蹈等藝術樣式都有深刻的影響。

　　我們先來看一些表層的印度化現象。最表面的影響就是一些地名。柬埔寨的國名就與印度有關。比較通行的說法有兩種：其一是認為，柬埔寨這個名稱是兩個印度人坎布（Kambu）和美拉（Mera）的婚姻演變而來。這種傳說在印度也很流行。另一些人則認為，柬埔寨之名是由古代印度犍陀羅一個名叫柬埔查（KambuJa）的地名演變而來。另一個例子是

關於今天的泰國首都曼谷。其實，曼谷只是外國人對它的稱呼。不過，這個城市真正的泰文名稱，連泰國人也不一定說得清。因為它的泰文全稱實在太長了，用泰文書寫，足足由一百六十七個字母拼成，漢語譯音共有六十七個漢字。這裡限於篇幅，就不列舉了。不過，倒是可以把它意譯過來。它的意思就是：「天仙之都，供奉玉佛的皇都，攻不克的京城，幸福的京都，富饒雄偉的世界都城，瓊樓玉宇的仙宮，毗濕奴性的仙宮，毗濕奴建的，因陀羅賜的都城。」

從這個世界上最長的首都地名裡，我們最強烈的感受還是印度教對這裡的影響。切不要小看這些地名，它的來歷往往很能說明政府的傾向和這裡曾有的歷史。比如說，紐約（New York）這個名稱本身就透露出很多關於移民的信息，而中國大中城市裡處處可見的中山路，也顯示了這個人物在中國歷史上曾產生的巨大影響。這裡也是，印度化的地名說明了這種和印度文化深刻淵源的程度。

往下第二層的影響就是對印度教儀式的吸收。東南亞廣泛使用了表示君權的印度教象徵——白傘，它代表受保護的至高無上的統治權。國王在加冕典禮上接收這把傘，它與他從那時起就互為主人和工具。我們絕不能小看儀式中這樣的一個小道具。也許從表面上看，有沒有儀式活動並沒有什麼關係。但實際上，這些印度教的儀式在加強印度和東南亞的團結方面起了重要的作用。服飾器物上的相同很容易被納入同一樣式的團體規範中，就像中國歷史上的重大文化變革和朝代變遷，很多都是以服飾作為文化上易色的標誌。當此地的人使用了白傘這個印度教的象徵物時，就標誌了印度文化已經帶給了東南亞一種歸屬感。

當年混填帶到扶南國的是印度文化。它對於柬埔寨的歷史

起了催化的作用，使這裡的社會文化有了一個飛躍。其實，印度文化在東南亞的許多國家都曾打下深深的烙印，這裡的文字、習俗、宗教都受到印度文化的全面影響。

譬如說，傳播到東南亞的印度文獻中基本的古典政治著作，包括摩奴法典、《摩訶婆羅多》史詩中的政治論片段等，都是政治現實主義的名著，這些思想深刻影響了東南亞的政治組織模式和觀念。在這裡，國王必須保護人民不受欺辱和傷害，也防止他們作惡、害人、使用暴力。遇到危難時，他必須使用欺騙手段以保全國家；面臨災禍時，則要促使人民對他完全信任。對敵人，他必須心狠手辣。外交政策方面，一個低級的親王負責講和，另一個高級的親王則專司開戰。在對峙的狀態下，則認為中立是適宜的。

換句話說，和平和戰爭作為兩手政策，被東南亞人原封不動地從印度搬了過來。直到今天，東南亞還不時使用這種兩面光的政策。如前施亞努國王提出根據阿育王的言語和佛教教義，在柬埔寨建立佛教社會主義的主張。他這樣闡釋這個特別的政體：「佛陀的話是我們民主政體的基礎。」他也引述過阿育王的話：「不要對別的教派說三道四，不要詆毀他們，相反，要尊重他們身上值得尊重的東西。」他還主張和一切國家保持良好的關係。

君權神授的印度思想也隨之傳入了東南亞。國王把自己說成神的代表，這種說法顯然有利於中央集權國家的統治。早期的扶南國外來國王混填、僑陳如都聲稱他們到這裡來是因為得到神的諭旨。而把國王神化的思想在婆羅門經典中是明文條列的。印度《摩奴法典》（這本書在這裡也受到廣泛的敬重）記載：「無王者之統轄，眾民惶惶不可終日，流落四方。萬物之主宰為整頓乾坤，乃取因陀羅、阿衣羅、阿耆羅、伐樓那及財

富之神的精華造人神之王。王者既生於諸上神之精華，勢必容光蓋世，凌見於眾生。」把國王說成是是神之精華造成的。

　　柬埔寨國王也把自己說成神的化身。真臘時期，有些國王乾脆把自己的塑像放在寺廟裡，讓人民頂禮膜拜。以後，王后、顯貴們的塑像也被放進神廟。所以，寺廟裡的許多神像，如濕婆等塑像，實際上就是王室顯貴們的個人雕像。國王死後，他的神龕前會設立一塊碑銘，讓人繼續膜拜他。當時的國王還取梵文名字，並通常自稱與一些印度教的神和英雄有密切的交往。佛教興起以後，國王被認為是逃脫了輪迴的人，是「活著的佛陀」。

　　信奉佛教的統治者則和信奉印度教的親王一樣，往往認為自己就是古代雨神因陀羅的化身。人們想像因陀羅在須彌山上，並把 4、8、16、32 這些神秘的數字當作須彌山的象徵。這是東南亞所有王朝時期的長期傳統。

　　緬甸的蒲甘王朝所舉行的加冕典禮上用的建築物就是按照「因陀羅王宮」設計的。緬甸國王登基時，完全具有一個因陀羅替身的派頭，周圍有八個婆羅門僧侶充當宇宙幻術專家，裝扮成類似須彌山上八個守護神的樣子。緬甸和泰國國王通常都有一座四面圍牆的王宮，它的大門數量一定是四的倍數。此外，國王還有四名主要后妃、四名正大臣和四名副大臣的定制。

　　許多西方學者在了解了上述情況後，居然下了一個結論：東南亞在歷史上受到印度文明如此長時間的潤澤，可算得上是印度的一個殖民地了。這種說法當然太誇張了。其實，我們也應該看到，在這兩地的文化之間，巨大的文化鴻溝從來沒有完全彌合過。

　　這裡從來沒有全盤接受過印度文化。人們在取捨印度文化

和土本文化之間似乎曾有過相當一段時間的猶豫，最後採取了一個相當狡猾的辦法：在印度化外衣的掩蓋下保存舊的風俗習慣。當社會面臨兩種文化的選擇時，當地人往往會特別喜歡那些與本地文化相類似的某些外來文化的成分。在柬埔寨和爪哇，人們更偏愛濕婆，因為那裡原本就有崇拜肥沃土地的習俗，兩者很容易也很自然就結合在一起。人們把象徵沃土之神的豎石和祭祀濕婆的林伽混為一談。

而在信奉佛教的國家裡，宮殿本身就成了廣大無邊的須彌山複製品。東南亞人還廣泛地認為那加神就是本地的沃土之神。國王們為了顯示血統的神聖性，經常聲稱他們的一個祖先曾和來自印度的那加神美貌的女兒結婚。從另一方面說，印度教作為一種文化體系，它的構成非常複雜，而且深深地紮根於印度本身的歷史背景中。它不僅擁有各種祭祀和崇拜，實際上還有一套非常細緻的哲學思想體系做支撐。所以，把它完整地搬到東南亞是根本不可能的，它的傳播方式只能是選擇性的。

東南亞最早拋棄的印度習俗是那些實在有悖於本地之社會習俗的。譬如婦女人權及等級不明顯的問題仍作為東南亞國家的特色，被保留了下來。印度古代存在著嚴格的等級制度，存在著不可接觸的賤民；而柬埔寨的貴族、農民、奴隸之間的等級並沒有印度那樣森嚴。在印度，婦女地位之低是有目共睹的。女童從很小的時候起，就被要求無條件地服從父親，結婚後服從丈夫。妻子沒有權力離婚，丈夫離婚卻很容易。而在東南亞國家，婦女地位較高，和丈夫一樣擁有財產所有權。古代，婚姻也比較隨便，真臘時代還常常發生「若丈夫不中所欲，即有賈臣見棄之事。」可知婦女有較大的自主權。

東南亞的統治者用一種瘋狂的方式表現他們對來自印度的宗教之熱愛。他們非常大方地耗盡人民的血汗，作為個人功績

的獻禮。人們最早學會的是忍受，把政府的決定也歸諸天災一類，全盤接受濕婆和佛祖對自己生命的考驗。

回顧這段歷史，我們不能說，印度教和佛教完全戰勝了土著文化。當然，它也沒有像裝飾品那樣，成為掛在傳統制度上的附加物。如果要很簡單地總結印度對這裡的貢獻，我們可以說，印度文化為東南亞在宗教、政治、社會組織上提供了一個可能由此繼續前進的文化基礎。文化的前進是台階型的，而這個台階可以是自己建造的，也可以先走上別人建成的台階。原來的基礎是自己的本地文化，一旦踏上了新台階，不管是誰建造的，都能使人們在上面看到新的風景。

東南亞人的一個顯著特點就是他們第一步跨上的是自己的台階，第二步則踏上印度文化的台階。這兩級台階當然不是完全整然一列的，東南亞人丟下那些突出的部分，盡心地把重疊在上的部分吸收進來。

佛祖也戰爭

在東南亞，佛陀的光彩無疑比世界上的任何地方都要明亮、耀眼。

當印度的一個小邦王子喬達摩在一棵碩大的菩提樹下冥想人生的苦難和真諦時，他大概不會想到，日後他的思想成果居然像孫悟空的猴毛一樣，化成了無數派別，流傳到亞洲各地。這個宗教於公元前六世紀在印度出現，顯然與當時這個國家裡婆羅門僧侶專橫自大及種姓制度的愈演愈烈有密切的關係。人們說，由於嫌惡戰爭和壓迫的殘忍，喬達摩離開了屬於他的家庭和王位，成為一名苦行托法缽僧。

他的修行結果獲得很大的價值。他為生命和命運提出了一個新的解釋。雖然這個解釋也是建立在印度教中特有的因果報應的基礎上，但他強調了行為的道德準則，以此擺脫無休止的沉重的生命輪轉。他的學說是切實可行的，既不依靠符咒，也不依靠僧侶的魔術。他不需要顯神蹟，誘使人們相信他，追隨他。他平靜地斷言：生命的痛苦源於慾望，要克服這種人性的弱點，只有進行私人化的修煉，保持正確的信仰、抱負、言論、行動，過一種誠實、簡樸的生活，保持內心的平靜。

佛教的最終目標是個體與絕對本質的涅槃，這樣就結束了生命中痛苦的輪迴。從理論上說，這種學說適合於一切人。這個宗教的一大特點就是它並不是教條，所以容易對它做出各種不同的解釋。

佛教很快在這裡贏得了更多普通人的心。事實上，比佛教來得更早的印度婆羅門教則只可能受到上層種姓的歡迎。當然，婆羅門在加冕典禮上是不可缺少的顧問。有時候他們還可以成為稱職的秘書、觀天象者和卜算專家。他們甚至還插手行政管理、稅收和軍事行動，通過僧侶，插手虛構的神權統治制度以支持王權。

但毫無疑問，它無法吸收大眾的擁護，只能依靠王室的特殊寵愛，才可能長期存在。而且，東南亞的特殊歷史背景六注定了這種以壓迫底層人民和婦女的種性制度為重要特徵的宗教難以在此發揚光大。因此，雖然它在此地長存，但它很快就失去了它在印度時的信仰源泉，人們對濕婆崇拜的生命力也就衰退了。但是，由於佛教本身也是脫胎於印度宗教，很多思想內容都是相通的。正因為有這樣的前期準備，所以十四世紀以否定種姓和種族的面目出現的小乘佛教傳播到柬埔寨以後，就以極快的速度擴張開來。

在介紹東南亞佛教之前，我們必須先了解一下佛教的兩個主要流派及其教義。

　　佛教是公元二世紀，在本土分裂為大乘、小乘兩派。所謂「乘」，指一種運載工具，也就是眾生從現實世界的此岸到達彼岸的方法。實際上，大乘佛教還出現得略晚，它對原先具有濃郁平民色彩的佛教進行了一次反動和革新。這是一種宣揚「救渡一切眾生」的新教派。該派認為自己的教法最勝，自稱「大乘」，而貶低堅持原有的教義「四諦」（無苦、集、滅、道），重於自我解說的教派，稱他們為「小乘」。

　　大乘佛教把佛當作神，要求信徒修行。這種行為的目的是夢想來世成佛或成為比佛次一等的菩薩。因而這一教派崇拜偶像，迷信來生與輪迴。它的經書用梵文寫成，以北印度為中心，往北流傳到中亞和中國，又從中國傳入朝鮮、日本、越南等地。此派佛教的某一些方面後來在東南亞地區仍然受到相當的歡迎：它給了一個有功績的統治者一個接近於菩薩的身分。這在當時，使得東南亞佛教國家的統治者長期以來始終歡迎這種信念，因為它與印度教已經給予他們的濕婆或因陀羅的地位是一樣的。

　　小乘佛教認為佛不是神，而是一個類似於教師的形象。他明智地為民眾指出途徑，要信徒超脫塵俗，過一種簡單、平等的生活。這一使用巴利文的教派，以南印度和斯里蘭卡為中心，影響波及我們論述的主題——緬甸、暹羅及南洋群島等東南亞國家。

　　其實，今天小乘佛教在東南亞的盛行還是源於戰爭。十四世紀以後，新興的暹羅屢次打敗柬埔寨，後來柬埔寨還一度成為它的附屬國。由於暹邏始終信奉小乘佛教，戰爭結束後，小乘佛教就在柬埔寨傳播並盛行起來。另一個興盛的原因是在柬

埔寨吳哥王朝末期，大規模的寺廟建築耗盡了國財民力，民眾的生活負擔非常重，不僅必須創造許多財富祭獻給佛祖，還要供養龐大的僧侶集團。而小乘佛教恰恰崇尚簡樸，不重視偶像崇拜，重視個人修練，認為只要通過坐禪和行善，就可以得到自我解脫，因為這派佛教一出現，就非常受民眾歡迎。柬埔寨的改變使得小乘佛教在東南亞整個地區成為最重要的宗教。當然，我們也不能否認，雖然目前東南亞的半島國家中大多數是以小乘佛教為國教，但從歷史上看，柬埔寨和馬來半島的室利佛逝帝國都曾信奉過大乘佛教，所以，今天各國的小乘佛教中仍不自覺地帶有大乘佛教的痕跡。

世界上雖然有那麼多佛教徒，但佛教從來沒有在一個地方像在東南亞的半島地區那樣，徹底地介入整個社會的方方面面，包括政治和軍事。即使在今天，佛教仍有相當重要的地位。側如，假使泰國國王不是佛教徒，他就根本就沒有資格成為國王。這種觀念不僅是一種民眾的習慣法，而且是泰國現行憲法所明確規定的。政府和民間的許多儀式都是採用佛教禮儀，如國家慶典、軍隊閱兵式、商店開張、婚禮喜慶，都少不了佛教僧侶到場誦經祝福。佛教已經成為支撐這些國家文化的主要力量，並且成為人民生活的主要動力和唯一方式了。

事實上，東南亞的整個半島地區看上去就像一座放大的寺廟，裡面除了神、廟宇，就是信徒。就拿素有「黃袍佛國」之稱的泰國來說，全國大小佛寺起碼有四萬座；據說如果一一踏足觀訪，可能需要半年。這裡的酒吧、汽車裡、輪船上，都掛著佛像；甚至夜總會節目開始前，舞者也要向觀眾做佛式拱揖。在這裡旅游，到處可見富麗堂皇的寺廟和穿著黃色袈裟的僧侶。而在另一個東南亞國家，今天的柬埔寨，僧侶仍占全國總人口的 1.6％，可說是世高上宗教職業者比例最高的國家。

在這裡，僧侶是超脫於塵世的。他不能立遺囑，不能投票選舉，也不得提出法律訴訟。他們似乎是社會的某種邊緣人，生活在另一個神的世界。他只要穿上袈裟，就被視為神聖不可侵犯，不受逮捕。拜見僧侶時，包括國王在內的任何人都必須合十致敬。

僧侶的生活簡單而刻苦。他不從事生產，靠化緣生活。每天清晨起床後，他們便沐浴，有時候也要剃髮、剃鬍、剃眉。這些工作一般半個月就要做一次。然後他們就兩人一組，前後走出寺門。他們穿著黃色袈裟，露出左肩，披至腰腹，結束處用左手緊握，腹部插一把團扇，下身繫黃色紗籠。出門時，他們撐著黃傘或白傘，赤足而行。他們隨身帶著帶蓋的大缽，去接受布施。民眾以能為僧人布施而感榮幸。家中若有佳餚，必予獻給僧侶。化畢回寺，把所有的布施集中起來，先唸經，上午八點一起用早膳，十一時用午膳。這種長期刻板規律的日子無疑會使年輕僧人漸漸擁有慈悲平和的性格。

僧侶穿著袈裟化緣，實際上是對佛陀的一種模仿。當年釋迦牟尼拋棄王子的優越生活，也是靠化緣為生，像乞丐一樣流浪了六年。今天僧侶們用黃色袈裟象徵佛陀沾滿塵土的破舊衣服，這種模仿和再現，我想不僅僅是出於對佛陀的某種尊重，體味他一生所遭遇的種種辛苦，實際上也是一種極具宗教意義的儀式。我們知道，在今天的西方教堂裡，每遇聖誕節，都還會重演一遍當年聖母在馬廄裡生下基督的情景。戲劇化的模仿代表著擁有神性的力量，踏上了神走的道路。

由於受到中國大乘佛教的影響，越南成為東南亞地區唯一信奉大乘佛教的國家。這裡的佛教和中國屬一個系統，教徒們從接受中國式受戒儀式到使用中文大藏經，無一不和中國相同。至今，大多數信徒都屬中國禪宗系統。

當年越南佛教的鼎盛很讓人想起中國南朝時舉國的虔誠。越南史書這樣描寫這種興盛的局面：「百姓大半為僧，國內到處皆寺。」從皇帝到高官，大批人皈依佛門。甚至有一個皇帝親自開創了一個佛教派別。而那股興寺建塔的勁頭，一定會讓中國的梁武帝自愧不如的。僅公元 1031 年，朝廷就出錢造了 950 座寺廟和涼亭。在王室如此鼓舞下，僧侶的力量空前膨脹。他們享用朝廷授予的許多特權，免除賦稅、徭役，高級僧侶隨意出入宮廷，位比王侯卿相。寺院擁有大量寺田和寺奴，這部分莊田成為越南當時莊園經濟的重要組成部分。

　　很明顯，這種王室的特殊寵愛不可能堅持很久，因為這些寺廟很容易成為滋養懶漢的理想所場。很快，這個國家僧人數量之多和勞動力、兵源的嚴重不足形成了尖銳的矛盾，這對支持佛教的政府本身也不啻是一種威脅。此外，僧侶的魚龍混雜引起了許多閑言碎語。很多人看見僧侶們完全不遵戒條，在禪院裡大吃大喝，姦淫婦女，而民眾們自己卻要辛苦工作，養活這些不幹活的流氓。

　　局面終於到了不得不改的地步，王朝的皇帝下定決心，實行考試制度，讓很多不及格的僧侶還俗參加勞動。但至今這盛極一時的佛教依然在越南根深柢固。

　　弗洛伊德曾過於武斷地認定宗教注定失敗。因為對每一個千差萬別的個體，它採取同一種方式。這導致了人在接受宗教信仰之前，無可避免地要經過一種知性的萎縮。這種看法顯然太高估人類了。其實，宗教並不是一種超人類的文化，它本身亦是人類的創造。在人們接受某一種哲學意味更濃烈，有整套教義的宗教之前，弗洛伊德所謂的知性並沒有多麼發達，人類一樣盲從。甚至這種信仰上的百依百順正是後來對上帝瘋狂崇拜的原動力。佛教就這樣輕而易舉地征服了這裡。和基督教一

樣，它也在它的發祥地以外獲得了最大的勝利，但它的獲勝並沒有流過一滴血。

佛教意外地把這裡原來各個不同的文化性格統一了起來。在半島地區，這裡的文化就是一種佛教文化。佛教成為這裡精神的核心，對這裡的人來說，它是宗教，更是一種生活方式。在此地，信仰小乘佛教的家庭，每天早晨起床後要做的第一件事就是給佛龕奉鮮花，給佛像供清水。然後再唸佛經。早飯前先要從飯菜中留一些最好的食品給上門化緣的僧侶。這是人們爭著做的功德。吃完飯，出門如遇到佛塔、榕樹和僧侶，就要不斷地合掌施禮。晚上就寢之前也要誦讚經文，然後在佛像前冥想思過。睡覺時頭朝東方，因為釋迦牟尼是在東邊成佛的。人們每月都要去佛寺拜佛，去的這一天以及前一天都不能洗頭，怕會溺死頭髮中的虱子而犯殺生戒。走進這裡的傳統家庭，不見床鋪和椅子，因為佛教戒睡高床坐高座。

佛教在這些國家的威望是如此之高，使得統治者的國王們常常借助它的赫赫盛名，佛教便一次又一次顯示了它與世俗結合的佛國力量。如果沒有佛教教義上的支持，國王是絕對不敢輕舉妄動的。

1915 年，為保持民族獨立，暹羅國王專門向臣民們闡釋了佛關於戰爭的觀點。他聲稱佛從來沒有反對過戰爭。所以，為防禦外敵的進攻而進行的戰爭是允許的，並且是無罪的。他還談到了佛的家庭出身。佛來自剎帝利武士等級，所以懂得國防的重要性。一年以後，根據國王的命令，一個佛教徒被關押起來，因為他對佛神有和國王不同的理解。他認為佛祖不讓人殺死，戰爭不可避免會殺人，所以戰爭是罪孽。但顯然大多數人支持了國王的理解。在二十世紀六十年代越南的抗美鬥爭中，先後有六個僧眾以自焚抗議。雖然東南亞人在遇到具體事

情時，多多少少會按照自己的意圖，修正一些佛的原意，但我們應該看到這種修正亦是小心翼翼的。如果佛在教義裡明確說明過自己反對戰爭，東南亞上上下下的人就怎麼也不會提出佛祖也同意戰爭的觀點。

第二個家

　　寺廟對於東南亞人來說，幾乎是第二個須臾不可離的家。這些國家的人民，特別是男孩的一生，似乎都是圍繞著宗教度過。上至國王，下至平民，任何一個男子長大後，都必須剃髮為僧。一般只需三個月；也可成為終身僧侶，長居寺中。如果童年為僧，三天或七天即可回家。泰國的前任國王普密蓬‧阿杜德就曾出家當了兩個星期的和尚。在這段時間，他也照例身披黃袍，赤腳走路，前往佛寺跪拜；每天清晨，也托缽到太后、貴族得大臣那裡化緣。

　　這種已具儀式性的習俗之目的，據說一則為報父母之恩。對父母來說，如果家中有兒子在寺廟，是無上的光榮，也為父母積了功德。當地人普遍認為，如果這個家庭的第一個兒子成了新教徒，就可以為母親關上地獄的大門。而當他成為一名僧侶，他的父親也再不會進入地獄了。另一個目的在於這是男孩獲得社會認可的必經之路。做過和尚，等於有了一張德行證書，還俗後求婚、就業都比較容易。

　　實際上，我們可以認為，這種剃度儀式與男孩的成年禮有某種淵源關係。因為，有關成年禮的一切要素，它都具有：都是在年輕時一定要經過的一種社會儀式；都在一定的時間裡遠離家庭，生活在一個所謂神聖中心的地方；都需要有若干毀傷

的行為——並不是成年禮中常見的割包皮，或是紋身，而是溫和得多的剃度；都是在這個神聖中心受到某種特殊的教育，從此便獲得了新的社會身分——成人，然後才可婚配或參加正式的社會工作。沒有人會願意把自己的女兒嫁給未經剃度的一個粗魯無知、品格不端的人。換句話說，他根本沒有當丈夫的資格。當地人認為：未做過和尚的人不能結婚，兒子做和尚是父母最大的光榮。

整個剃度受戒禮是相當隆重的。此禮每年一般在「守夏節」之前舉行。這個節日也被稱為「入雨節」，歷時三個月。實際上，就是從七月月圓日到十月月圓日這三個月的雨季。選擇在這段日子入寺剃度，有一個非常動人而慈悲的理由。佛教認為這三個月，人們不宜外出，因為這時特別容易傷稻作、草木，乃至小蟲。

首先由家人親自將受戒者的頭髮剃光，給他披上僧衣，然後一起出門，遍訪親友辭別；親友亦登門祝賀，並贈送禮物。一切告別完畢後，剃度者騎馬或乘車，由家人鼓樂送入寺院。這時，男孩的鄰居女孩扮成摩登加女的樣子，捧佛禮的齋僧列隊隨行，父母也跟在隊伍裡。更有一班男子用油彩化妝成種種鬼怪，在僧前舞蹈，做出種種誘惑狀。到寺院門前，全隊繞寺三周，呼號三聲；受戒者散財於此，用以濟眾。

進入佛寺以後，先由住持再次為他進行象徵的剃度，並將他的名字列入僧籍。然後雙手合十跪下，手中緊握一條細繩，即「聖繩」。繩的尾端浸在盆裡的聖水中，然後開始誦經。據說，以前所犯的罪過，都在此時此刻，由「聖繩」流入聖水。這實際上是一種潔身儀式。受戒者由此獲得了罪孽的解脫。經文唸完，再由受戒者的父母用瓢舀盆內的水，從受戒者的頭上澆下。這樣受戒儀式就全部完成，男孩從此重生為和尚。

第二天，新僧與師一起回家。與父母相見時，不得行人子之禮，而是像其他眾僧一樣施禮。其後，三個月內，除托缽化緣外，一律不得外出，不可踏入家門。

對僧侶來說，必須從此遵守「十誡」。此十誡當然與摩西十誡不同，它少了一些命令的口吻，是提供人們一個簡樸生活的規範。其中有一條「不殺生」的戒律，其具體戒律與中國不同。在中國佛教界，這常常與素食聯繫在一起，但此地的和尚可以吃魚肉，因為僧侶的食品都是別人布施的，給什麼吃什麼。當年，佛陀吃的那碗牧羊女給他的粥裡恐怕也有羊肉的成分。但絕不可親手殺生。此外，吃的時間也有規定。所謂過午不食，意味著上午可以吃兩頓飯，中午以後不能吃東西，只可以吃一些果汁飲料。

在這裡，人生的一切重大事端，如結婚、生子乃至死亡，都需要佛教的祝福。像是在緬甸，家人死亡之後，一般需要在家停屍三天，這期間和尚不停地唸經，超渡亡靈。以後，送葬、焚燒，無一不請和尚唸經。這種喪葬方式普遍流行於東南亞國家。

東南亞有許多巍峨壯觀的寺廟，那種富麗莊嚴之美，和我國寺廟的美學風格差別較大。在老撾，國王是佛教的最高保護人，當然也是虔誠的佛教徒。國王、國家、佛教被視為三個密不可分的組成部分。國王甚至下令實行僧官制度，在各村、鄉、縣、省都設僧官，中央有僧王，由國王任命，形成一套和官僚制相平行的制度。在這樣的氛圍中，十六世紀的老撾成為東南亞的佛教中心，許多精妙絕倫的佛寺拔地而起，成為佛教徒心目中的聖蹟。

另一方面，更多的普通百姓住在東南亞的農村裡。村莊一直是此地社會的基本構成模式。東南亞的村社具有很強的獨立

性，事實上就是一個麻雀式的小社會。這一個個小村社的組合構成了整個半島地區的各個國家。在這些幾乎獨立的小王國裡，佛教有著極大的權威性。

東南亞有無數的寺廟，從另一個角度說，也許並不過分。因為它們並不是僅僅具有宗教上的功能，還同時兼具別的許多功能。更確切地說，佛廟是整個村社的中心。這種普通的村社寺廟從外觀上看，和普通的高腳屋沒有什麼兩樣。唯一的不同之處就在於它通常是一所類似於「公房」一樣的建築，是由村子裡的人一起出錢出力，建造起來的。它一般是全村最好的建築，最高大，也最舒適。

這裡的寺廟就是學校，比丘就是老師，經書就是課本，出家做和尚就是一個最好的受教育的機會。已還俗之人當然也可以隨時來旁聽，決不需要辦任何手續。廣大的平民正是通過佛寺，接受教育，學習人生的道理及巴利文。

在古代，此地的寺廟實際上壟斷了教育。政府不必為邊遠貧瘠的地區沒有學校而愁苦，因為越是這樣的地方，香火就越旺盛。比起我國古代村社中的私塾，這裡的寺廟教育更加普遍，起碼落實了到了每一個男性公民頭上。當一個東南亞人上了年紀，往往會虔誠地希望以後終生為僧。即使由於各種原因，使他不能這麼做，他也會經常在佛教節日時盡心參加修繕廟宇的勞動，並常常到廟宇中聆聽經文。

這種情況甚至仍然存在於今天的泰國，很多退休官員也還在繼續奉行這一傳統習俗。至今，寺廟的這種教育功能在東南亞發揮著難以取代的重要作用。當然，根據時代的發展，寺廟教育也增加了時代氣息。譬如仰光北郊有一所寺廟，近年來開設了外語訓練班，設英文、日文、法文、韓文、中文等語種，免費招收學生，由僑民和外國留學生擔任老師，取得了可喜的

成績。

　　寺廟有時也是旅行者最好的客棧。直到今天，你仍然可以在這些當地最好的建築裡睡上一覺。餓了，僧人會拿一些餅乾給你吃；渴了，他會給你喝這裡乾淨的山泉；這裡常備著外鄉人留宿用的薄被。當然，他們從來不為自己這樣的仁慈行為而自鳴得意。

　　在戰爭和內亂時期，這裡的寺院有點像巴黎的聖母院，是一個安全的避難所，沒有人有權力把戰火引向這樣一個神聖友愛之地。在泰國，對這個問題有明確的法律規定，被稱作「薩拉」避難制。

　　這裡也是地方上的圖書館。普通村民家裡是沒有什麼藏書的。如果他們想要看書，通常是佛教經書，那麼他儘可以到廟裡去借閱。僧侶還會為他解釋經文，沒有人會要求他辦什麼借書證。

　　對村民來說，這裡還是一個最好的社交場所。每逢佛教節日，人們就像基督教徒做禮拜那樣，從四面八方來到這裡，聽這裡的僧侶講解經書，然後大家交換一下各自的新聞，討論一些世俗問題，稱職的僧侶老師們也會不失時機地加以點撥。

　　到每年十月到十一月間，廟裡的僧侶也往往會朗誦「瑪哈差」或「大生經」。選擇這個時段講經文，是因為這是一年當中農民最空閒的時候，已經還俗的前僧侶也希望進一步增多宗教知識。這種朗誦會有些像演員唱全本京劇一樣，需要很多個晚上才能講完經書中的一個故事。

　　人們普遍認為，如果他一生中能聽完全部的「瑪哈差」或「大生經」，那他就算積下了大功德了。這些經書，其實完全不是我們想像的那麼乾巴巴。實際上，它是許多佛教故事的彙編。民眾還希望僧侶不僅僅朗誦這些他們早已熟知的故事，而

是更希望朗誦者在朗誦時能表現自己的智慧和口才，時時有所補充；確切地說，就是朗誦時要插科打諢，雖然這個要求對僧侶來說，有些勉為其難。更精彩的是，到每節故事結束的時候，按慣例都有一個音樂節目。因為每一段故事的音樂主題不同，熟悉的人一聽音樂，就知道朗通的進度了。

顯然人們在這個閑適的季節裡過得相當不錯，每天的勞動量是極其輕微的，從早到晚，都可以到離家不遠的寺廟聽故事和音樂。在這裡，宗教似乎完全不是一種負擔，而是提供人們一種美好的生活方式。雖然人們的信仰動機不可能非常純潔，甚至有一些是盲從的，但至少人們在情感上因為聆聽了佛音而得到昇華和滿足。

這裡常常也有醫院的作用。古代的人掌握的知識都非常全面，根本不像今天那樣專門化。那些僧侶通常都知道一些常見病的草藥方子。事實上，僧侶在村民眼中，是最有學問、最有道德、最完美的人。他們還常常是村民的生活顧問，幫群眾解除煩難。作為這個村社寺廟的住持，往往擔當一個非常特別的角色。他既是宗教儀式的主持者，又是村裡所有孩子的啟蒙老師；他也是醫生或村長。在這裡，他幾乎是全村人的父親，是核心人物，受全村人的極大尊敬。

無疑，由於寺廟的如此種種重要功能，使得宗教在這裡具有更強大的吸引力。我們甚至可以說，東南亞人如此強調建造佛塔和捐助僧侶度過日常生活，並不僅僅出於一種宗教信仰，極是對村社基本設施的某種贊助和投資。

也是「拿來主義」

印尼的巴厘島是整個東南亞地區唯一還信仰印度教的地區。可是，當我們真地走進去一遊，就會發現，這種說法至少要打些折扣。

我們先從一個宗教節日開始。在巴厘島，每隔 210 天，寺廟就會舉行一次「誕辰日」儀式。這一天，眾神從本島的火山頂部，也就是他們的居所降臨，進入寺廟祭壇上的偶像之中。滯留三天後再返回去。在降臨日，人們會組織一次興高采烈的遊行，隊伍一路載歌載舞，到村邊迎接眾神，再護送他們到廟裡，用民眾製作的各種名目複雜的供應，予以進一步的款待。然後便有一個重要的集體儀式。在人們向神靈行了印度的禮拜儀式之後，每個家都推薦一、兩名婦女來領受聖水。男人一般是不參加聖水儀式的。也許認為他們沒有資格。離別之日也有類似的儀式，只是人們顯得較為悲傷一些。

聖水，不僅是寺廟典禮的，而且是所有重要儀式的基本內容。這種文化因素顯然來自印度的文化當中。在這些儀式中，只有婆羅門祭司能夠直接向神靈祈求而祝成聖水。這是因為禁欲修持和種姓純淨的結果，只有他才擁有與神靈安全、方便地進行溝通的法術。因此，這裡的祭司比起真正的印度本土祭司來說，算得上是更職業性的巫師。他們既不供奉神，也不解釋神，只是用相當蹩腳的梵文偈頌禮贊神，而當地人甚至把直接領導自己的那個祭司，稱作是他們的濕婆。

這裡的儀式要求所有民眾集體努力，而且時間拖得相當長。殖民者到來前的時代，這種巨大儀式場面的籌備和舉行似乎消耗了比所有其他國事活動（包括戰爭）加起來還要多的時間和精力。或者說，這裡的政治系統乾脆就是為了維護儀式系

統而存在的。

　　有人因為這裡罕見的宗教熱情，聳人聽聞地說，巴厘人從廣義上說是印度人。這當然是指文化宗教上而言的。其實，即使從這個角度而言，印度教在本土和在這裡完全不是一回事。在這裡，宗教的哲學思辨色彩相當薄弱，宗教仍然與日常生活完全交織在一起，非常具體，非常關心實際，注意儀式的周密繁複性，而很少有對婆羅門教和佛教概念化的關注。

　　這種特點顯然和此地原先的本地宗教有淵源關係。事實上，巴厘島和東南亞其他地區一樣，有著豐富的泛靈論信仰。此地的傳統原始宗教中存在著大量的規定細節，它能夠和任何獨立而零碎的實際事件相結合，甚至是相當偶然的突發事件。它實際上是極其繁複又煞有其事的儀式行為和形形色色的泛靈論偶像的大雜燴。表面上看，它並不解決許多像馬克斯·韋伯所謂的「意義」問題，如邪惡、痛苦、挫折等等。但是，每當這些問題以具體事件的面目出現時，如每一個個體的死亡，農業的歉收，某個季節雨水的過量，他們就會很快從雜亂豐富的巫術中選擇這樣或那樣的武器，加以解決或防禦。

　　人類學家往往以下述的例子解釋兩者的差異。

　　一個初民會這樣問：「為什麼那糧倉坍下來，偏偏砸了我的兄弟，而不是別人的兄弟？」另一些人卻在相同的困惑中，更注意自己的措辭：「為什麼美好的事物早早逝去，醜惡的東西卻像綠色月桂樹一樣枝繁葉？」

　　這裡的世界依舊靠魔法控制，信仰巫術的那張錯綜複雜的網幾乎仍然完整，未及觸動，僅僅在肯些地方被個人的懷疑和思索稍微破壞了一下。

　　在巴厘島上的印度教中，本土因素始終存在。這當然也得益於十五世紀以後，巴厘人和外界相對隔絕的地理狀態。來到

這裡的外鄉人往往會立刻注意到這裡的人根本沒有什麼教條主義和什麼需要懷疑的東西，他們乾脆對形而上學的東西根本漠不關心，但同時又有多得驚南的儀式行為。巴厘人不斷編織著精緻的棕櫚葉祭品，準備豐盛的聖餐，裝飾著各類廟宇，還時常進行大規模的宗教遊行，甚至會集體進入一種瘋狂的出神狀態。或者說，他們似乎太忙於用自己的方式實踐他們自己所理解的印度教，這種專注的心態讓他們無法對宗教的意義進行更多的思考。

但這種宗教方法上的無序決非意味著它毫無規則可言。它有自己非常獨特的寺廟系統。這裡的寺廟，數量上達數千之多，建築都屬於開放式的一座座庭院。每一座寺廟都關心任何一個普通人的生死、家族內部的團結、農業上的豐欠、政治上的忠誠，但恰恰對宗教的教義毫無興趣。每一個當地人都一要從屬於兩、三個這樣的寺廟，這對他們來說很重要。因為同一個廟宇的信徒將使用同一片墓區，住同一個村莊，耕作同一地區的田地。換句話說，這種成員身分直接支撐著巴厘人日常生活的社會關係，類似於某種軍事上的編制。

這裡的宗教強調行為的正確，而不是對教義的正確理解。最為關鍵的是每一個儀式的細節都要恰如其分，否則祭祀的效果就會喪失怠盡。概念在這裡受到嚴重的忽視。廟裡供奉的眾神究竟是誰，無人關心，沒有人會因為你這方面的無知而嘲笑你。但是，如果你不履行你所應承擔的宗教儀式義務，後果將是意想不到的嚴重。不僅寺廟會把你拒於門外，整個社會也會排斥你。

這個深受印度教影響的地方，其住民還成為印尼全國唯一存在印度教種姓制度的民族。當然，這裡並沒有完全照搬印度的種姓制。這裡的種姓制度只把貴族社會分為三個種姓：婆羅

門、剎帝力、吠舍。這些人只佔總人口的 10%左右。其他大部分普通群眾不屬於任何一種種姓，也沒有受到特別的壓迫。這三個高貴的種姓在謀生方法上並沒有特別之處，基本上都是普通的農民，種姓之間的矛盾遠不如印度那樣尖銳。日常生活中，種姓差別只表現在一些不十分重要的規則和禁忌方面。

比如說，家庭中，丈夫的種姓應比妻子高一級。婆羅門種姓相對來說，吃穿方面的禁忌多一些，如他們絕對不可食用牛肉。最重要的是高種姓的人必須懂得嚴格的禮節，必須在任何時候都處於比低種姓人高的位置。譬如住房的層次，或座位的地點等等。低種姓人同高種姓人談話時要用極其文雅恭謹的語言，高種姓人回話時，則可用較粗魯的語言。

婆羅門種姓的所有男子都有資格成為祭司。經過長時間學習和淨化，成為祭司的這些人將和統治者互相依靠，領導這個國家。這種合作是愉快的，因為他們在權勢上可以互補。祭司有統治者沒有的神授權力，統治者有祭司需要的武器保護。過去，宮廷被祭司所控制；但不經當地統治者允許，祭司無法被委以聖職。

顯然，巴厘人在面對外來宗教時，採取了一種「拿來主義」的姿態。這種姿態，對他們宗教生活中實際的影響就是多了許多值得祭祀的名目，至於宗教背後重要的文化意義，被他們毫不猶豫地拋棄了。這種採用和淘汰同時進行的方法在東南亞各地非常普遍。雖然各自需要處理的外來宗教不同，但相同的是人們都把自己不喜歡的部分扔掉了，而把自己原來本土宗教中的大部分習俗信仰保留下來。

儘管有一度，菲律賓群島上魔法師的魅力似乎被歐洲的傳教士掩蓋了，但古老的信仰和文明宗教的結合，仍不可避免地重新出現了，因為人們在聖徒、奇蹟、偶像中看到了許多原來

泛靈論信仰的影子。許多原始信仰的風俗，特別是有關治病的風俗，被暗中保留了下來。

比如，菲律賓人喜歡一天洗三次澡，這可能最早出於對水的崇拜，當然也和這裡的炎熱有密切的關係。這裡自古以來，洗澡都別有一法，以至於中國古書裡一直強調他們有時在洗澡時不免有些淫蕩。這為嚴肅的傳教士所不能容忍，他們決心禁止人們洗澡。在他們看來，洗澡有什麼大不了的。一位中世紀時代的神甫曾說：「一個修道士一年中能在聖誕節和復活節洗兩次澡。」那位以時髦著名的路易十四，一生沒洗過幾次澡；他所謂的洗手，也不過是叫僕從在手上倒一點香水罷了。當然，傳教士的想法無法在這裡傳播，菲律賓人還是有滋有味地洗他們的澡。

東南亞信仰佛教的人也完全沒有忘記原先的神靈崇拜。在佛教寺院裡，常常設有供奉神靈的小祠。人們既信仰佛教，以求輪迴解脫以及來世的幸福；也崇拜神靈，以解決疾病、災禍等現世的苦難。他們對稻神就極為崇拜，因為這事關重大，牽涉到農業上的重大厲害，一旦傷害了它們，理所當然會招來生病的報應。

任何民族都有一些非常根深柢固的文化，如果這些文化消失了，這個民族就即刻變成了另一個。像是中國人的陰陽觀、埃及人的來世觀。這種文化根基是很難輕易改變的。在東南亞，儘管受到古代、近代、現代各種文明的輪番傳播，此地的人還是在其文化深處留有一塊重要的保留地，擁有一個其巫術信仰和行為的儲藏室。也正是這樣一些遺存物，保證了此地文化的連續性，也為對外來文化進行取捨提供了基本的前提。

十字軍重生

中古時代，著名的十字軍是一支名聲欠佳的部隊。它是由基督教派出的，為了和伊斯蘭教爭奪那個宗教聖地。在西班牙統治下的菲律賓人民居然不走運地眼看著另一支部隊為同樣的宗教目的，開到他們的家鄉。當然，這次戰鬥的規模小得多。

菲律賓的穆斯林和東南亞大多數伊斯蘭教信徒一樣，是十五世紀以來，阿拉伯商人隨著貨船，把先知的言論告訴他們的。大多數馬來人和占族人很快加入這個教派。此派最早在麻六甲海域興盛起來。當時的麻六甲國王羨慕阿拉伯商人的富有，愛屋及烏，對伊斯蘭教也漸生好感，於是娶進穆斯林公主，從此信奉伊斯蘭教。

這裡原先從來沒有別的宗教傳播過，伊斯蘭教這裡先入為主也很自然。當時此教在麻六甲非常興盛，「國王國人皆從回回教門，持齋受戒誦經，其王服用細白番布纏頭。」隨著商業活動的不斷擴大，開始有傳教士在菲律賓群島中的蘇祿建造伊斯蘭教堂。不久以後，在這個群島上還相繼建立幾個以伊斯蘭教為國教的蘇丹國。漸漸地這個宗教從蘇祿首棉蘭老傳播開去，經比薩揚群島，抵達馬尼拉灣，整個東南亞群島地區出現了更多的穆斯林國家。

伊斯蘭教當然也有強大的宗教魅力。所有真正的伊斯蘭教信徒都處於平等的地位。但這種平等是有範圍限制的，對於非伊斯蘭教教徒，他們往往採取一種輕蔑的態度。相對於佛教，伊斯蘭教更加教條化。這種一神教信仰能克服生活中許多混亂複雜的現象。但在爪哇和馬來群島地區，實際上，許多舊文化，包括傳統法律，仍在社會上保持活力。正像它以前吸收印度教和佛教中的某些成分一樣，它也這樣吸收伊斯蘭教的成

分。

　　阿拉伯的仙女代替了舊的神靈，印度史詩中的英雄取了薩珊王朝中波斯人的名字。對許多人來說，伊斯蘭教的懺悔成了一種新的咒語。大多數爪哇人不太重視遵守有關祈禱和齋戒的規定，無視於不能酗酒、吸食鴉片的禁令，並公開進行高利貸的盤剝。他們雖一般不吃豬肉，但許多人同時也遵從印度教不食牛肉的禁忌。可以說，爪哇社會的很多方面仍保持了原狀。

　　例如，在村社生活中，婦女仍擁有較高的地位，村社之間緊密團結，過去的巫術、音樂、皮影戲仍然流行，人們繼續用魔法控制凶神，計算吉日，崇奉祖先及印度教、佛教中的神靈。在馬來亞，由於當地的土著文化原先並不發達，所以這裡的伊斯蘭化比起爪哇島的情況好得多。即使這樣，這裡的一般作法也不過是在習以為常的印度教儀式中撒上一些伊斯蘭教懺悔的調味品。像是印度教中《吠陀經》關於愛的咒文，只要加上一句關於信仰阿拉的表白，就顯得完全穆斯林化了。

　　人們相信，占星時用香墨水準確地寫出阿拉伯經文，便可以辟邪。在穆斯林馬來亞，和附近的其他佛教國家一樣，宮廷禮儀方面，如王權的象徵和即位儀式，都遵循印度婆羅門的準則。在蘇丹的宮廷，婆羅門的傳令官仍起著重要作用，因陀羅的徽記仍出現在蘇丹佩帶的臂章上。

　　顯然，伊斯蘭教在東南亞，哪怕是海島地區，造成的文化上的變化遠非革命性的。但它畢竟如同佛教一樣，按一定的規律在這個地區傳播，影響，整合，繼續傳播。

　　如果不是西班牙人的到來，伊斯蘭教早已傳遍菲律賓群島了。可他們卻偏偏來了。

　　當十六世紀第一批西班牙人來到這裡時，他們驚奇地發現這裡的人居然也相信他們最討厭的異教。這裡就像非洲和西班

牙的摩爾人一樣信奉伊斯蘭教，於是他們把這裡的穆斯林稱作「摩洛人」。足足有三個世紀之久，西班牙人把自己封為十字架的忠實擁護者，多次試圖征服伊斯蘭教傳統最深厚的棉老和蘇祿地區。而穆斯林們也奮起保衛自己信仰的自由。史學家把這三百年的戰爭稱為「摩洛戰爭」。

　　本篇並不想分析究竟是什麼原因使基督徒像一隻好鬥的公雞，一看到伊斯蘭教就想一腳踩上去，置人於死地。因為，關於這個問題的討論太多了，也超出了我們論述的範圍。但我想指出的是，從人種上講，穆斯林的菲律賓人和基督教的菲律賓人都是馬來人，他們是真正的弟兄，擁有同樣友愛、善良、好客、仁慈、勇敢等等的優秀性格。

　　不幸的是，他們信仰的宗教不同，而他們捍衛宗教的熱情相同。也許後來在戰場上駭人的死傷人數正是因為他們太英勇，沒有一個人在為自己的信仰而戰時貪生怕死；也許他們認為死在戰場上是戰士的一種特權，並努力保衛這種特權。

　　差不多在伊斯蘭教傳入菲律賓群島的一百年後，西班牙人也飄洋過海，帶來了他們的宗教和野心。從 1521～1569 年，菲律賓正式成為西班牙的殖民地，這幾十年裡，西班牙人隨軍帶著傳教士，每侵佔一個地方，就強迫當地人信仰基督教，不從者死。還好，當時伊斯蘭教傳入此島不過一百年，信仰的人還不算太多。但對已經加入伊斯蘭教門的穆斯林來說，無論如何也不會那麼容易就放棄自己的信仰。而且，他們的仇恨是雙重的——他們既不願做西班牙國王的臣民，也不願改信基督教。

　　戰爭就在雙方都很強硬的情況下發生了。戰爭一開始，還是在西班牙軍隊和穆斯林馬來人之間進行。但不久以後，在互有勝負的情況下，西班牙艦長發現他的兵力明顯不足。於是，

他設法改變了這種狀況。真正的悲劇上演了。

1596 年，西班牙人菲蓋羅艦長率領了 1500 個信仰基督教的當地馬來人和 214 個西班牙士兵攻打穆斯林。當時菲蓋羅一定相當興奮，因為西班牙政府答應他，如果這場戰爭獲勝，就讓他做棉蘭老的總督。他可能興奮壞了，可惜這種興奮未能彌補他的不幸，結果他死於這次戰爭。穆斯林勝利了。

勝利的穆斯林人決乘勝追擊。在一個炎熱的日子，他們偷襲了基督教的一個據點，焚燒這裡的市鎮，搶劫了教堂，並殺死很多基督教徒。這些人其實也是他們的同胞。人類有的時候也許真的是沒有什麼理性可言，憤怒顯然佔據了他們全部的頭腦。於是，那一天他們心意滿足地報完了仇，帶著八百個基督教徒的戰俘和豐富的戰利品回到他們的基地——棉蘭老。

戰爭到這一步，上帝也沒有能力推動和解了。紅了眼的西班牙人特意從美洲調來一支長勝軍。據說，這支軍裡的許多人是當年在墨西哥和秘魯對印第安人作戰的老戰士，也許他們太老，也許他們不習慣這裡的沼澤和潮濕空氣，反正，在和穆斯林進行真正的肉搏戰中，他們辜負了上級的期望，沒有討到任何便宜。

在以後的戰爭中，命運幾乎全偏向穆斯林了，西班牙人則屢敗屢戰。直到 1636 年，穆斯林又故伎重演，去偷襲一個基督教市鎮，然後滿載著戰俘和珍寶，快樂地回家。但這次回家的路沒有那麼順利，西班牙軍隊立刻趕上他們。結果基督徒戰俘全部得救，穆斯林船隊被全殲滅。

如此這般的拉鋸戰，綿延幾世紀不休。這種狀況的延續多半是因為穆斯林馬來人的倔強。西班牙人雖已不願再繼續這種耗時費力的戰爭，可穆斯林就是不願意結束。穆斯林奇怪地把和平條約當作廢紙。但他們在道德方面已經漸漸變成非常孤立

的一族，人民實在厭惡他們在城市裡的強盜行徑。

最後，還是英國人的技術帶來了和平的希望。1848 年，西班牙向英國購買了第一批汽輪船。他們的到來，響起了穆斯林海上優勢的喪鐘。原先西班牙人的失敗多半是因為他們的船不如穆斯林的輕艇快。現在，這種新型的汽船能夠輕而易舉地超過穆斯林最快的輕艇。

但是，穆斯林的頑強還是大大超出了西班牙人的估計。直到 1898 年，西班牙人退出這裡時，穆斯林雖然損失慘重，但依然存在。不過，他們也付出了自己的代價。這些原來好好的馬來人已徹頭徹尾變成這個社會的邊緣人。所有的人都看不起他們，他們只能生活在偏遠地區，生活十分困苦。菲律賓政府在 1970 年，更將這些人定為非法組織，但直到今天，這個有偏執的組織仍在活動。由於這次戰爭，至今菲律賓南部的經濟文化發與北部根本不能相提並論，南北居民也有隔閡。「摩洛問題」對歷屆菲律賓政府不說，都是一個頭疼的問題。

這次戰爭實際上並沒有勝利者，兩敗俱傷是唯一的結果。西班人沒有達到他們對穆斯林趕盡殺絕的目的，整個戰爭中，死傷最大的是當地的馬來人。固執倔強的馬來人糊里糊塗為自己的這種性格付出了代價，而當年的那支「十字軍」卻像沒事人一樣走了。這就是馬來人的個性，真摯、熱情、單純、固執。雖然這讓他們在西班牙人挑起的戰爭中撞得頭破血流，但他們滿足於這樣一個事實——最早退出戰爭的還是西班牙人。

Chapter 4
第一性

太陽的女朋友

關於女人的地位問題，我們經常聽到的一種說法是——女人在以前的地位很高；後來她們不幸被男人奪了權，如今就淪為「第二性」。最早提出這種說法的是人類學家，但現在他們自己之中的大多數人開始背叛這種說法。他們說，從前的撰書者以為母系論血統關係的群落組織便是母權制社會的體現，這種觀點過於片面。他們唯一的理由只是血統乃是按照女人來算的。事實上，人類學者在考察中驚奇地發現，從母權到父權的這種簡單的進化論思維幾乎是全錯了；這並不是一個社會所必經的階段。

美洲西部的半沙漠地帶原來生活著一個叫肖肖那的部落，他們以打獵和採摘野果為生。他們的生活條件使他們不得不組成夫妻家庭，置身於父權之下。由於環境惡劣，他們南遷到一個比較濕潤的地方。可能在遷徙的過程中，他們接觸到其他印第安人部落，學會了種玉米，穩定的生活使他們定居下來。女

人自然負責耕種，兼照顧家宅，男人則幹自己的老本行——打獵。他們的居住方式也因此而改成男人入住女家。

因此，我們可以認為，各地方的人從一開始就有可能面臨數種社會體系的選擇。當然，這種選擇的數目也是有限的，但要注意的是，男和女誰是第一性的抉擇受到經濟或生態環境的限制，人的基本生物性並不是這個問題的關鍵所在。

在開始談論東南亞人就這個問題如何選擇之前，我們先看看馬來人中間流傳的一個神話：太陽和月亮其實都是女人，星星是月亮的孩子。原來太陽也有這麼多孩子的。但因為恐怕人類當不起那麼多的光熱，於是出於善良的動機，她們相約各自把自己的孩子吃盡。老實的太陽真的照約把自己的孩子都吞食了，而月亮耍了個心機，把自己的孩子藏起來。後來這祕密被太陽發現了。她當然大怒，要殺月亮，所以月亮拼命往前逃，太陽則在後緊追，至今不息。因此，現在只有晚上，在太陽休息時，月亮才敢把她的孩子叫出來，散一會兒步；而可憐的太陽吃了一肚子孩子，所以她特別亮。

這個有趣的神話與其他民族的日月神話情節有不容忽視的差別。一般總說太陽是父親，作為母親的月亮一直努力保護孩子不給父親吃掉。神話是史實的影子，雖然這兩個故事都從側面反映出上古時代的殺嬰風俗，但兩相比較，很明顯，從馬來人的故事中，女人占了唯一重要的地位。

太陽和她的女朋友月亮顯然都對自己孩子的生死有獨立的決定權，父親的角色被完全忽略，說明了在馬來人的現實生活中，男人對於這一類事的發言權也很少。母親似乎是整個家庭的主宰力量。她的家庭角色並不是我們中國人心目中那種忍辱負重，沒沒無聞的母親形象，甚至帶著戰士般的勇氣、果斷及自我犧牲的精神。她既對內負責，處理家庭內部的事務，也關

心外部世界的利益。日月就因為擔心人類而決定作出自我犧牲。這種行為非常主動，因為人類並沒有要求日月這樣做。可見，這個神話中的日月形象帶有馬來部族女酋長的形象。

此外，日月這兩個女性之間的親密談話，反映了這個社會中女性社交活動的活躍。這種女性私交更適合在母權制或者說從妻居的家庭裡，因為，在男權社會，缺乏社交活動的女性通常很少有機會交朋友。

基於我們對上面這個神話的分析，可以推斷，馬來人是以女性為第一性的。這也是東南亞大部分地區人們的選擇。早在中國的古籍裡，就有關於此地的女人國和八百媳婦國的記載。上古時期，這裡的家庭概念裡只有母親和孩子。人們很簡單地以母系論血統，以母親為家庭的中心，而用不著拿誰是父親的問題跟自己為難。

在整個東南亞範圍裡還有一個共同的神話故事，人們稱它為母胎神話。這個故事其實很簡單，說一個母親生了各族人民，包括越族、芒族、舌族、泰族等等。當然，每個民族都有自己具體的說法。有時候母親崇拜會與圖騰崇拜結合在一起，如越族聲稱自己的始祖母像鳥一樣，生了一百顆蛋，即「百蛋生百男」的傳說。在東南亞別的神話傳說中，我們也常常聽說一個母親往往在一種神聖的狀態下，生了一個偉大的孩子。父親在這樣的故事中，總是有意識地缺席了。

人類學家總感到困惑的是許多部落提出的對孩子之來源的各種奇特的觀點：有的認為是祖先對這個女人感到滿意，所以賜給她孩子；有的則聲稱部落的圖騰曾鑽入她的體內，因此孩子就是那種動物的化身……等等。他們到底是真的一無所知，還是佯裝不知？這個討論今天還在熱烈地繼續著。我想強調的是，討論這些問題時，要牢記一個必要的前提——那時候的婚

姻關係沒有現在那樣受重視。

譬如說，過去在東南亞，離婚十分常見，也非常容易。基本上，只需要晚上，丈夫或情侶來家之前，女人在門口放一些標記，如一雙鞋，或一把掃帚，然後把臥房的門關了，就大功告成了。那位倒楣的先生一來，看到這種暗示，縱然心中萬般不情願，也一定會獨自離去，連原因也不會問。當然，離婚的權力並不只屬於女人，男人想要離開現在的伴侶，那更簡單，不來就可以了。連著好幾天不來，對方自然而然也就明白發生婚變了。

這種離婚的自由性在東南亞相當一部分比較封閉的地區廣泛存在，曾讓當年的歐洲傳教士大跌眼鏡；他們為此還試圖做出一些努力，想把這種「可怕」的風俗加以改變。滑稽的是，正當他們感嘆「孺子不可教也」的時候，他們自己的國家原先的神聖婚姻也變得不那麼牢靠，開始風雨飄搖起來了。

婚姻在這裡不受重視，最受重視的是女性的繁殖能力。從東南亞甚至至今還流行的一些習俗裡，我們可以發現，至少在這個地區，人們並不是不知道生育的祕密，而是更加看重生育的結果，女性因此受到特別的崇拜。

從考古學家為我們發現的兩千多年前的越南文物——銅缸上，可以看見許多刻畫男女交配、陰物陽物的圖案。順便說一句，銅製品是東南亞古代文化中的重要組成部分。人們特別喜歡製作一種銅鼓，這種器物在兩千多年前的越南東山文化中就有大量發現，而且使用銅鼓這一古傳風俗至今依然保存著。今天，銅鼓鑄成後，仍會邀請全村的人參加典禮。當然，能榮幸地作為敲鼓第一人的必定是這個村子中德高望重的一位婦女。

以前這裡的人還有紋身的習俗。許多紋身圖像是自古有之，世代沿襲的。比較古老的當是兩種代表男性和女性生殖器

官的紋身圖形。人們並不隱蔽這種圖案，多把它紋在大腿上或前臂靠近腕部的地方。有時候，孩子的腰上也會佩帶許多這種形狀的小飾物。在一些邊遠地區，人們仍可遇見一些極大的木質陽具象徵物，做工粗糙，往往平放或掛在神廟附近的樹枝上。人們一旦看見這些，就會明白，這座神廟裡面住著一個高貴的女神，陽具模型是向她供奉的祭獻。

這種生殖崇拜的目的並不僅僅是為了期望部族有更好的後代，而是和土地肥沃緊緊聯繫在一起。直到今天，在東南亞的一些比較封閉的山區，每到播種前，農夫們往往和他們的妻子先各自齋戒三日，保持身體的純潔，也可能是為了積蓄慾望。如果第二天就要撒種了，一對對夫婦就會在傍晚時分，到自家的農田裡行周公之禮。

在他們樸素的思想裡，認為這種性交行為能導致農田日後的豐產。婦女從無到有地生孩子，和大地從無到有地長出莊稼有什麼不同嗎？在他們看來，憑藉發生性關係來勾起稻子效仿的慾望，是增加生產的良好方法。類似的想法在世界各地的農業區比比皆是。相反，亂倫的性關係卻被極其嚴厲地禁止，而且為人們所畏懼，因為它也被認為是收成奇差和土地貧瘠不育的罪魁禍首。

此外，這裡的人還用性交祈雨。現在泰國中部地區的農民還有一種類似但經過改良的求雨方式：做一對男女泥娃娃——做得粗糙不要緊，只要各自的性徵明顯就可以了——兩者摟抱在一起，被人們放在水田附近的大路小道上。有時人們在製作這樣的泥塑時，還需要唸這樣的咒語——

> 形成一塊雲彩，並神祕朗讀咒語。用布把人形遮住。
> 形成陰部，然後，雨就傾盆而下，傾盆而下。

性交對他們的儀式和巫術都只是手段，絕對不是最終的目的。因此，他們雖然了解男性在生殖中所起的作用，但他們不重視。正如雨水並不一定帶來收穫，夫妻之禮也不一定就會生養孩子。相比之下，一個女性切實的生育能力就重要得多，也完全和土地的生產一一對應。

在東南亞的實際生活中，婦女的地位的確相當高。這種高地位與當時的東南亞社會生產組織的狀況都是相協調的。由於特殊的地理位置及複雜的民族流動，在這裡，小規模的戰鬥非常多，幾乎使這裡的男子變成了職業戰士。他們幾乎長期離開家庭，在外械鬥，把家庭留給婦女。

從妻的生活方式讓女人在丈夫不在的期間，一樣和姐妹住在一起，不致感到孤單、恐懼，也能使婦女在家庭中更加團結和安心，把整個部族的工作做好。每一天，婦女們起床，帶著自己的孩子到離住處不遠的田地勞作一番。農閑的日子，她們當然就坐在家裡紡織，聊天。沒有男人的家庭顯然鍛鍊了她們的決斷能力。在這樣的情況下，造成婦女在家庭中專權，並按照母系確定姓氏和繼承權，也就不是什麼奇怪的事了。在社會上，她們也積極參加事務性的工作。我國的史書上曾有記載，說這裡「每有議刑法錢穀出入之事，並決之於婦人，其志量常過於男子。」

的確，像馬來人神話中的日月那樣有決斷力的女性曾是東南亞唯一的主宰力量。

爸爸回家了

一個孩子在家門口，遠遠看見一個男人向家裡走來，他轉

身歡快地向待在廚房裡的媽媽說：「媽媽，爸爸回家了！」這種充滿天倫之愛的圖景在今天的社會極為常見。爸爸、媽媽、孩子正組成了社會學家所謂的「核心家庭」。

但是，同樣的一句話，對於曾經完全實施母權制的東南亞家庭來說，則具有別樣的意義。在這裡，過去的家庭圖景是這樣的：也許是父親的那個男人只有天黑之後，才一個人沉默地來，一句話也不說，甚至看也不看任何孩子一眼，就踏入母親的房間。早晨當孩子起床時，母親已經開始準備早餐，而那個男人甚至早飯也不吃，天還濛濛亮，就走了。後來不知從什麼時候開始，這種生活發生了變化，這個沉默的夜行人開始在白天出現了，並關心起孩子和家裡的經濟狀況。

所有的學者少見地異口同聲，認為這種變化是由外來文化所帶來的。自從各種外來文化，如佛教、伊斯蘭教、儒家、基督教、印度教等等一批批來到此地以後，這裡的一切就開始悄悄地發生變化。因為這些文化毫無例外地輕視婦女。例如，佛教，強調出家，離開家庭——這個女性營造的溫柔陷阱，投入佛祖的懷抱。佛祖本人也曾公開在給弟子上課時，勸使他們離女人遠一些。他自己其實就是一個在人類中獲得最高羯磨的男性。這暗示著最具取得這種成就的是男性，而不是女性。事實上，男人在宗教事務中居唯一的中心地位，女性少有接近佛教的機會。而其他著名的外來文化對女性的輕視，比佛教更加明顯、露骨，也因此為人們所熟知。

這樣的多重夾擊，確實和此地的傳統習俗發生了矛盾。但是，這個地方的人民以他們特別的固執與寬容，把它們調和在一起。雖然這種調和只是意味著社會的表象層面同時存在著傳統習俗和宗教習俗，內部遠遠沒有真正融合。

不過，這種融合至少在社會關係上是實現了。這裡的大部

分地區，人們生活在一種雙系親屬制下。在這樣的制度下，一個人往往必須擔當數個角色。同一個人既是兒子、父親，又是姨母的兒子、妻子的兄弟。這是一個如履薄冰，兼顧雙方的平衡。這種平衡更顯著的表現就體現在婚姻上——走婚制演變成服務婚。就是說，男人娶妻，必須到女家長期服役。如女方家較窮，需要六到八年；在有錢人家，服役時間會長達十二年。其後，他才有權力把妻子帶回家。這個家一般也不是丈夫父母的家，而是丈夫自己建造的一棟全新的高腳屋，作為他們的新家。所以，婚禮也必須舉行兩次。

當然，這種服務婚也有考驗新郎的含義。這裡的人家一般很寵愛女兒，他們希望得到一個能幹、性情溫和的女婿。所以，男人在岳丈家裡的日子並不好過。他必須做最艱苦的工作，忍受勞累。而且，根據這種雙系制，女兒和兒子都可以繼承家裡的財產。也就是說，一個小家庭往往能得到兩份遺產，一份來自女方家庭，另一份自然來自公婆。然而，至今在這裡的很多民族裡，還是有人覺得將女兒嫁出去是難以接受，非常沒有面子的事。沒有兒子的家庭更理所當然要招女婿上門，繼承家業。

不過，事情也不完全這樣。在穆斯林馬來人中，沒有服務婚，施行的是買賣婚姻。根據伊斯蘭教聖訓，結婚可以沒有儀式，但訂婚必定是隆重的。訂婚儀式通常在女方家中舉行。然後雙方家庭談論禮金的數目。此外，新郎還得另外給新娘一筆錢。如果兩人之間出現裂痕，男人只要不覺得滑稽，他就可以對著妻子說兩句阿拉伯語：「瑪拉克，瑪拉克！」這婚就算離完了。離婚之後，習慣法保護婦女，除了所有的東西一人一半外，女人還可以得到整座房子。遺憾的是，一般而言，如果女方提出離婚，而男方不同意，就很難離得成。

所以，此地有一個奇怪的現象；男女性別關係有時候平等，有時候不平等。婦女的力量蘊藏在傳統的習俗中，男性則倚重宗教的力量。

正是這種矛盾，牽拉出這裡許多獨一無二的現象。比如東南亞人雖然非常尊重女性，但他們獨獨把尼姑作為笑話中經常的主角，這種心態和女性居然侵入佛教這個男性勢力範圍有關，顯然引發了男人們討厭的心理。

在東南亞，結婚前，一般有充分的戀愛自由，父母決不會干涉。有的地方，父母在女孩成年以後，會專門在屋外造一間屋子，讓女兒住出去，方便她和情人幽會。年輕人有很多機會享受愛情的甜蜜。譬如，收割稻穀時，年輕男女喜歡一起勞動。工作時，他們可以邊割稻邊唱歌調情。男孩子可以乘這機會，以歌聲向自己心儀的女孩子示愛。女孩子表示接受的話，就可以在這個男孩身邊割稻，或者對歌表示。勞動的過程中，誰先割完一行，就先坐下來休息，等別人都割完後，才開始割新的一行。誰割得最慢，當然成為別人取笑的對象。

當年輕人在田間歡聲笑語時，老人們很少答腔，也不干涉。他們認可這種歡樂，這種在年輕時才有的歡樂。因為他們知道，這種日子對一個人來說，其實也沒多長。如果結了婚，事情立刻改變，婦女的貞潔變得非常重要，會引起丈夫的高度重視。當然，即使在穆斯林馬來人中，人們還不至於把婦女像阿拉伯人那樣關在家裡，婦女也完全可以不戴面紗，在街上和女友同行。這當然是殘存的傳統力量的功勞。事實上，這種傳統力量對婦女有不斷平衡、調整不平等性別關係的作用。

雖然目前的東南亞社會關於性別的兩種矛盾點還在天天發生著這樣或那樣的衝突，但能做到這一點已經相當不容易了。事實上，東南亞婦女的地位往往具有兩種性：一方面在公眾心

目中常常有不尋常的高形象；但另一方面，她們在宗教社會中卻只占有微不足道的地位。社會往往分成神聖生活和世俗生活。至少在世俗生活方面，東南亞人對女性的尊敬也導致了他們對女性式溫情的激賞，使整個東南亞文化區都帶有一種平和寧靜的風格。

我們從全世界的範圍看，這裡幾乎是一個女性文化的孤島。儘管這裡的地形複雜多樣，民族眾多，宗教信仰迥異，卻有一個基本相同的特點，一個與世界性父權中心制家庭存在著很大差異的特點：這裡非常頑強地保留了許多母系社會的遺跡。婦女生活在這樣的社會也許是辛苦的，可心理是不受壓抑的。儘管她們可能不外出掙錢養家，卻不能不說她是家庭的主人和領導者。在這樣一個社會，她的孩子既屬於她，又屬於整個社會。如果她要出去掙錢，參加社會活動，她的雙系親屬都會幫助她，照料她的孩子。當然，她也會經常照料自己姐妹的孩子。

我們只要走到東南亞集市的水果攤上，就會發現，大多數攤主都是婦女。她們雖然各自經營自己的貨物，但相處得相當融洽。往往五個、六個果攤作圓形擺開，女攤主們都坐在裡面，背靠著背，非常親熱，又互不干擾地做生意。這種女性式的溫情到了今天居然還好好地存在這裡，也不失為當今世界的一個奇蹟。

「偏心」的法律

很多年前，有一個歐洲博士很驚奇地發現，印度安人從來不打孩子。他們對孩子非常好。哪怕孩子哭鬧不休，家長也不

過輕輕拍一下他的肩膀。其實，這種情況在所謂比較落後的民族中普遍存在。而在十七、八世紀的歐洲，小伯爵、小王子，甚至年幼的國王，都被他們的師傅鞭打過。當然，現代西方很少會有這樣的事了，因為又一個歐洲博士曾經講述過關於教育的反饋理論。通俗地說，你怎樣對待孩子，孩子以後就怎樣對待別人。事實上，印第安人雖然溺愛孩子，那些孩子的性情卻非常好。他們長大以後，一般對年老的父母都非常敬愛、體諒，常常犧牲自己的利益孝順他們。

每一個民族的固有文化都無時無刻不以一種無可爭議的態度影響著對兒童的養育行為，而對兒童的養育行為又轉過來創造孩子的個性和人格。無疑，教育對於任何一個部族來說，都是極為重要的事。最初的教育與我們現在的概念是不一樣的，那時沒有專門的學校，只是人們甚至出於無意識地把自己的觀點和看法教給孩子。這是真正的見縫插針，寓教於樂。

東南亞社會，任何一個孩子從小就生活在母權文化的影響下。在這裡，人們特別重視女孩，給予女孩更多的鼓勵。當然，這種鼓勵對研究者來說，很難做出一個量化的結論。但敏感的孩子早就意識到自己所受重視的程度。孩子們從小看見媽媽決定家裡的大事小事，以後自然就非常重視母親的意見，女孩自然也認為自己以後就應該做這些事。

在這裡，男人很少幹活，女人基本上幹所有的農活和家務。孩子們從很小的時候，就跟著媽媽在田裡，慢慢學會了所有農活。這些職業教育對女孩們來說是很有用的。在這種教育下成長的女孩，以後自然會像她的媽媽一樣勞動。這種生活孕育了這種教育方式，而這樣成長起來的人又反過來強化了這種生活方式。在任何社會都是這樣的。與其說它是慣性，還不如說它是一種沿襲，一種機制的自我保護。

其實，所謂人的性格，多半是教育的產物，當然，這種教育包括身邊之人的言傳身教，也包括社會的輿論習俗。在此地，人們在生活的各個方面盡心盡力地為女孩著想，極盡心思之細密。這裡由於天氣炎熱，孩子的成熟比較早，一般男孩二十歲，女孩十五歲，大約就都會結婚了。但是，人們因為擔心女孩還太小，一下子適應不了婚姻帶來的巨大變化，就安排了這樣一條習俗：新婚之夜，新人之間要放三只枕頭，枕頭上放一盛滿水的容器；第二夜撤掉水容器和一只枕頭；第三夜才將枕頭全部撤掉。據說，這樣的習俗為年輕的妻子提供了三天習慣婚姻的時間，以後才能更好地開始夫妻生活。

　　這種安全從女孩子的角度出發的習俗還不算偏心，因為這三天當然也同時給丈夫提供了熟悉婚姻生活的時間。這裡的法律顯示出來的對女孩的特殊關心才真正讓人驚奇。

　　在西班牙人入侵之前的菲律賓早期的一部成文法典裡，鄭重其事地規定——

- 每一個母親都有責任祕密地教她的女兒性的衛生，並使她們準備為母之道。
- 丈夫不可虐待妻子，即使她與人通姦。

　　誰膽敢違反這兩條法律，處罰也是聞所未聞的：違法者將被割成片段餵鱷魚。

　　另一部更早的法律還做出這樣的規定——

- 男人與女子生了一子，男子不願結婚，甚至逃跑了，應當立刻殺死這個孩子。因女子無夫，難於贍養其子。這男人如被抓回，仍拒婚，也當立即處以死刑。

在我們看來，這些法律簡直有些不可思議。這種保護女孩子，懲罰傷害她的人已經到非常嚴厲的程度了。法律一般總是一面社會道德習慣、思想文化的鏡子，從法律中，我們往往可以得到一些重要的信息。所以，我們且慢宣布這種法律過於嚴厲，對受害者過於偏心，而先來研究一下這些具體條款。其實，在那個時候，這些需要被處罰的行為一定常常發生，否則也就沒有制訂這種法律的必要。

　　從這些條文中，我們可感受到女性婚前的貞潔已經受到了保障，而且婚後對婚姻忠實與否，已受到丈夫嚴密的監視，有些脾氣火爆的丈夫已經開始毆打妻子了；而妻子有外遇，在東南亞的更早時代，並不是什麼人不了的事。這些法律其實是當時社會情況的一個生動反映。當時的領導人一定敏銳地感到了「世風不古」，於是，他們就如同傳統習俗的衛道士一樣，保護過去給女性充分自由的習俗。但是他們實在是有心無力，個人的力量根本無法拉回社會變革的力量。所以他們只能制訂出這些實際上帶有妥協意味的法律。這些法律是對女性既得利益者失去利益時的一種補償和優待。

　　因此，這些所謂「偏心」的法律與其說是對女性的特別保護，還不如說是女性開始失勢的一個重要標誌。

　　同樣的事也發生在現代。一九八九年，馬來西亞持續了將近五年的「反性暴力活動」終於有了令人興奮的成果：馬來西亞國會眾議院通過了刑法、刑事訴法訟法和證據法關於強姦的修正案。修正後的刑法關於強姦罪的定義非常具體而詳盡——

・違背婦女意願。
・未經婦女允許。
・婦女的同意是在死亡或受傷的威脅下做出的。

- 婦女的同意是在男人明知自己不會成為她的丈夫，而她自己相信自己會嫁給他的情況下做出的。
- 未滿 14 歲的幼女。

　　同時，修正後的刑事訴訟法和證據法都明確規定：禁止向強姦案的被害人一方提出有關過去的性經歷和當時性行為的問題。這種規定保護了婦女的隱私和性權力，否認女子的個人歷史和強姦案的關係，打破了女子失貞總和她自己的個人道德有關的偏見。此外，還保證了受害人不在法庭上再次受到公然傷害，逼迫她回憶痛苦的經歷。而這種以前被馬來西亞婦女稱作「制度化的二次強暴」，現在仍在世界上別的國家廣泛存在。

　　這項法律如果從全世界的範圍來看，已經是很了不起了，但從歷史的角度觀察，至少說明了東南亞的女性地位確實開始淪落了，以至於她們自己開始跳出來保護自己。這樣一項法律需要鬥爭五年才得以通過，放在五百年前是不可想像的事。令人欣慰的是，它總算通過了，東南亞地區婦女的地位還是得到了應有的尊重。

　　不管怎樣，東南亞的女孩子沒有想到那麼多，社會灌輸給她們的教育是漸進式的，她們根本沒有想到以前這裡的女性有更高的地位。相反，她們非常高興、自豪。在她們看來，法律是偏心的，更好地保護了她們。

女權還是女奴？

　　關於上古時期婦女的地位，人們往往存在兩種誤解。一是以為婦女的地位如同奴隸或家畜。因為她必須負擔極艱苦、極

繁重的工作。另一派的意見認為，婦女在原始社會中地位很高，主要的工作是指揮。當然，這兩種意見都失之偏頗。一則說得太可憐了，一則又說得太高超了。但它們又恰好說出了問題的兩個方面：權力似乎和辛勞連在一起。在任何地方，人們都討厭一個懶惰的統治者，譬如國王，譬如家長。

狩獵時代，婦女們除了實際奪取獵物的工作由男人承擔以外，所有其他工作多半由她們自己去做。相對地，男人除了獵取野獸時的辛苦與冒險外，一年裡的大部分時間都在休息。婦女們卻需要生育、哺育嬰兒，整修房屋，在原野和森林裡採集食物、烹調、洗衣，製作各種衣服。甚至在部落移居時的非常時刻，由於男人必須隨時準備擊退一切外來的侵害，他們只攜帶武器，其他東西的搬運任務全都落在婦女身上。

這真是一個饒有意思的現象。對於因為才能卓著而時常空閑的掌權者，我們通常是不信任他的。工人控訴資本家的剝削，往往稱其為不勞而獲。但如果碰到一個勤奮的，每天工作超過十二個小時的資本家，似乎就不能這麼批評他了。我們討厭任何一個不勤於政務的君主，哪怕他真的準備無為而治。母權同樣也遇到這個問題。

的確，東南亞婦女的社會地位比較高已是大家的公論了。在大部分地區，沒有性別歧視，也沒有教育歧視，更沒有婚姻家庭中權力的性別歧視。在泰國、緬甸，婦女受到社會和家庭的普遍尊重；在馬來西亞，華人生了女孩，都願意送到馬來人家撫養；在菲律賓，華人對婦女的態度已成為華人融入菲律賓社會的重要標誌。但是，你可聽說這裡的婦女經常抱怨她們的丈夫不負責任？人間完全稱心如意的事，真是找也找不到。

在中國婦女看來，她們真的很幸福。她們對家政大事有實際的決定權，而婦女對家庭財產獨立的決定權，更是此地一個

普遍的習慣。在東南亞，男人外出工作，每月如數將工資交給妻子掌管，從不再過問這些錢財的去向。但是，如果你把她們想成天天坐在家裡，做做菜，洗洗衣服，空閑時還可以出去看電影什麼的，那你真是完全想錯了。

這裡的婦女有一種罕見的責任心，甚至可以說是一種家庭的使命感。在中國循規蹈矩的文化裡，孩子們很小就知道，父親擁有比母親更高的權威，女孩子更從小被灌輸以安靜的教育。男孩可以是吵鬧的，女孩子從來就是他們的觀眾。東南亞的女孩子則顯然是主角，受到了多得多的重視。雖然和中國女孩一樣，大家都需要學會管家的技巧，但心態顯然不同。這裡的女孩被教以責任心，她對未來的家庭是有責任的。但一般的中國女孩則要求她的丈夫是一個有責任心的人，以保證她所依附的生活。

於是，東南亞婦女出於自己的責任感，必須保持家庭主心骨的形象，因而她們從來不停頓下來。她們絕不是那種坐享其成的人。雖然她們的丈夫一般在外工作，但為了使家人能生活得更好，她們往往會一邊料理好自己的家務，一邊外出幫工或做小買賣，掙錢補貼家用。

如果她們的丈夫掙錢困難，她的責任心更會表露無疑。當中國婦女遇到同樣的問題而抱怨丈夫時，她們卻往往會義無反顧地承擔起養家糊口的重責。當然，她們有時候從事的職業可能有些問題。譬如，泰國早在上個世紀 50 年代初便開始「掃黃」，但快半世紀過了，居然屢禁不止。問題出在觀念上。由於泰族男人懶惰者居多，家庭的重擔幾乎全落在婦女身上。很多男人甚至鼓勵，至少也不反對妻子成為妓女。他們認為這是一種不錯的謀生手段，是女性的特權。當然，其中也有男人會因為過分羨慕這種工作，把自己加以改造成人妖，從而也成為

一種賺錢工具。

　　雖然那類婦女在倫理道德上占了下風。但從另一個角度看，她們確實是很有獻身精神的。她們把對家庭的責任和貢獻看作是自己義不容辭的任務。許多婦女不在乎丈夫是否賺很多錢，她們常常自己外出打工掙錢。像是菲律賓的男女出國打工比是１：12。她們既獨立，又對家庭有責任心，這使她們生活得尤為不易，尤為艱辛。這難道不是另一種不公平嗎？

　　重視女性的結果，在她們，簡直像穿上了那雙致命的紅舞鞋，不停地在前台跳舞。一般來說，在東南亞普通村了的家庭裡，每一天，年輕的姑娘們都要搗米和挑水。這裡有一種特別的農業習慣，他們每天吃飯前才把稻穀搗成米，與我們中國人早在豐收那一天就打完全部穀子的習慣完全不同。

　　據他們解釋，新春的大米味道香很多，如果早就弄完，保存太久，味道就大不一樣了。所以，女孩們每天吃多少，搗多少。此外，女孩們挑水也得兩次。早上為檳榔樹和其他植物澆水，傍晚則挑自己飲用的水。世界上的事總是這樣，只有女主角，沒有男主角的戲是沒法演下去的。當一個未婚姑娘幹活時，同村年齡相仿的男孩子卻無事可做，到處閒逛。當然，對他們來說，打發時間最好的方式是在河岸或池塘邊，與前來打水的相熟的姑娘調情。女孩子們也很願意在一天的忙碌勞動中乘這個機會與心上人見上一面。她們甚至會故意走遠路，到寺廟旁的池塘邊打水，藉此看一眼在這裡服役的鄰家哥哥。而一個有孩子的年輕母親，如果家中沒有姐妹可以扶持，幫助，就會很忙，她還要煮飯、紡紗、織布，不會有空閒的時間。

　　東南亞婦女也許是世界上的婦女中最勞累的一族。她們擔當全部家務活及大部分農活。除了照顧孩子、紡織、縫紉這些全世界婦女最為常見的工作以外，她們還必須編蓆、放養家畜

及大部分的農活。男人的主要任務是相當單純的，僅僅是保護村寨，參加部落間的械鬥。也許過去此間械鬥是極為經常的，以至於專門撥出一半人參與戰鬥。如今械鬥少了，男人們除了到寺廟去，幾乎無事可做。從這方面講，東南亞婦女的辛勤勞動倒促進了佛教在這裡的發展，因為她們為寺廟提供了一半沒有事情做的閑人。

東南亞非佛教國家的婦女背著女權國的名聲，實際上養活著一群懶惰的男人。菲律賓人把鬥雞表演當成國技。這個國家有一個滑稽的現象：空閑的男人鬥雞，忙碌的女人還要為他們養雞。正常情況下，菲律賓男人凡是出門辦事、探親訪友、閑聊遊逛，都要在腋下夾著一隻大公雞，而且不時用另一隻手去撫弄雞的羽毛。菲律賓的男人認為鬥雞是一種顯示俠肝義膽、勇敢和活力的活動。在這裡，全國性有營業執照的鬥雞場已超過一千多個，而沒有執照，三、五人湊成的小型鬥雞場幾乎遍布全國的每一個角落。電視裡成天轉播鬥雞比賽，每年平均舉辦上檔次的比賽 120 萬場。這是一項最為普通的娛樂活動。過去參加戰鬥的雄雞腳趾上往往還繫上鋒利的鐵爪；雞除了用嘴作武器外，還可以用鐵爪進攻，使場面更加激烈壯觀。

除了鬥雞，他們還有其他許多鬥畜的風習，如鬥牛、鬥羊、鬥魚等。同西班牙人的鬥牛完全不同，他們全部講究同類相爭的原則，絕不是人與牛鬥。他們更喜歡看別人進行慘烈的比賽，自己絕不肯一起下戰場，加入動物的戰鬥，而是舒舒服服地像看足球比賽那樣坐在旁邊看，用這種安全的方法釋放他們體內騷動、狂熱的血液。

其中比較奇特的是鬥魚，人們一般選用一些經過培養，特別好鬥的雄魚，平時選用上好的魚缸、精美的食物餵養它們。這些事先的準備工作當然也是讓女人幹。然後男人們就把各人

的魚放在水碗裡，剛才還在水碗裡優雅遊弋的魚，馬上就會相互廝殺。它們沒有人類的手，不能像泰拳手那樣拳打腳踢，但可以用頭撞，用嘴扯咬，追逐不相讓。不一會兒，剛才還清澈的水就變成了一碗血水，雙方都遍體鱗傷，雄風不再了。如果其中有一條魚明顯失去了戰鬥力，那麼它就算被打敗了，雙方戰鬥結束。接下來，再由婦女進行悉心的護理、餵養，便可使魚痊癒，重新恢復戰鬥力。這些男人不僅生活上完全靠依他們的妻子，在一切方面顯然都非常信任她們。

在婆羅洲的一些地區，一位達雅克人外出作戰時，他的妻子或妹妹（如果他還沒有結婚），必須日夜佩帶寶劍，這樣就會使他也總能想著自己的武器。她還不得在白天或早上兩點鐘之前睡覺，以免她的丈夫或兄長正熟睡時受到敵人的突襲。

戰時，達雅克族的女人一定要早早起床，天一亮就要立即打開窗戶，否則她們在遠方的丈夫會睡過了頭。女人的頭髮不得上油，否則男人會滑倒。女人必須每天早上在露台上炒玉米花，並分給大家，為的是使男人們能夠行動敏捷。屋子必須收拾得非常整齊，所有的箱子都要放在牆邊，因為如果有人被它們絆倒，正在戰鬥的丈夫也將摔倒，被敵人抓住。每餐飯，人們都會留一些米飯在盤子裡，這樣就會使遠方的男人總是有吃的，不至於挨餓。女人們絕對不可以久坐在織機邊，以致雙腳抽筋、麻木，導致她們在外的丈夫同樣關節僵直，不能很快地從敵人眼前跑開。所以，為了保證男人的關節柔軟，她們必須在工作中經常停頓下來，來回走動。她們也不能蓋住自己的臉，否則男人將無法找到他們通過密林的路。一旦妻子在丈夫遠征時愛上了別人，她的丈夫必將喪生戰場。一、兩百年前，這裡的女人曾經忠實地做到這種種規定，因為她們的丈夫正在反抗英軍，進行起義。可悲的是，這些脆弱的辦法並沒有起到

設想中的作用，與丈夫一起努力的妻子們還是沒有等回來她們的丈夫。

從現代心理學的角度看，達雅客男人的心理顯然是極度無自信，他們寧可相信女人，也不相信他們自己在戰爭中發揮的作用。這種心態就是平時一切依靠婦女的結果。

這裡雖然沒有女權主義者所說的「兩性戰爭」，但女性擔負了這個社會所有的重大責任。男性在這裡的社會角色更接近於一個兒子的地位，完全依賴妻子，正好與我們經常所說的父權社會裡對妻子的要求往往是女兒式的順從、可愛完全對應。

女權主義者也許把問題看得過於簡單。在東南亞社會，她們得到了在社會和家庭裡的權力，但負擔沉重，像女奴一樣忙個不停。這樣的社會仍然不是男女平等。

變色英雄

如果你問一個菲律賓女孩，你的願望是什麼？那麼，不要奇怪，女孩大部分都會乾乾脆脆回答你：做個家庭主婦。

這樣的回答也許會讓西方的女權主義者大跌眼鏡，做出一副恨鐵不成鋼的樣子來。其實，東南亞的婦女從來不對家庭主婦的地位耿耿於懷。這種認識差別出在對家庭工作意義的理解上。如果我們拿我們印象中的家庭婦女那種低三下四，毫無地位的模式衡量她們，那就徹底錯了。她們是一群致力於家，但又完全不囿於家，甚至可以完全超越家庭的家庭婦女。

在現代的東南亞，只要家庭條件允許，父母總是儘量培養孩子接受良好的教育。當然，這種培養是不分男女的。家長和女孩自己往往都不在乎畢業以後，是否從事工作，或者從事什

麼樣的工作。或者說，她們讀書的目的並不是為了工作。

當地人的社會公論是女孩受教育更重要。理由是，如果男孩受教育，那麼受益者只有他本人，而女孩受教育的話，受益者將擴展到整個家庭，甚至社會。有一個生動的例子，說明了他們的看法確實是有道理的。這裡的婦女原先和世界上絕大多數的婦女一樣，以生很多孩子為驕傲。但戰後像很多發展中國家一樣，這裡迅速膨脹的人口也在影響社會發展的速度，這個時候，東南亞許多國家相繼做出了控制生育的家庭計畫。

然而，當別的國家在推行過程中困難重重的時候，東南亞的許多國家已經順利地相繼實現了這些計畫，成為人口控制的典範。究其原因，貢獻最大的當然是東南亞婦女自身。一方面她們大多受過良好的教育，對計畫生育很容易也很深刻地獲得理解。另一方面，她們對國家社會一直懷有強烈的責任心；同時，她們還完全擁有生育的決定權，東南亞的丈夫是無權干涉妻子的節育行為的。

這裡的人從來不歧視家庭勞動，甚至認為它是最重要的工作。人們認為，家庭婦女同樣也是很了不起的，也需要知識與潛能。譬如，菲傭問題，當地人並不覺得這樣一個工作有何低賤之處。事實上，很多婦女覺得能管理一個家庭是非常幸福的一件事。這些菲傭往往文化水平高、責任心強、能幹，的確是管理家庭的好人才，而且對國家的經濟也做出了非凡的貢獻。每年聖誕節休假，她們回國時，都會有政府要員，甚至總統來迎接她們。她們確實是英雄。

在柬埔寨，雖然今天硝煙剛剛散盡，百廢待興，可此地婦女的活動從沒有停止過。柬埔寨的新憲法裡就有許多對婦女權利的規定。其中最突出的就是第 36 條：柬埔寨男女公民有權根據自身的能力和社會的需要選擇職業。柬埔寨男女公民有同

工同酬的權利。

　　家庭婦女的工作和社會勞動者的工作具有同等價值。把家庭勞動和社會勞動具有同等價值作為憲法原則規定下來，恐怕在世界各國的憲法裡都是罕見的。

　　而且，她們還是一群會變色的英雄。我們知道變色龍是一種適應力非常強的動物，它們非常善於利用身邊的環境隱蔽自己，方法就是和周圍保持同色調。用變色形容人，似乎有貶的感覺。以前契訶夫曾寫過一篇《變色龍》，文章中，他頗諷刺了一個性格卑微的小人物。但現在介紹的東南亞婦女，她們的變色是指東南亞婦女普遍具有的極強的角色轉換能力。正如前述，家境困難時，東南亞婦女可以外出打工，成為家庭的經濟支柱；她們還可以經商，成為大大小小的經理。她們甚至認為，管理循規蹈矩的公司成員比管理大家庭的老老少少容易得多，管理單純的商務也比管理繁雜的家庭事務容易得多：在政治出現危機時，她們自會挺身而出，關心政治。當年艾奎諾被暗殺後，最早上街遊行抗議馬可仕獨裁的是菲律賓婦女，後來自願保衛菲律賓選舉的也是婦女。她們聲稱，這是為了保護她們的家園能夠保持純潔。

　　女性的這種轉換能力在這裡是有其傳統的。公元 40 年的越南就有征側、征貳兩姐妹領導當地人抗擊當時北方漢王朝的故事。她們是越南雄王的後裔，當兩人的丈夫為國捐軀後，她們挺身而出，接替丈夫的工作，「為國討債，為家雪恨」。很快，這支起義軍就統一成為一波巨大的群眾性起義運動。而且，這支隊伍的將領中有許多婦女。在今天越南北部的很多農村裡仍把其中的幾十位將領當作城隍供奉，有聖天夫人、怡姑娘、妙仙、八難夫人、寶珠夫人等等。

　　女性在這裡有一種特殊的號召力，人們尊重女性的意見，

相信女性的能力。在最後取得勝利的起義過程中，不斷有人要求參加義軍。為了增加部的聲勢，許多男性士兵化妝成女性。相信這種男扮女妝的形象絕對不是我們思維定勢裡的「娘娘腔」之類的。女性給他們帶來勇氣和自信。

　　他們這種對於女性無以倫比的信任和崇拜，是我們自幼便聽說「木蘭從軍」的中國人所難以想像的。雖然後來越南受到中國儒家文化的影響很深，但他們從來不把三從四德強加在婦女身上，婦女在家庭和社會上的地位仍然很高。而且，其後，在這裡歷次反抗侵略者的戰爭中，幾乎都是由女性指揮。事後，人們往往把勇敢的女指揮者稱為女王。

　　別的東南亞國家也有許多這樣的女英雄。前面提到過的前扶南國時期曾有一個名叫柳葉的女王，她就經常率領她的臣民外出戰鬥。菲律賓的詩歌和故事中提到了好些偉大的女性統治者，如帕西格的女蘇丹、傳說中班詩蘭的公主兼戰士烏杜哈、和樂島的第一仕女蘇丹。在菲律賓，首次頒法者是一個叫盧勃盧邦的女人。

　　此外，也有普通婦女做出了非凡的貢獻，如一個在越南賣茶水的梁大娘設計殺死了好幾批前來喝茶的敵人。同樣的故事在中國的戰爭年代裡也非常多。但梁大娘身後的榮譽是我們的娘子軍所無法想像的。人們封她為「建國夫人」，並為她設立祠堂。一位十五世紀的文學家這樣歌頌這位女英雄——

> 偉哉出色婦女，
> 志氣大如萬軍。
> 執筆抄寫越史，
> 她與徵王齊名，
> 廟宇享祭，

英名流芳千古。

　　古時候，婦女當然也可以擔任官職，只要她們願意。越南嘲劇的創始人就是一位婦女，能歌善舞，國王委她以官職。當然，這個工作在我們看來有些奇怪：到軍隊裡去教歌舞。想來軍隊裡也有不少女兵吧！在柬埔寨，婦女活躍於各行各業，她們既是當地市場上的攤販，又充任王宮中的宮女，其中可能是警衛、僕役，也可能是女官或手藝人。在上層社會，她們在許多學術領域得到公認的地位，在政府裡也獲得相當高的職位，如法官和國王的祕書等等。但她們回到家，都是普普通通的家庭婦女。

　　東南亞的家庭婦女遠遠沒有侷限於家庭之中，她們一樣關心社會公益，用她們的力量很幹出了一番事業。最著名的就是馬來半島的消費者運動。馬來西亞婦女認為，消費品聯繫著千家萬戶，而婦女因為主持家務，對這些必需品的質量和價格最敏感，最有發言權。婦女們於是組織了各種消費者協會，使之成為婦女服務社會的一條有效的途徑。

　　現代東南亞婦女賣淫、郵購新娘、家庭傭工已成為全世界關心的問題。她們體現出來的心態其實比我們想的高尚得多。實際上，東南亞婦女傳統一直鼓勵婦女把自己放在唯一責任者的心態、地位上，她們覺得自己必須為貧困做出自己的貢獻。

　　在今天的東南亞，也許婦女原先的崇高地位已不可再見，但我們仍能感覺到她們作為第一性的那種強烈的責任感和使命感。她們有一種特殊的靈巧和機敏，坐在家庭中央，又看著窗外的世界。她們就像古代小說中所說的「各路接應使」一樣，一旦需要，她們就會立刻挺身而出，並馬上調整自己的心態，變換自己的身分色彩，適應新的工作。對她們來說，做家庭婦

女還是出去工作都一樣，都是貢獻了自己的才智和力量。

　　是的，東南亞婦女中有很多人的理想都是做一個家庭主婦，但她們所關心和精心營造的並不僅僅是一個有尊重、有平等地位、有較為豐富的物質生活的個人安樂窩，而且還在努力營造一個健康發展、平等又充滿溫情的美好社會。她們會努力承擔國的重任，家的重擔，把家庭作為自身獨立的堅實基礎，並由此關懷社會、改造社會，也爭取高質量的平等權利。

　　母權社會在很多地方已成為某種遙遠的回憶或是一種傳說了，但在這裡卻還像「活化石」一樣存在著，並始終發揮著她們重要而獨特的作用。在這個世界，壓迫是不可取的，逃避和推諉同樣也不可取。

Chapter 5
生命的顫抖

莫名其妙的壞名聲

　　過著所謂文明生活的人，往往會不屑一顧地貶低那些生活上相對原始的民族，認為那些民族之所以今天仍在重複祖先的日子，是因為他們比較懶。人們常常輕描淡寫地以「沃土之民不材」來肯定他們懶惰的原因在於太好的環境。而東南亞的土著往往會被人們非常順手地套在這種觀點裡。那麼溫暖、肥沃的地方卻還有那麼多未開化民族——不是懶，還能因為什麼？

　　在解釋東南亞人的冤枉之前，讓我們先看看居住於印尼婆羅州的色報普人的一個傳說故事。

　　有一隻猴子和一隻青蛙是住在一起的一對好朋友。一天，當他們正一起坐在叢林裡聊天時，天上下起了大雨。那是一種印度尼西亞常見的，一天一夜也下不停的大雨。猴子渾身上下淋了個濕透，冷得簌簌發抖。這時，他對他的朋友青蛙說：「這真是糟糕透頂的天氣！待明日天氣好了，我們就到樹上去剝一張樹皮衣下來。」青蛙也對這種鬼天氣討厭極了，聽了猴

子的主意，他覺得妙極了，拍手稱讚朋友的聰明。

第二天，天氣非常好，陽光很燦爛地照下來，猴子和青蛙都快樂地跳躍在陽光下，把他們的身子曬乾。過了一會兒，猴子開始提醒他的朋友應該開始昨天約定的工作了。但是青蛙顯得非常不願意，懶洋洋地對猴子說，他再也不怕冷了。到了晚上，雨又開始下了，這兩位因為寒冷而一起發抖的朋友又一次相約，明天一定要做樹皮衣。

後來，這種相約和失約又反覆了多次。終於，猴子對青蛙的拖延行為厭煩透了，決心離開這個沒有志氣的朋友。他們散了夥之後，猴子遇見下雨再也不怕了。青蛙仍舊每到下雨時就叫罵啼哭，雨停時，又依舊安靜地曬太陽。

這個故事在當地土著居民裡流傳很廣。表面上看，這個故事講述了青蛙在下雨天大叫的原因，但事實上，色報普人常常用這個故事時時提醒自己不能偷懶和告誡有偷懶傾向的朋友：「今日事、今日畢」。我們可以清楚地看出這個故事裡討厭懶惰的道德傾向。

其實，在東南亞的大多數地方，人們都視懶惰為可恥的行為。《馬拉塔斯》是西班牙時代之前，菲律賓最早的成文法典。在這部法典中，就曾鄭重其事地提出對「懶」罪的處置方法——

甲、此懶人應予逮捕，賣與富家為奴，使其在室內及田地中習於服役之教養及勞動之價值。

乙、其後，當他受了勞動訓練，成為一個愛勞動的人，應把他送回家中。他被賣身為奴的身價應歸還賣主，他不再被當作奴隸了。他是一個重生的自由人，以他自己的勞動成果求生。

丙、假使以後發現他在任何方面都沒有改造好，仍在遊蕩懶惰中浪費時間，就由當地主管人再把他逮捕，送他到森林中去，不准他和這個社會的其他人有所聯繫，因為他是一個壞的例子。

這樣一個關於懶人的完整三步曲，形成了一個懲罰教育，再懲罰再教育的體系。當然，這種法律的實施多少也說明了當地懶人的事實存在，但這與此地的民族性格是沒有關係的。世上又有哪個地方沒有懶人呢？即使在以勤勞著稱的中國人當中，恐怕懶人也為數不少吧！！

既然如此，我們僅僅憑著這裡的天候條件，就認定這裡的不發達和人的懶惰有關，不是太武斷了嗎？其實，東南亞農民每天的工作仍然頗為辛苦。實際上，只要是精耕農，他的工作就不可能輕鬆。而這裡的人還不只廣泛地種植水稻，他們還需要出海打魚等等。當然，他們算不上勤勞的人，但說他們是懶人總還不至於。

其實，人們對於本地人的偏見主要還是因為他們比較容易滿足的性格。東南亞人總是給人一種「天生不知愁滋味」的感覺。譬如說，爪哇人不喜歡待在屋內，一有機會就跑到室外的樹蔭下乘涼，晚上也總有哼不完的民歌小調。暹羅人在十九世紀歐洲旅遊者的眼裡，基本上也是一些不知憂愁的人。也許是因為與中國人相比較而言，他們顯得非常愛開玩笑，而且會對落難的朋友慷慨解囊。

他們的這種快樂並不是完全出於天性，而是由一種類似於社會保險的體系在支撐。就這裡的農業生活而言，無論一個家庭占有多少土地，也總有歉收的時候，而且對誰都一樣。村民們因而設計出一種有福同享，有難同當的機制，以減少個人的

風險。這種機制一般通過兩種途徑加以實現：共濟和共慶。

「共濟」往往是在一個家庭碰到額外的支出時，同村人的一種幫助行為。這比較好理解，今天在我們的社會中也存在這種遺風。像是當有人出生、結婚、死去時，親朋好友總會拿出各種禮物或錢給他們。這種制度作為一種社會貧富的槓桿，存在於世界上絕大多數地方。「共慶」則指在一些神聖的日子裡，贊助策劃一些節日宴會。這是贊助者獲得自豪感和顯赫地位的資本。

在一個馬來人做出的家庭預算裡，總有一部分錢用於宗教和社會活動上。學者把這部分錢稱作「禮儀資金」。他們熱中於宴會、儀式、婚禮、生日典禮、葬禮，名目之繁多，足以讓人動起研究這背後之機制的心。有人指出，這種奢華的慶典實際上起著闡釋、證實、調節社會關係的作用。富人在這種宴會中確立了作為一個有錢人的自尊心。他向村人提供飲料、食物等一些奢侈品，使自己享受到一種威望。這種慶典還有助於資源在各個家庭中的再分配，使人們的嫉妒心得以抒緩，在闊綽和貧窮中找到平衡點。人們在宴會上的投入是在賣掉農產要之後，這使得整個村子溶入更大的經濟系統之中。

在同一個村子裡，人們共同勞動，互相幫助，一起享受這種簡單美好的生活。這樣一個生活環境，金錢並沒有什麼價值和實際意義。事實上，過去這裡很少有貨幣的流通。當然，村子裡也有窮人和富人之分，但他們的生活水平基本上是一樣的。衡量一個村民的窮富，端看其耕地、水牛和農具的多寡。後來，當貨幣也逐漸成為這種小村子的交換媒介物時，村裡的富人出錢辦公共事業，如修築道路、橋樑、涼亭、寺廟等。還有多餘的錢，淳樸的農民會把它埋在地下，或者購買金銀首飾。建築那些共用設施時，窮人們前來參加勞動，富人們還要

提供勞動者的吃喝。這些事業完成之後，要舉行慶祝典禮和宴會，所需費用由富人負擔主要部分。遇上重要的節日，緬族人會在路邊搭起涼棚，款待過路人吃湯圓、糯米飯或喝飲料。

出於這種共濟心態，印尼人的鄰里朋友之間經常互相借錢。對這樣的要求，如果自己有錢，一般是不加以拒絕的。還錢日期，雙方也商定好，一般不讓第三者知道。到期時，債權人不會去催討——這是相當無禮的舉動。一般情況下，借債人會按時還錢。如果實在無力償還，人們也會欣然允許借債人緩期還債。這裡互相之間的借錢基本上沒有任何憑證或證人，但很少有人賴帳。在他們看來，賴帳比欠錢不還丟臉得多，從而以後就不再會有人埋睬他們了。

在這樣的心態下，錢對他們個人來說，顯得並不重要。因為自己的錢，有時候也可認為是公用的，誰都有權力使用它。歡宴被認為是花錢的最好方式，既能顯示自己的富有和大度，又能和很多人一起享用美好的食物。這種態度形成了東南亞人另一個重要的性格——愛享受。

這裡一定要提到菲律賓人，他們可算是東南亞人最愛享受的人了。他們對過節有特殊的愛好。他們的聖誕節是世界上最長的，從十二月十六日到次年的一月六日。除了公眾節日，他們還設法製造出許多私人節日。譬如，孩子的命名日、家庭成員的生日、結婚、搬家、姑娘開始參加社交場合、去國外旅行前後、大學畢業，都成為他們大肆慶祝和鋪張浪費的理由。全國各民族大大小小的節日有幾百個，其中全國性的節日就有二十多個，是世界上節日最多的國家之一，以至於政府不得不鼓勵民眾在節日裡繼續工作。

他們的這種好客性向是很讓節儉的華人皺眉的。人們總是不惜花光整年的儲蓄；或者乾脆向別人借錢，甚至還會借盤

子、碟子、家具。他們的好客還體現在為客人精心設計遊玩的節目：吃飯、喝酒、跳舞、演戲、樂隊演奏，還有焰火表演。每個菲律賓家庭都這樣好客，給客人吃、喝、玩、住，付出真摯親熱的友誼。

菲律賓人見到朋友的第一句話幾乎都是邀請對方去赴宴。這類似於中國人以問訊對方吃過飯否打招呼，但他們的意思要明確得多，直截了斷地邀請你參加宴會，但一般不能當真。在這裡，最麻煩的是，真的想邀請別人吃飯，那得再三再四邀請，別人才會信以為真。

不過，有時候這種慷慨也必須體現在客人身上。在這裡，如果你和主人赴宴途中，乘坐的車子違反了交通規則，被罰款，客人也要自覺地掏出一半錢款交給主人，再由主人一起交給警察。如果客人不迅速掏腰包，主人的臉色就會不大好看。

當然，每一次慶祝都會花去大量錢財，主人往往為了這一天的慶祝活動，以將來的盈餘作抵押，四處借款。這樣的宴會花去了個人的盈餘，也防止了任何人積聚大量財富。這種不斷的財產借貸將收成不穩定的風險分散到了全村，結果造成每個人都可能是債主，也是他人的債務人。這種關係極為複雜的三角債並沒有讓這裡的人太過煩惱，這裡的社會風氣是不以借債而感到恥辱的。從比較宏觀的角度看，這個社會始終存在著少量盈餘，正是這些盈餘一直作為循環的主角，用來養家糊口或組織慶典活動。

愛享受的菲律賓人不僅關注於宴會，不管什麼年紀的人，他們還喜穿名牌服裝，買東西的唯一標準是價錢，貴的就是代表好，便宜的不要。他們鍾情於亮閃閃的首飾珠寶，喜歡住在漂漂亮亮的房子裡。

帶一些顯富心態，這是東南亞各地共同的特點。緬族的婦

女有佩帶首飾的習慣。她們寧願節衣縮食，也一定要買幾件金首飾佩帶。窮一些的人家則想法買鍍金、鍍銀的首飾。婦女們如果出門沒有首飾，她們是寧願不出去的。戴上一些金戒指、金耳墜、金項鍊，在這裡已經成為一種社交禮儀。不少婦女甚至還同時擁有幾套不同的嵌寶石首飾，佩帶時根據服裝的顏色而選用。

每個社會都有自己的交往規則，這種遊戲準則和人們的生活態度有重要的關係。有人把生存比作一種撲克遊戲，其目的並非贏得大堆鈔票，只是為了能繼續玩下去。東南亞人似乎深諳此道。他們種種好或不好的性格，像是好客、大手大腳、炫耀、大度等等，都出於對生活本身的熱愛。他們高興地過著每一天，想方設法用節日裝點平淡的日子。錢對他們來說，實在不重要，享受生活本身的無窮樂趣才是人生最重要的意義。

我們絕不能因此就莫名其妙地認為他們懶。各個民族乃至各個人都有不同的生活目的。在東南亞，人們也做一切必要的勞動和思考，但他們的生活重心不在這裡。岡道爾夫說：思想的魅力服從於生命的顫抖。他們就是這樣，更喜歡用內心的知覺體味生命。

漂流的葉杯

在每年我們所說的秋季時，東南亞，特別是在半島地區，所有的河流和運河都在泛濫，有些地方的河水還漫出了堤岸。這就意味著雨季已經結束。雨季之後，天氣晴朗，又不潮濕。這是一個令人高興的時節。農民們已足足忙活了三個月，水稻已全部種下，一切重活也已結束，只等著一個月後的收割了。

在這段空檔的時間裡，已無經營可作，就可同中國農民在冬季閑得發慌一樣。人們為此就想出各種名目的節日，用不斷的活動和宴會打發這段比較優閑的時間。在接下來的兩個月中，集中著東南亞全年頻率最高的節日，其中最重要的就是水燈節。

到了今天，這個節日仍然不是一個官方的假日，但人們對它的特殊偏好足以使它依舊成為一個讓人難忘的日子。這實在是一幕動人的情景：人們把香蕉葉做成的杯狀圓形花燈放在砍下的香蕉樹幹上，飾以鮮花，在中間點燃蠟燭，放在水面上，目送水燈緩緩漂流而去。請想像如果這一切發生在星空下，無數的葉杯在寂靜的黑夜中悠行，河水微微地泛出燭光、星光，岸邊人默默注視著遠去的小船，或向漂流的葉杯舉手祭拜。這樣一幅美輪美奐的畫面不僅讓參與者心曠神怡，也會給任何一個偶爾經過的路人留下深刻的印象。

但是，如果問當地人，他們這樣做的目的是什麼，他們的回答通常會與有相同習俗的日本人一模一樣：這是一種許願的辦法，如果船在看不見時還未下沉，造船人的心願將會實現。人們往往就是這樣盲目。我們會尊重很多習俗，會虔誠認真地照做，有時候只需要有人說「這樣做比較好」，或者「你應該這樣做」等等就可以了，根本不需要更多的理由。人類是一種驚人的容易滿足於儀式的生物。就如我國的重陽節，人們都知道要登高，要吃糕，誰又在乎古代開始這個習俗時濃重的巫術意味呢！

如果你對剛才漂流杯的解釋不滿意，繼續盯住一些老年人追問，他們也許會想起他們小時候父母告訴他們的另一種說法。這是一種讓河母寬恕的作法。他們還會進一步解釋說，河母是如此偉大、善良、慷慨，給他們帶來生活所需要的一切，人們卻在她的每一段上污染她聖潔的身體——流來的河水是純

淨的，但留走的河水卻是骯髒的。人們因而請求她寬恕他們罪惡的行為，點著的蠟燭是帶祭祀意義的。

這種說法也同樣讓人難以滿意。這種帶著明顯現代意識的環境保護觀念，依舊不能解釋這種活動的古老起源。因為葉杯雖然很美，對河水來說，卻遲早也是一種污染。而且我們發現，在中國、日本、在印度，甚至於全世界範圍內，都發現過類似的漂流物存在。顯然這種儀式有更加神聖的意義。

然而，在這個佛光普照的國家，什麼事都會和佛教扯上關係。有些佛教信徒在解釋這一起源時，對這一活動可以持續兩個月的時間規定性產生了興趣。他們提出了一個關於佛陀應納加國王的請求，將自己的腳印印在印度德干高原一個河灘上的故事，漂流的葉杯就擔負著祭祀佛陀腳印的重要任務，它們大概需要兩個月的時間，從東南亞的半島地區長途漂流到印度。這一說法顯然又扯到了上古時代人們對腳印的崇拜上了。

對腳印的崇拜，是初民的思維不能區分物和我的具體體現。對他們來說，毛髮、血液、腳印，甚至勞動工具、名字等等，不管是否已經脫離了人或動物，仍然而且永遠屬於它的主人。因此，古人把上述這些都視作不可侵犯的東西，身體毛髮不敢輕易傷毀；名字有多個，就怕被鬼魂掌握，遇到人生重要的關口或災難，立刻更換名字，以逃脫不幸。而腳印在初民看來，也是極為重要的。在那個時代，當然沒有柏油路、水泥地，人們大多直接赤腳走在泥地上，腳印成為自己行蹤的重要標記。這讓初民們非常不放心，也引起他們對聖人的腳印的特殊興趣。中國上古時代周民族的始祖母姜原就曾因此而生下偉大的周民族首領后稷：「姜原出野，見巨人跡，心欣然悅，欲踐之。踐之極身動，如孕者。居期而生子。」

人類學家認為這種步履他者腳印的行為也是一種巫術行

為。初民往往去祭祀圖騰動物或傳說中天神留下的腳印，因為他們相信腳印中蘊涵著神的力量。但佛陀這樣一個六根清淨的人顯然不會應一個王的要求，留下自己的腳印，讓信徒祭祀。這個傳說恐怕有更早的起源，而且一定與佛陀無關。

學者們對此的觀點顯然與當事者的意見不符。簡單地說，他們認為，這是一種驅邪的方法。多少世代以前，大批神靈曾與我們非常接近。他們生活在家庭中的每一個角落，林中空地上、寂靜的池塘裡、淡淡的雲彩中、如歌的音樂內。初民眼中的世界要比我們精彩得多，無論他清醒著，還是在睡夢中，各種仙人、妖怪、精靈、鬼魂、妖魔總在他的身邊時隱時現。他們大多是壞蛋，想盡辦法鑽入他的身體，跟蹤他的足跡。他們讓他在打獵中一無所獲，讓他突然感到頭重身輕，鼻涕直流，讓他好端端的洞穴被老虎占了，讓他的媽媽毫無預兆地死去。他憤怒、他討厭，他一定要想辦法甩掉這些屢屢迫害他的妖靈。於是，他需要和他的同伴們大規模地驅除這些妖魔鬼怪，以便讓他們的生活過得毫無妨礙。

這樣的行動發展到後來，成為一種必要的心理需求。如果沒做過這些，人們便會疑神疑鬼，認為大災禍必定降臨。於是後來發展為定期驅邪，以保證他們的生活安全。

在柬埔寨的三月，人們認為偶像和碎石頭是魔鬼的住處，於是把它們都收集起來，帶到首都。在首都，他們把大象盡可能多地集中起來。在月圓日的那個黃昏，火槍齊發，驅使群象大力逐鬼。泰國則和中國一樣，在每年的除夕驅鬼。首先在宮裡打信號槍，下一站也如是響應，一站一站傳下去，直到槍聲達到城市的外門。人們認為，鬼也就這樣一站一站被趕出去了。然後，立即用一根祭祀過的繩子拴在城牆周圍，防止已趕走的鬼回來。這種用巨大的響聲除鬼的方法和中國人的炮仗除

鬼法一模一樣。

當然，小船上的木偶成了替罪羊，它的離去代表疾病的遠離。前面所說的葉杯的起源估計也是這樣。人們來到自家附近的河流邊，放走代表無數麻煩的小舟。這種含義漸漸為世人所遺忘。不過，人們把它作為一種祈福儀式總是大致相同的。

事實上，對水的崇拜在世界上到處都有，聖泉、神水到處都是。人們堅定地相信水能治病。似乎任何宗教儀式中都有聖水的存在，譬如基督教中的洗禮儀式，而佛教的觀音菩薩好像手裡也始終拿著那個神聖的淨瓶。人們相信聖水能夠祛除鬼魔和妖怪。可能這種廣泛的信仰來自初民社會中人們對沈完澡後那種爽快的感覺的一個疑神疑鬼的神聖化過程。

水在泰國國王加冕禮中也起著相當重要的作用。任何一個國王在加冕時都要說：「用感激的眼睛望著你！用你那快活的身軀觸摸我的皮膚，你盡藏精華，把光輝、力量和健壯都賜與我吧！」司儀接著說：「水可消百愁，癒千症，亦長我王權。諸神與我共澤於你，你是萬物之王！感謝偉大的聖母給你生命，並使我成為世間王上王！」神聖的河水載著葉杯，飄然遠去，標誌著惡魔被聖水驅走了。

當然，這也不過只是許多解釋中的一種而已，有的事情也許永遠無法追尋它全部的原貌。這種肯定有古老傳統的葉杯漂流儀式到今天還能繼續存在，多半是由於當地人早已被放流葉杯那種神祕的永恆之美打動了。無疑，東南亞人有一種特別的，充滿安祥寂靜的美學風範，讓聖潔的葉杯隨波而去。

遙控木偶

一八七四年七月的一天，柬埔寨國王從所乘的御用馬車上摔下，當場昏了過去。上百個隨從都只是目瞪口呆地看著躺在地上的國王，不敢觸碰國王的身體。

最後還是一個路過的歐洲人把國王扶起來，送回王宮。在柬埔寨，除非是國王的明令許可，任何人無論出於什麼動機，都不得撫摸國王的身體。在過去的暹邏，這種禁忌似乎還要嚴格一些。誰膽敢觸摸一下，便是死罪。

在未開花民族中，人和神的區別相當模糊。從原始民族的眼中看來，超自然的力量如果確實超越於人的力量，那超越得也不多，因為人可以恐嚇和迫使超自然力量根據人的意志而就範。當時的世界是一個偉大而平等的世界，無論自然還是超自然，都處於相當平等的地位。他們對神和有力量的巫師也不能明確區分，神通常不過是隱形的巫師，因此，巫師很容易獲得神之化身的聲譽。

我們和較原始的民族之間，有時候互相理解是有困難的。當他們說到神，心裡就有具體的某種形象，而我們心中所想肯定是另一回事。所以，許多古老偉大的帝國，如埃及、印加等國的君主都聲稱自己具有神或超自然的能力，這並非是他們自己貪慕虛榮，而是上古人神化其國王的遺痕和延續。

我們知道，早期社會的人以為國王有天賦的超自然能力，或者乾脆是神的化身。因此，自然的狀況多多少少在他的控制之下。人們認為他對自然是有支配權的，如同對他的臣民一樣，因此，他必須對一切的災難負責。但人們也了解，自然並不完全聽命於國王的意志。他的人身被認作是宇宙的中心，各種控制力由此輻射到各個角落。他的角色類似於一個操縱木偶

的人，自然就是他手中的木偶。他的一個哪怕無意的小動作也會造成前台的木偶，也就是自然的嚴重失誤。他是世界平衡的支點，他身上任何一個不合常規的地方都會打破這種微妙的平衡。因此，對於他的整個生活，人們都經過了精心的安排，哪怕是一個很小的細節，以免他自覺不自覺地擾亂了人們本來就不容易的生活。

元朝忽必烈的一個使者也曾經在當時的柬埔寨發現這樣一個他引以為罕的宮廷禮儀：國王有五個妻子，其中一個的地位是特殊的，其他四位則符合羅盤的四個方向。另外，又大約有四千名嬪妃，符合羅盤上更為精細的刻度。顯然，國王發動了他所有的妻子充當控制自然的遙控器。所有的女性代表了整個帝國的力力面面，她們的任何舉動都會實際影響國家那一部分的安寧。

這種類似於今天的全息學之觀念其實在中國也曾經存在過，就是古人常說的「明堂制度」。古代的明堂實際上代表了宇宙天地萬物，上圓下方代表天地，建築物外還環繞濠溝，代表了大地邊緣的四洋。皇帝端坐其中。看來，他也不是一個玩木偶的人。

在南洋的帝汶島上，一旦發生戰爭，國王兼祭司雖然不會直接加入戰鬥，但他的繁忙和緊張程度絕不遜於戰場上的士兵。他絕不能離開神廟。人們為他送來飲食。他最重要的任務就是必須保持爐火日夜不滅。如果讓火熄滅了，災難就會降臨在士兵們身上，直到爐火重新生起為止。此外，他在兵士全部的出征時間之內只能喝熱水，因為每一滴冷水都會減弱戰士們的勇氣，致使他們不能征服敵人。

這實在是一個如履薄冰的職位。如果旱災、飢謹、疫病等一切災難的爆發，人們便歸咎於國王的失職，會相應地以鞭笞

進行懲罰。如果這個國王執拗不改，下一步懲罰就會是將他流放或處死。

在中國的上古年代，賢王成湯就差點兒落入這個境遇。當時天下大旱，人們需要王來求雨。可憐的湯試過了一切他所知道的辦法，可上蒼還是不為所動，滴水不下。看著人民憤怒的眼睛，湯只能嘆了口氣，做最後的努力——把自己當作犧牲，敬獻上天。人們幫他築好祭壇，燃上熊熊之火。還好，他的運氣不算太壞，千鈞一髮之際，天突然下起了大雨。大自然就這樣和成湯開了個玩笑，讓成湯白白受了一場不小的驚嚇。

事實上，在那個時代，王是自然的一種代罪羊，人們給他特別規定了只有他一個人享用的禁忌，這種禁忌的稀奇古怪大大超過了今人的想像。譬如說，日本天皇不能照到太陽，印加帝王的雙腳絕對不能沾地……當然，各地各族的禁忌都不同，但內涵的精神是一致的，就是取消帝王的正常活動，以取悅神靈。一旦現實沒有估計的那麼好，人們便一口認定，一定是帝王玩忽職守，違反了無數奇怪禁忌中的一條，從而帶來了全族的災難。給他的懲罰不一，根據他造成的惡劣後果的嚴重性，可以是放逐，可以是鞭刑，也可以是死亡。

另外，在非洲，國王往往是由公眾巫師，特別是祈雨師發展而來的。處於公眾巫師的地位是很危險的。因為人們既篤信巫師擁有使甘露降臨、陽光普照、萬物長青的能力，因而也就毫不猶豫地把乾旱、死亡歸咎於他的罪惡，他的玩忽職守，並給他相應的懲罰。通常如果祈雨失敗，人們便會放逐國王或乾脆殺死他。後來，這種行為開始從單純的懲罰發展成對上天的祭祀，殺死這個討厭的人以討好雨神。有的民族甚至會殺死沒有錯誤但已接近老齡的國王。理由是如果他老了，那他身上的通神能力也無可挽回地減弱了，一定要在他老去之前殺死他，

才能把這種能力轉移給新王。

這看起來有些像神話，但這是真的，至少在本世紀初，他們還真實地存在。柬埔寨的偏僻山林裡住著兩個神祕的大王。一個是水王，一個是火王。很少有人見到他們，可是他們在整個半島地區都非常有名。他們和他們的家族擁有一些非常神奇的聖物。其中一種是上次洪水大滅絕時留下的永遠青翠鮮綠的蔓草，另外還有一把神靈守護的寶劍。據說，如果水王拿出那些草，就會招來洪水，把整個大地淹沒。另一方面，火王只要將那把寶劍的劍身抽出劍鞘數寸，太陽便會躲藏起來，人獸都將長睡不醒；如果他把寶劍大部分抽出，那麼世界末日就要來臨了。

人們極為敬重這兩位特殊的神王，凡他經過之地，都要鋪設白布。民眾必須匍匐在他們前面。若不行此大禮，全國就會立即遭到暴風雨的侵襲。人們向他們奉獻水牛、家禽、豬仔等祭品，企求風調雨順。柬埔寨國王也每年向他們饋贈禮物，其中必定有許多上好的布帛織品，專供包裹那神奇的寶劍之用。

但是，在這兩個神聖家族裡，往往沒有人願意擔任起這個王的責任。當某一個王位出缺，合格的候選人就開始四處躲藏起來。因為水王和火王的職責純粹是宗教方面的，他們沒有絲毫的政治權力。而且，他們必須作為神王，隔離世俗生活，離世獨居，很少能見到別人。據說，他們居住在七個山峰的七座高塔內，一年換一座塔。人們會悄悄地在離他們住處不遠的地方留下一些他們需要的生活用品，他們便依靠這些奉獻以及自己的辛勤勞作生活。他們一般都不能得善終。如果人們看到他們臥病在床，並普遍認為他的病不可能再好轉，便會一刀刺死他，將遺體火化，他們的骨灰都是聖物。然後人們四處找死者的親戚，最先被找出來的那個人便是新任的水王或火王。

上古時代，國王與國師實際上是合二為一的。但後來隨著社會的發展，日常生活複雜化，必須有相應的新管理階層，國王更多地向世俗社會傾斜。國師成為神界的代表，像前面提到的水王和火王就是這樣一個純宗教性的國師。他們身上還更多具有上古國王那種控制木偶的色彩。後來的國王角色僅僅使人們尊敬他的神聖性，要他做的事少得多，也簡單得多，且沒有風險。

　　在東南亞，目前國王每年所要做的不過是主持一些重要的節日儀式。春耕節起源於古代的婆羅門教，目的是祈求諸天神在春耕季節多行善事，保佑各地風調雨順，五穀豐登。約自十八世紀以來，春耕典禮一直是泰國的宮廷大典之一。這個節日定在每年春夏之交的五月，由國王親自主持儀式。現在有時還會由國王任命大臣，進行象徵地耕田。他將穀種撒入田中，隨後灑水澆地。這時，觀禮的群眾蜂擁而上，爭搶聖穀，以便同自家的穀種混合，播入田中，獲得更好的收成。

　　在柬埔寨，也是由國王任命官員親自扶犁，然後把耕牛解開，給它灑上聖水，再把這頭「神牛」拉到七個銀盤前，盤子裡分別裝著穀物、青豆、玉米、芝麻、青草、水和酒精，讓這頭第一個了解今年土地的「神牛」自由選食，以預卜來年莊稼收成的好壞。

　　在守夏節，泰國會舉行隆重的玉佛雨季的更衣儀式。這個玉佛高 66 公分，自 1434 年發現後，一直被視為國寶。1782 年，在曼谷建造了玉佛寺後，玉佛被移至寺內，並為之製作了熱季、雨季和涼季分別穿戴的三套金鏤衣，按季節變化，由具有神性的國王親自為玉佛更衣。

　　現在東南亞的國王們不再控制木偶了，但他們仍被認為具有神性，普通人絕不敢和他們接觸。當然，這也為法律所不允

許。暹邏國王受到與神同樣的尊崇，他的臣民不得正視他的面容。當他走過時，臣民全都匍匐於地；晉見時，也都雙膝跪下，兩肘伏地。對於他的神聖的人身和品性，有專門的尊稱。這是一些屬於國王的專用詞彙。國王的頭髮、腳掌、呼吸以至身體內外每一個細微的地方都有專門名詞。

今天，泰國國王和王室仍享有崇高的地位。一般而言，與泰國人交談時，他們不會談起國王。若對國王及王室有任何不敬的行為，會受到嚴厲的懲罰，甚至被投入大牢。

稻穀媽媽

馬來人和達雅克人每年都會舉行一些關於稻穀的儀式。這種儀式基於一種非常簡單的觀念：稻穀是靠一個魂魄而生的。他們認為，人類身上一些生氣、成熟、衰老的現象也同樣出現在稻穀上；稻穀的身體裡也存在和人一樣的某種生命素，或者我們可以稱之為靈魂的東西，而且這種靈物獨立於稻穀而存在，如果它離開稻穀，在外逗留的時間長得超出了某種限度，植物就會枯萎，死亡。因此，一整套稻穀崇拜其實就是建立在這種觀念上的，或者說是建築在植物魂魄的神話上的。

既然相信稻穀是依靠同人類一樣的魂魄而生長，這裡的人當然就會像對待同伴那樣關心它們。每當水稻開始結實，頭部周圍長出短葉，莖部開始變粗，有厚葉垂下，圍蓋住穀穗，人們就說水稻懷孕了。這種人性化的說法並不僅僅停留在人們的語言中，行動中也加入許多新的行為規則。譬如說，水稻懷孕期間，他們在田裡絕不高聲吵鬧，惟恐嚇壞了稻穀的魂魄，以致流產，也就是說不長米粒。他們當然也不敢在稻田裡談論關

於死或魔鬼的問題，就像中國人在每年正月所做的那樣。

此外，人們通常還會舉行一些特別儀式，祈求水稻女神。泰族人非常能體會女神愛美的心理。他們將化妝用的撲粉和香水撒在稻葉和稻稈上，並用梳子作梳稻葉的樣子。顯然，這是在為水稻女神做打扮的動作。

然後，他們向女神供上橘子；至於供上這種水果的理由，實在是既嚴肅，又讓我們哭笑不得。據說，橘子是醫治孕婦早期疾病的良藥。其間，他們還會對水稻女神說上兩句禱告的話，如——「目前您已經懷孕了，所以奉上一些供禮。」並帶一些東西來打扮她，希望她高興、健康、美麗，而且不會有什麼東西損害她。到此，儀式就算結束了。

人們有時候甚至像真的把這些稻子當作孕婦了。他們給開花的稻穀吃各種對孕婦有益的食物，如芝麻餅之類的。等到穀穗形成，婦女們乾脆擔當起奶媽的職責，到田裡給稻穗餵米糊，和對自己的嬰兒簡直一模一樣。

事情在收割時遇到了一些麻煩。可以想像，人們既然以為連高聲笑鬧都會使稻穀嬌嫩的魂靈嚇得流產，到了收割時，人們必須吸取婦女生產時出現過的許多種意外的教訓。為此，此地一向以安逸著稱的人居然專門發明了一種特殊形狀的刀子。這種刀的刀刃藏在收割者手中，不到最後時刻，絕不去驚動稻穀的魂魄。這種細心的動機實在令人驚嘆。最完美的過程就是以最迅速的動作割下她的頭顱（稻穗），以至於她還來不及感覺到疼痛。這種動機非常像現在的動物保護主義者宣傳的屠殺牲畜的良好辦法。也就是說，當水稻還沒有了解到出了什麼事，她的頭就已經被穩妥地放在籃子裡了，所以她根本沒有時間因為驚嚇而突然流產。

在東南亞所有的國家中，將稻穀人格化最為典型的就是婆

羅州的卡揚人。為了保護稻穀這些易受驚嚇的魂魄，卡揚人想出了許多妙招，對付那些已經長成，正在等待收割的稻穀。具體的工具非常豐富，涉及到小梯子、小鏟子、小籃子、小鉤子、荊棘和繩子。他們把這一切任務都全權交給女祭司做。

她會先用鏟子把稻穀的魂魄趕下小梯，裝入放在下面的籃子裡。籃子裡的鉤子、荊刺和繩子立刻就發揮他們的作用，把稻子的魂魄緊緊抓住，鎖了起來。之後，這個籃子被送入穀倉。如果我們有機會看到這整個一幕經過，一定會覺得這簡直像在演啞劇。但是，這背後也顯露出此地的人認為靈魂是可以走來走去的觀念。只要靈魂存在，不管在哪兒，植物的生命永不熄滅。

人們為了保證來年的收成，往往做得更多。他們不僅需要留住安全地存在穀倉裡全部稻穀的靈魂，還要對所有掉在地上，被動物們吃掉而失去魂魄的稻穀進行招魂。為了達到這種效果，祭司們也發明了一些特殊的工具。例如，有一種竹製的器皿，上面裝有四個某種特殊樹木做成的鉤子或雕成的一雙手，用這些鉤子或木手，可以把稻穀迷失的魂魄勾回到器皿裡來，然後把它掛在屋裡。

謹慎的卡揚人每次到穀倉裡取米作為家用時，都必須祈求倉裡稻穀的魂靈，惟恐它們對奪走這些稻穀而生氣。

相比之下，住在緬甸山區裡的克倫人的招魂儀式則熱鬧得多。每當他們發現某塊稻田長得不好，他們立刻想到一定是因為某種原因，導致稻穀的魂魄羈留在稻穀之外了。他們恐懼地想到如果魂魄不回來，莊稼就全完了。因此，他們為此大費周折，以避免這種可怕的結果發生。

他們這樣大聲招魂喊叫：「回來呀，稻穀基拉！回來呀！回到田裡來呀！回到米裡來呀！帶著雌雄的種子回來呀！從荷

河回來呀！從柯河回來呀！從兩條河會合的地方回來呀！從西邊回來，從東邊回來呀！從鳥的喉嚨裡回來，從猴子的胃裡回來，從大象的嗓子裡回來呀！從河的源泉和河口裡回來呀！從撣人和緬甸人的家鄉回來呀！從遼遠的國度回來呀！從所有的穀倉回來呀！哦！稻穀基拉，回到米裡來吧！」

　　從表面上看，這段面面俱到的招魂詞，實在像一個焦急的母親想盡了未回家的孩子可能前去的地方，焦急地勸說他馬上回到溫暖的家。

　　我們已經介紹過許多馬來人都主張舂米。據他們的解釋，是因為這樣的米飯比碾米場裡碾的大米好吃。其實，還有另外的原因。因為，如果把稻米看作人，碾米的動作比較粗暴，對大米的身軀會造成極大的傷害，容易使稻穀的魂靈逃散。

　　馬來人認為稻米受一個女精靈守護，這個女精靈有時候名字就是「稻穀媽媽」。這個所謂的稻穀媽媽常常是許多儀式的起因。比較重要的幾個儀式是在大米種植時、收穫時和存入穀倉時舉行。人們把稻種撒在秧田裡，等出了秧苗，再移植到田裡去。這時，人們選出長得最好的種子做稻穀媽媽，把她放在秧田的正當中，別的種子則種在她的周圍。

　　這當然是一株非常重要的秧苗，人們相信她的輻射作用。如果她以後長得不好，整個莊稼都不會有好收成。播種如此重要的稻穀媽媽的農民也決不能隨隨便便，這個婦女在播種時必須披頭散髮，意在希望稻穀媽媽學自己長髮的樣子，也長得非常茂盛。種完以後，她還必須回家洗澡，保持自己的潔淨。這也算是保證豐收的一種努力。

　　當莊稼成熟待割的時候，家中年紀最長的婦女或一位巫師會出去尋找稻穀媽媽。通常，被當作稻穀媽媽看待的那一棵已經很難區分出來了。人們並不死心眼地一定要將她找出來，而

是把微風吹過時，最先彎下的那棵稻穀當作新的稻穀媽媽。人們把她捆起來，做上記號，但並不急於割她，而是先把田裡頭批的收穫帶回來，供全家和親友舉行宴會，甚至還包括家裡養的牲口，也讓它們分享一些稻穀媽媽賜予的食物。

宴會後，人們穿戴得漂漂亮亮，去迎接稻穀媽媽回家。他們甚至想到稻穀媽媽也許怕熱，為她打著傘，把她裝入一個非常乾淨的袋子，放進穀倉，位置仍然是在穀倉中央，希望她能照顧倉裡的大米，並使之增多。人們還希望稻穀媽媽能帶來更多的大米。

有的民族則乾脆為稻穀設計了一家子出來。有一種從稻穀媽媽身上抽下來的稻穀孩子，甚至有人們專門為它準備的搖籃。從人們把稻穀孩子迎回的第一天起，這家的女主人就要認真地遵守三天禁忌。這些禁忌幾乎完全與女人生養孩子的禁忌相同。

此外，緬甸克倫人在打稻時，也要和稻穀媽媽對話：「請攪動攪動老奶奶！請攪動攪動！稻子在丘的高處，在山的高處生長。請攪動攪動，老奶奶！請攪動攪動！」他們顯然把稻穀媽媽當成種某稻子的首領，會指揮全體稻子配合農民的工作。

在印尼巴厘島上，每當收割期來臨，田地的主人會親手收割「主要的稻穀」，分捆成兩組：一捆代表男子，用線纏紮，葉子都不露在外面，另一捆代表女子，葉子被特意往裡紮，捆成一把婦女頭髮的樣子。有時候，為了進一步區別，女稻穀身上還會圍一根稻草編的項鍊。當地人就稱他們為夫妻。這兩個夫妻稻是最晚進倉的，而且一般情況下是不能吃的。這種安排是希望稻穀的數量在倉裡繼續翻倍生長。如果飢餓迫使一些人吃了這些稻穀，人們會激動地罵他們豬狗不如。當然，這些稻穀也不能賣掉。但最後它們總會慢慢消失，食客當然是這裡長

住的肥胖居民——老鼠。

　　作為世界上的一個重要的農業區，每年稻穀的產量對當地人的生活當然非常重要。「稻穀媽媽」這個稱謂，本身就流露出東南亞人對稻穀的親熱感和依賴感。他們用東南亞人濃郁的家庭氣氛，努力搞好和稻穀的關係，對稻穀也充滿感激之情。他們的意識裡有一種難得的眾生平等的觀念，這種樸素的想法不僅使他們認為萬物有靈，也促使他們善待世間萬物，把自己放在與其他生命等同的位置上。在東南亞人看來，他們從來不是這個世界的主宰，這個自然屬於所有的生靈。

留級・升級・跳級

　　以下是中國小孩經常玩的一種遊戲——通常是幾個孩子湊在一起，其中一個孩子伸出自己的手臂，另一個孩子則用自己兩手的大拇指在他的手腕部開始交替往上握，前進第一次就說留級，第二次說升級，第三次就是跳級，第四次又是留級，以此類推，直到臂彎處停下來。孩子們關心的是最後的結果：留級、升級，還是最好的跳級。由於每個孩子手指粗細不同，上升過程中的寬緊也不同，同一個孩子的手臂雖然沒有什麼變化，結果卻往往不同。所以，這往往是孩子們最喜歡玩的遊戲之一，每一次必玩到每一個人都跳級為止。

　　想起這樣一個遊戲，全是因為我們竟然發現，東南亞一帶也有許多類似的測運法。像是過去泰族人出門時，總要隨身攜帶一根幸運竹杖。這種用來作為手杖的竹子是一種矮竹的主幹，長短粗細都非常稱手，必要時就是極好的攻擊武器。此地的泛靈論信仰認為，竹杖具有某種內在的特殊力量，可以給持

杖者帶來好運或厄運。這種預測運氣的方法，在泰語中被稱作
「差洛」。

「差洛」法利用了竹杖上的竹節。人們從竹杖的頭部，即
粗的一頭開始數起，同時低聲說：「我打你！」數到第二節
時，則說：「你打我！」如此交替，到數完竹尖的最後一節為
止。如果到最後為「我打你」，這必定是一根好運氣的手杖。
相反，如是「你打我」，則是一根運氣不好的手杖，人們會將
它扔掉，或砍去最後造成不幸運的那一節，使它重新成為一根
幸運的好手杖，讓它的使用者徹底放心。

如果這是一根用藤或硬木作的手杖，套語就有四句——

第　　句是——「喂，老虎！」
第二句是——「哈，鱷魚！」
第三句是——「一個吃人的巨妖露出了他的尖牙。」
第四句是——「磨尖牙齒。」

具體的操作過程也大同小異。一個人用手握住手杖頂端，
說第一句話；然後用另一隻手緊挨著已握住手杖的那隻手握第
二把時，說第二句話；鬆開第一把手時，立刻握上第三把
手⋯⋯直到最後一把為止。

如果這種測運法以第一句或第二句話結束，那麼這手杖不
錯，帶著它走路，老虎、鱷魚都會讓路。當然，如果以後兩句
話結束，這根手杖就很可能被丟棄。事實上，不僅是手杖，在
這裡，各種器物都可以作為測運之用。為此，人們似乎達到了
一種草木皆兵的程度，如扁擔、刀槍、弓箭、鑼鼓、房柱等等。

這種預測法在中國古代也極為多見，最著名的就是家中的
妻子為遠行丈夫所打的相思卦。由於這種預測法共同的特點是

可以無限制地做下去，直到有了滿意的結果為止，因此，無論在什麼時代的社會都非常受歡迎。人是非常孤獨的物種，很需要安慰。當我們由於徘徊，特別需要一些好的消息支撐我們時，我們就會需要這些帶有神祕色彩的鼓勵，哪怕明知道是在自欺欺人。

這已同前面所說的魔法巫術有所不同，這種測運帶了更多後世文明的色彩。過去巫師進行若干占卜行為時，從他自己本身，到所有的旁觀者，都會懷著一種極其虔誠的態度，等待占卜的結果。無論結果是吉是凶，人們都會接受，然後會積極地想好一旦這種結果真的實現時的對策。人們對占卜本身毫不懷疑。但這種測運法則不同，人們更多地把它當作一種消遣手段，也缺乏一種對它的尊敬態度。一旦結果不好，人們便會不斷地修正它，以適應人們的心理需要。

從占卜到測運，其間人類發生跳躍式的變化，遠比我們這裡所說的複雜。最重要的是巫師的終結。人們開始不再對巫師又疑又懼，由自己做一些巫師做過的事。雖然這也是一種占卜，但人們在等待測試的結果時，再也不會緊張或是異常了。因為這次的結果也許重要，也許不重要，這只是決定於本次測試的結果是好是歹。如果不好，人們會找出各種理由說這次不算，再進行一次。所以，到頭來這種測試一般只有好運一種結果。預測從巫師手裡落到民眾手裡，只會越來越世俗化，報喜不報憂了。

事實上，從這種預測法開始，占卜也在本質上失去了預測的意義。單一的良好結果使得人們根本不太在乎預測的結果，似乎更注重它的娛樂性和消遣性。可是，從另一方面說，我們仍然可以從這種方法長久的歷史中，窺視出那種連綿不絕的生命力。普通人對預測仍然有一種莫名的興趣和好感，未來本身

就意味著某種神祕。現代的中國人對手相、面相的熱中也未必輸於古代人。當然，我們和前人已經有所不同，不再尊敬那個結果，而是想趕在壞結果出現之前，就破解掉它的災難。最有市場的預測法就是那些帶著躲避霉運之方的預卜。否則它就不值得為人們服務了。

在文萊，人們雖然相信伊斯蘭教，但就像東南亞的大多數國家一樣，他們仍然保存著一些傳統信仰。比如許多人相信，人一生的命運主要取決於四大因素：個人的命運、妻子的命運、兒女的命運和鐵器的命運。

如果上述四大因素的一個起了作用，人的命運就可以改變。具體地說，如果一個人出生後命運一直不佳，可能會在結婚以後開始走運。如果娶妻也沒能改變這個人的命運，那只能看自己珍藏的鐵器命運如何了。文萊人堅持認為，無論什麼鐵器都有自己的命運，並會對主人的命運產生重大的影響。這種觀念當然也是出自我們前面已經提過的「萬物有靈」觀念。

檢驗鐵器命運的方法有多種，可以通過觀察鐵器的外表、分辨鐵器的聲音等等做預測。但更常用的方法，也就是泰國非常常見的「手指測量法」。譬如說，如果這個人一直收藏著一柄短劍，他就可以用兩手拇指交替測量短劍的劍身部分。用右手拇指測量時，唸「生」或「死」，檢驗鐵器帶給主人何種命運。這種檢測法據說在印度尼西亞、馬來西亞、緬甸、越南、柬埔寨都有。

人越是覺得自己渺小，就更會認定控制自然這部龐大機器的神靈擁有極度巨大的力量。隨著知識的進步，祈禱和祭祀占了宗教中的主要地位，巫術的地位迅速下降了，甚至淪為妖術。在後來所謂的文明社會裡，祭祀祈禱成為文明人士的消遣娛樂，巫術則是空閑人和等待者的慰藉。

Chapter 6
頭顱至上

骷髏陣

在東南亞，有的原始部落，如果你沒有任何心理準備，一走進去，真會嚇一大跳。也許會有七、八個骷髏一排橫放在村子進口的路旁。當地的導遊甚至會滿不在乎地告訴你，這是他的三世祖、太婆婆，或是敵人的頭顱。

講到這裡，很多人一定會連想到關於這裡存在獵頭族的傳說。事實上，這種說法並不是一種謠傳，而是千真萬確的事實；而且，在這一帶，獵頭族還著實不少。

如那加人，他們住在緬甸西北邊境處。這裡的男子成年禮的基本形式就是去獵取人頭。據說這是一種考驗勇敢、耐力及狩獵技巧的綜合考試，只有通過了考試，才能被族內人認作真正的男子漢，從而住進男人公房。結婚後，可搬出去居住。如果終生沒有通過這項考試，你便將永遠被當作小孩子看待，不會有女孩子喜歡你，當然也沒有人會同你結婚；事實上沒有人看得起你，族內公論已把你置於廢人的行列。有的地方甚至只

有在獵取人頭之後，才有穿戴羽毛和在手上紋身的資格。

那麼，考驗這些技能也可以用野豬、羚羊什麼的動物代替，為什麼非要是人呢？

當然，最普遍的理由是取悅於女性或報復仇人，把頭顱作為一種證明和戰利品帶回家。此外，我們還得知了一個生動的故事。據說，以前人們打仗只取頭髮，不取頭顱。但是，某一次，這種頗為人道的習慣卻遭致一隻青蛙對人類的嘲笑。它告訴人類，只要能割取敵人的頭顱，部落裡就會只有豐收，沒有疾病了。他們聽取了青蛙的建議，結果村莊裡的一切突然都變得非常美好了。

然而，如果我們仔細挖掘人的心理機制，就會發覺，問題沒有那麼簡單。人們傾向於尊重自己和同類，蔑視外族人。實際上，初民感到自己和身邊常見之動物的關係還是相當密切的，而他們卻非常排斥外族人，認為自己和他們決非同類。

上古時代的埃及人甚至非常極端地聲稱所有外族人都不是人。這種淵源已久的「種族中心論」明確揭示出原始人的人性深處存在著相當強烈的自戀情結。

在摩西的戒律中，要求教徒們愛鄰居就像愛自己一樣。這種法律本身就預設了一個前提：我們是如此自愛。

現代心理學也挖掘了這一潛意識的機制。每一個人都是以欣賞自己作為前提的，總是容易將他自己模糊認識到的自己所具有的惡劣品質轉讓給別人或別的人種、人群。因此，他對別人充滿了仇恨，以展現自己眼睛的純潔和善良。實際上，人們對敵人人頭的獵取就表現了他們對於他族生命的不屑一顧。這種人類的自私心理與泛靈論崇拜被有效地結合起來，使人們決心獵取別人的頭顱，為自己的目的服務。

那加人當然還處於信仰萬物有靈的階段。在他們所有的信

仰中，最顯著的就是對頭顱的崇拜。他們認為頭顱是靈魂的居所。其實，這也是東南亞人對靈魂的普遍看法。人們都認為，頭頂至少是靈魂進進出出的重要通道，所以頭頂的頭髮很少。如果長密了，靈魂往來就沒有那麼方便了。而那加人認定，最強大的保護神就住在頭顱裡。他們把自己祖先的骷髏都一一保存在村外神林的供龕上。

他們特別奢好敵人的頭顱。據說，因為敵人也是戰士，拿到他的頭顱，就控制了其精神為自己服務。但是，有的服務要等到來世。有些獵頭部落認為，只要得到某人的頭顱，這個人在下一世就會成為這個部落的奴隸。婆羅洲（加里曼丹島）的澤雅克人認為，被殺的敵人頭顱裡存在著一種魔法力量很強的鬼魂。他們相信，房子裡有人的頭顱，主人就會太平無事，整個房子也會增加威力。

那加人對人頭的需要是很有時令性的，尤其是插稻秧的時候，必須獵到人頭。他們認為，這是祭稻神的上乘祭品。同住緬甸山區的佤人也認為，為了使稻穀豐收，必須獵取人頭祭祀。不過，獵取頭顱的時機和那加人不同，通常是在播種前就進行了。而且，獵人們對獵物也有一番選擇，最合適的是那種路過的男性外鄉人。因為佤人認為，靈魂永遠跟著頭走，外鄉人的靈魂隨著被獵下的人頭一同進了村，就連靈魂也找不到回家的路了，只能永遠為這個寨子效力，並保佑全寨人免遭疾病和其他災難。

至於為什麼獵取男性的頭顱？自然是因為男性力氣比較大，可以替他們多幹些活，反正又不需要這些外鄉的靈魂為他們生兒育女。此外，他們還最喜歡長頭髮和帶大鬍子的頭顱。也許因為這樣茂密的生長狀況，能誘使稻穀也長得長長的，從而大獲豐收。所以，這裡過去常有外國孤身獵奇者不巧正遇上

他們需要人頭作祭獻時，糊里糊塗送了命，被當地人獻給了稻神。有的原始民族還食用人肉，主要不是為了美味，而是深信這樣就可把他所具有的特質據為己有。這不禁讓人想起西遊記中，關於吃唐僧肉便可長生不老的神祕謠言。相信這種謠言背後的機制也是一種充滿巫術氣質的行為。

有的部落只要碰上祭祀儀式，都需要人頭。印尼的克揚人在為首領或近親服喪期間，必須獵取一個人頭，懸掛在死者的墓前，以寄托自己的哀思。相鄰的民族往往都是獵頭民族，他們互相之間騷擾不斷，致使大家的人口都越來越少。有人於是想出一個兩全其美的好辦法──既然雙方都不斷需要新的人頭，那就互相之間進行交換或贈送，以保證人頭的來源和互相之間的和平關係。而舊人頭的新主人也把它當作完全新的人頭祭祀。

當然，這種種聖物的轉移也要費一番工夫──一個人手裡先拿著一隻小雞，爬上梯子，把小雞在裝有頭顱的籃子上揮舞。站在下面的原主人這時要和小雞說些話，讓它對頭顱進行解釋，因為他相信雞與頭顱裡鳥狀的魂靈是同類，比較容易溝通。他通過小雞，這樣告訴頭顱：他們將它讓給朋友們，朋友們將會很好地款待它，甚至在那裡會過得更好，因此它不必擔心在那裡遭到一絲一毫的輕蔑，這根本就不可能發生。在場所有的人也高聲吶喊，聲稱對此事可作證明和擔保。

接著，人們用一枚硬金屬將小雞的頭和翅膀割下，然後用沾滿雞血的那塊金屬塗擦原主人的手。這種儀式的目的在於防止它傷害原主人。最後還要拔下一些翅膀上的毛，放在裝有頭顱的籃子裡。

當獵頭人帶著獵得的頭顱回村，全寨將舉行由巫師主持的慶祝儀式。然後用植物葉將頭顱包裹起來，放入藤編的筐裡，

掛在公房之中。在此之前，它還需要用煙熏過，否則它就是不潔淨的。

在需要祭奠這些陰靈的儀式上，人們會在頭顱的旁邊掛上幾塊豬肉和一杯米酒，頭顱的下面通常還點上火，並且設法使它不熄滅。因為當地人相信頭顱喜歡保持溫暖，而且使它們舒服安適，提供它們一切良好的需要，它們就會賜好運給這裡的居民，當然也會帶來好的收成。

反之，他們也憂慮地認定，如果他們對這些神聖的頭顱不好，它們也會加害於他。人們往往還會基於一種原始心理，在懸掛頭顱的附近掛一些木鉤。這是一種遠期投資，人們相信這樣做，就又會有新的人頭被順利地掛在這裡。

他們總是把新獵的頭顱放在寨子裡離住宅不太遠的地方，直到它變成骷髏為止。變成骷髏後，就把它送出村子，放在骷髏椿上。有時，幾個村子擺在一起的骷髏椿，一排排，形成夾道。這種骷髏陣越是大，村民們就越為自己的民族驕傲。因為自己的民族居然能擁有這麼多骷髏，實在是族人之福。

聖經上如是說：「當人讚美自己時，我們要使他謙卑；當人自己謙卑時，我們要讚美他。」

人實際上是一種很容易得意忘形的動物，為了自己的利益，什麼事都會幹。

向靈魂亮起紅燈

東南亞人把頭部看得極為神聖。他們普遍認為，頭裡住著一個靈魂，它是人頭的保護神，會對冒犯、不敬的言行明察秋毫。這種觀念與靈魂的觀念是緊急聯繫的。人們必須嚴保自己

的靈魂不受傷害。在柬埔寨和泰國，連理髮、修面都遵行很多禮儀。柬埔寨人認為他人手摸他的頭部是嚴重的冒犯。如果是左手摸，情況當然更糟。過去，最卑微的柬埔寨人也不會答應住在樓房的底層。因為他不能忍受樓上的居民居然處於自己的頭上。為此，那裡的房子過去都是一層的平房。當地的政府顯然也重視這種習俗，從來不在高腳屋下面對犯人施加刑具。

群島地區同樣也流行著這種迷信思想。一個旅遊者曾記載了這樣一件小事：一個土著貴族的兒子趴在地上失聲痛哭。他顯得非常絕望，尋死覓活。因為有人居然在他的頭髮上灑了幾滴水，褻瀆了他的頭部，侮辱了他的神性。馬來人絕對不會撫摸別人的頭。即使是爸爸，也不會從熟睡的孩子頭上跨過。印尼的小孩子在準備打架前，一個明顯的挑釁徵兆就是揀一塊小石頭，然後惡狠狠地說：「這是你爸爸的頭。」然後扔在地上踩上兩腳。這麼一來，雙方間的一場惡鬥就不可避免了。

然而，這實在是一個悖論。這裡的人如此重視頭，卻還把頭當作一項重要的工具。經常使用。他們最常見的運輸方法就是把東西頂在頭上走路。這種運輸方法在世界上的熱帶地區非常普遍。但東南亞是一個連底樓都沒有人願意住的地方，人們怎麼肯讓重物壓在自己神聖的頭顱上，以至於讓頭頂上那個頭髮最稀疏，也就是靈魂來往的通道受阻而亮起紅燈呢？

我們先從這種運輸方法本身開始討論。其實，最簡單的運輸方法便是用人的某種身體部位負載物件行路。至於用手，用肩，或是用背，每個民族都不一樣。

中國的農民，不分男女，都有一副鐵肩。他們用扁擔這個特有的勞動工具挑了千年的水，擔了千年的米。如果我們這些白領的城市人看到他們那種挑著擔子，依舊健步如飛的樣子而手癢，去試試那挑擔的分量，一定的驚異於那麼瘦的他們怎麼

能如此輕鬆地挑起一副那麼沉重的擔子。

可是，如果你到了東南亞，特別是在海島地區的農村，你的驚異一定會更大。這裡的人，特別是婦女的勤勞能幹全都體現在頭上。她們現在取水用塑料桶，已棄用原來的陶罐，可能嫌它易碎而沉重。她們把裝滿水的桶頂在自己的頭上。如果你看見她們怡然自若的樣子，而懷疑這個桶裡面沒裝多少水，那你就實在小看她們了。她們非但在水桶裡面裝滿了水，還保證用相當的速度走回家，路途中不灑出一滴水。相信換了我們，即使堅持到底，把桶頂到目的地，桶裡也剩不了多少水的。

她們的頭幾乎是萬能的。一般的東南亞婦女，頭上可以頂五十公斤以上的糧食，或者裝十六個大椰果的籮筐。女孩子從很小的時候起，就練就了良好的平衡能力。一掛香蕉放在頭上，能扶也不扶，依舊若無其事地走她的路。值得一提的是，我們很少看見這裡的男人也頭頂什麼，忙來忙去。他們更多的是整天呆坐在那裡，什麼事也不做。因為能幹的妻子會做完一切的事情。

其實，我們不必太大驚小怪。任何習慣都有它形成的理由。由於此地終年炎熱，貨物正好可以當作類似於遮陽帽一樣的東西，躲避太陽直射。這也許就是世界上許多別的熱帶地區，如非洲和地中海沿岸，流行這種頭部攜帶法的重要原因。

再者，前面已經說過，東南亞婦女的生活是相當勞累的。她們差不多承擔了所有的家庭工作，一切的家庭運輸任務都由她一個人解決。而女性的力氣，因為肌肉結構的關係，比之男性，總是較小。相應地，她們必須自己想出一個節省體力的辦法。據說，用頭部攜帶東西並不是很累人的，實際上相當省力，肯定比手提輕鬆多了。因為人的重心在臀部上，重物頂在頭上，所產生的壓力與臀部上的重力一起產生的力矩為零，這

時人的負擔最少，會感到非常輕鬆、省力。這也就是為什麼如果我們雙肩背包，力矩為零，而單肩背產生了一定的力矩，比雙肩背吃力些。

另一個妙用就是用頭裝運，使得手空了出來，這空餘的雙手就可以做別的事，主要是帶孩子。辛勞的女人往往用一隻手托住綁在腋下的孩子，另一隻手則扶著頭上沉重的大缸。

但是，上述的這些好處就足以使這種頭頂重物的習俗根深柢固地留傳下來，而沒有人提出任何異議嗎？東南亞人為什麼突然在運輸的時候，改變了平時重視頭部的看法？

答案還要到東南亞人本身的性格中尋找。前面已經討論過東南亞人認為所謂生活的目的就是盡情享受生活的美好和賜予，這裡的人總是想方設法讓自己生活得更加舒服、更加美好。當然，東南亞人非常崇拜頭部的魂靈，但這種崇拜是有目的的，就是希望這個和自己朝夕相處的靈魂能配合自己的生活，讓自己活得更好。有這樣一個既定的目標，實際上就有了判斷一切行為是否可行的依據。

在東南亞，特別是海島地區，扁擔——這種在中國常見的運輸工具非常少見。並不是這裡的人不知道有這種簡單的工具，事實上，泰國的少女們過去常常自己製作精巧的竹扁擔，送給自己的情郎。這種扁擔對他們來說，還不如稱作一種裝飾性的飾品，就可同我們經常選擇各種形狀、顏色的背包一樣。他們把中國的扁擔更加精緻化、藝術化，而在實用化的進程上駐足不前。顯然他們認為，用扁擔挑重物，固然每次都能運輸很多，但無疑是太累人了。出於這裡有享樂傾向的生活原則，他們寧願用身體上的別的部分擔當運輸的任務。

事實上，除了頭部以外，用手、用背運輸，統統不輕鬆。經過一番比較，東南亞人還是鄭重地選擇了頭部運輸法。雖然

這種方法和他們信仰中的某一部分相抵觸，但他們仍然堅持著，相信自己的靈魂會體諒自己的苦衷。

顯然，他們並不拒絕勞動，面對勞動時，他們從來不逃避。他們只是總在鑽研如何在同樣的勞動中最省力。為此，他們有一系列的勞動習俗。譬如說，每當遇到割稻這種辛苦的勞動時，就是他們青年男女之間對歌的最佳時機。有情的就在一起，並肩勞動。可以想像，在互相甜言蜜語、情意綿綿的時候割稻，那種辛勞感一定會蕩然無存。

這種辦法似乎和愛因斯坦的「相對論」也能扯上一定的關係。人的心理感受是極微妙的，也虧東南亞人想出這樣的辦法減輕勞動的壓力。

他們用一種熱帶地區特有的熱情熱愛生活，深信生活本身的美好。這種樂觀的心態是任何外來文明都改變不了的；無論是靜止厭世的印度文化，帶有沉重原罪感的基督文化，還是務實沉穩的中國文化，都從來沒有抹去此地的享樂心態。

有了這樣一個原則，他們就因而還是毫不猶豫地把重物頂在頭上，讓自己的靈魂亮起了暫時的紅燈。

脖子美不美？

在這個世界上，總有一些人，他們和我們一樣愛美，想盡方法打扮自己。只是，他們打扮的手法在我們看來太大膽了，也太離奇了。在這些為數不多的人當中，就有一些分布在東南亞地區。他們的民族是克耶人的一個支系，被稱作巴佩人。這個人口一共只有兩萬人的小部落，現在仍然生活在今天的緬甸東部群山之中。交通不便，造成了他們與外界幾乎毫無聯繫。

至在如今的世界上，交通不便也沒有成為有效的阻隔，他們糊里糊塗地在各種傳說中變得非常有名。

這當然也起因於這裡美化自己的奇特方法。東南亞沒有長頸鹿這種動物，如果有，巴伺人一定會瘋狂地愛上它。他們當中公認最美的妙人兒就有幾分長頸鹿的風範。這裡的審美觀認為女性的脖頸越長越美。其實這並不算是很怪的口味，幾乎所有的地方都是這樣認為的。譬如日本婦女穿和服時就非常注意脖頸處的表現力，最完美的效果應該是女性梳起髮髻，露出修長的脖子，配合和服領處向外和向後倒的弧領來表現女性脖頸的細長、優美。

當然，巴伺人這種美學上的嗜好並不是那種自然生長的長頸美女所能滿足的。為此，他們想了一個人為的辦法。女孩子們從 13 歲左右就開始戴第一個頸圈。實際上，女孩戴第一個頸圈，在這個部落也就意味著是一種「成年禮」，這一天將是這個女孩整個家族的重要節日，全村子的人都會帶著禮物前來祝賀。

女孩子們從這一天開始，就意味著成人了，她們也就開始負擔整個社會帶給她的審美觀。第一個頸圈戴後兩年，再戴第二個。此後，每年增加一個，直至脖頸被拉長到 30 到 40 公分長，這裡的人們才覺得夠美了。這時，婦女脖子的頸圈，總重量可達幾公斤重。據科學家說，人的脖子是不可能這樣長的。實際上，當地人不過是把肩膀往下壓了而已，造成了脖頸拉長的視覺。

頸圈一旦戴上，便一輩子都取不下來。因為脖子拉長後，頸椎骨脫了節，一旦強制取下頸圈，女人們的脖子就再也不能承受頭部的重量，頭部會很快像折斷的樹枝般懸垂下來，人便會在短時間內窒息而死。過去，這個部落的人常常對紅杏出牆

的女子採取這種懲罰的辦法，被剝奪了美的權力的女子，很快就會羞憤交加地死去。

過去人們常常把這種陋息歸罪於父系的社會制度。確實，這種習俗對婦女的生活帶來了諸多不便，對婦女的肢體是一種非常殘酷的摧殘。然而，並不是故意為男權開脫，我們要舉出一個事實：一個巴掌拍不響，這裡面當然也有女性自己愛美的因素。

我們不可把自己的審美觀強加在別人頭上；更何況我們的祖先當年瘋狂的審美觀也不是一件光彩的事。

敝帚自珍的中國人一向最討厭在外國人面前談論婦女小腳的問題，好像這是什麼大不了的罪過。誰都知道，在歷史上，要成就一雙肥、白、輕等諸多優點的小腳，腳的主人將承受無窮的痛苦。老人們常說，一雙小腳是幾大缸淚水換來的，以此控訴當年性的奇特審美觀所造成的惡劣後果。然而，我們相信，在那時，肯定也有相當多的女孩子是以自己有一雙小腳為豪的。這是她們美麗的標誌，無論哪個地方，哪個時代的女孩子都會願意為自己永久的美麗而付出代價。

今人也同樣如此。現的女孩子們大多過著飢寒交迫的日子，她們拒絕吃飽，為了良好的形象，也拒絕穿很多衣服。這種說法也許有些過頭了，但事實是社會上的節食風潮已從單一的年輕女孩擴展到各個年齡階層了。他們這樣做的動機恐怕都不是單純為了身體健康，當然也是為了形象上的苗條、結實。

現在的女孩子一樣穿耳環、做整容手術、紋身，吃的苦頭恐怕不比綁小腳的古代女孩少。如果換了現在這些大跳健美舞的女孩走入時光隧道，到了從前，不讓她們回來，不出一年，她們也一定會哭哭啼啼，自願綁起小腳了。

愛美的心理到處都是一樣的。在老撾的一些山區裡，人們

雖然不用裹小腳，也不用帶項圈，但一定要進行紋面、斷齒，否則便被視為不美。

巴侗的女孩子想來也是一樣的。從小她就看到村子裡所有的婆婆、阿姨、姐姐都帶著頸圈，只有人人都認為是壞女人的人才沒有資格帶那種奇妙的飾物，她當然會認定這樣的頸圈很好，很美，是一個成年女人一種專門美的體現。

這種羨慕的心理一直留存在她的心中，直到她成年的那一天，才真的實現。而且在帶頸圈的過程中，並沒有什麼特別的痛苦，正有些不習慣而已。她的內心深處也真正認為，只有這種打扮才是最美的。雖然給她的生活帶來了許多麻煩，可那裡的女人都是這樣的，抱怨還是抱怨，但美麗是自己的，實實在在的。靠著這樣越來越長的脖子，女孩們驕傲地走在村子的各條小路上，裝作沒有看見男孩子們被吸引的目光，心花怒放地從他們身邊趾高氣揚地走過去。

其實，人們對美的追求，自古以來就是很瘋狂的。十八世紀的法國王后像所有的宮廷貴婦一樣喜歡梳一種高髻，高得連馬車門都進不了。王后嚴肅地一聲令下，把車門先卸下，登車後再裝上。這些美麗的人兒還在自己做成金字塔形狀的高髻上重重撲粉，其結果是成為虱子的樂園。為了美麗，人們往往是不惜代價的，而各民族也往往極盡自己之能事，把自己的美麗弄得很誇張。

巴侗人不過是其中一類罷了。當他們，特別是她們認定這是一種最極致的美時，再麻煩、再痛苦，也會咬著牙撐下來。只是，如果我們再追問下去：「巴侗人為什麼覺得這樣比較美？」問題就不僅這麼簡單了。

美之所以美，多多少少總該有些道理吧！就像我們的祖先認為小腳美，最早是因為迷戀於江南美女走路時搖曳不定、啊

娜多姿、嬌弱無比的特殊風度，在男權的社會背景中，最後發展到了普及的程度。

巴侗人呢？這樣的脖子真的很美嗎？

其實，每當我們打量那些巴侗美女時，總會不由自主地被那些奇特的項圈所吸引。可是，稍稍換一備角度想，我們就會猛然發現，戴了那麼多頸圈，說到底，並不是為了突出脖子，因為脖子全被遮住了，而是為了突出那顆頸上的頭顱。

從前文，我們已經了解整個東南亞地區的人都非常重視頭。他們重視祖先的頭、外敵的頭，也充分發揮自頭部的作用。而在這個小部落，他們刻意在頭上展示一種美就不奇怪了。可以理解，其實下面種種拉長脖子的措施，都是為了突出頭顱，所做的必要鋪墊，就像音樂中，先是休止符，然後突然來一個最強音，這個音往往非同一般，帶有非常壯嚴的效果。這裡的人崇拜女性，也特別崇拜女性的頭部。因此，在巴侗人這裡，這是一種故意的推崇，把女性的頭顱推到最崇高的地位上去。只是，這種崇拜後來在這裡演化成一種美的代表。

現在，這種風俗仍在此地存在，一半是因為村民的固執，另一半是出於旅遊者的鼓勵。很多人懷著並不怎麼樣的好奇心，大老遠來到這裡，只為看看這個著名的長頸族。

Chapter 7
飲食男女

無憂的背後

　　要了解一個民族，多半還要從他們的食物開始。東南亞人如此無憂無慮，易於滿足，他們的食物來源究竟是些什麼？難道他們從不擔心自己生活會發生問題？

　　靠山吃山，靠水吃水。在東南亞這個高溫多雨的地方，普通人的食物當然與天氣有重要的關係。只要研究一下這裡的地理，我們基本上就可以知道這裡一般人的食譜了。這裡可以做到一年三熟，從事種植業的人非常多，稻米是他們的主食。長長的海岸線和較多的江河湖泊，使這裡的漁業很早就發展了。所以，普通人的飯食是以大米為主，佐以魚肉，以及疏菜、水果、湯。他們的吃相在我們看來也許過於粗放，除了越南人以外，人們根本不使用筷子或刀叉，唯一的餐具是自己的五指將軍。當然，只能使用右手。人們進食時，就用手把放在大瓷盤或芭蕉葉上的米飯和各種佐料團成一團，吃下去。

　　東南亞半島的平原和三角洲可能是世界上水稻種植最早發

展的地區之一。充足的雨水、適宜的溫度、肥沃的土地，表面上東南亞的農民真是非常幸運，擁有所有良好收成的環境條件。不幸的是，這幾個因素加在一起，恰恰造成了這一廣大地區並非那麼適宜於進行集約農業。

真是「成也由斯，敗也由斯！」雨水為這裡帶來了生機，也沖走了土壤中的可溶性礦物，使這裡的土地紅土化。此地的紅土非常鬆軟，容易變形，含有植物所必需的營業物極少，當然不適合農作物生長。這種紅土唯一較好的作用就是經太陽曝曬後，會變得非常堅硬，可用來建造房屋或鋪路。

顯然正是由於廣泛的土質不良，決定了東南亞大部分地區的人相對比較集中地居住在一些大河流的三角洲地區，而在相當大一部分遠離河流的土地上很少有人居住。這種狀況也使得此地的人口與政權中心相對上比較分散，那些各不相干的河流客觀上也消除了人們統一的野心。

在這些三角洲地區，通常由於河水的定期泛濫，常年沖積下來的土質要比一般的紅土好得多。但即使這樣，人們仍不能就此過上無憂無慮的生活。農民相對來講，比獵人的食物供給穩定得多，但收成也會受到年份、天氣等各種條件影響。而且，因為人口更加集中，食物短乏的後果可能比獵人群體更嚴重。為此，東南亞人沒有少費心思，他們設計了一種雙重保險的機制。這種防範意識對一個民族來說，有重要的意義——這意味著巨大的復原力。

東南亞人真正得天獨厚之處，在於他們甚至不需要刻意地養殖，就擁有豐富的漁業資源。從古到今，他們主要的食品就一直是稻米和魚。事實上，在泰族的語言中，表示「食物」的這個詞就是「魚米」。

所以，每當遇到災荒，他們就求助於魚。有了這個不會枯

竭，無需儲存的資源，他們隨時都能解決食物上的困難，至少不會面臨如同古代的中國人被迫吃樹皮和觀音土那樣的絕境。有了這麼一道堅實的底線以後，東南亞人開始真正為自己築造一種防禦災荒的機制了。針對這裡乾濕兩季的特徵，人們因地制宜地設計了各種旱澇保收的系統。

這方面，成就最高的是居於在湄公河三角洲的扶南人和高棉人。為了適應那地方旱季、雨季分明的特點，早在扶南時代，人們就在農業生產區修建了大量的水利設施。真臘時期又繼承了扶南的灌溉方法，修建了許多大的蓄水也及複雜的水道網。整個工程是以幾個大型蓄水池為基礎，修建了一系列縱橫交錯的溝渠網，使蓄水池與洞里薩湖連成一氣，保證雨季能容納儘量多的水，旱季時也能保證居民食用和農田灌溉。其中一個大蓄水池的容量達三千萬立方公尺。這些精心設計的溝渠、蓄水池，既能灌溉，又點綴了城市的景色，使得這裡逐漸成為一個土地肥沃、人口密集、物產富饒的地區。

吳哥王朝的興盛和吳哥古蹟的創造，與湄公河中下游水利灌溉的高度發展密切相關。吳哥王城不僅是一個城市聚居區，更像一組供水系統。其後隨著泰人的入侵，吳哥的陷落，水利系統的破壞，柬埔寨王國就不可避免地走向衰落。

和柬埔寨的情況很相似，越南人也很早就為保證自己的豐收而努力了。越南人遵守紀律的品質和經濟上富有活力的特點，很大的程度上來自於他們為制止紅河在東京三角洲的泛濫而進行的長期鬥爭。這條河流每年大約攜帶八千萬立方公尺的泥沙，是世界上含沙量最大的河流之一。如此多的泥沙固然為三角洲地區帶來肥沃的沖積土，但泥沙淤積的另一個結果是紅河下游的河床越來越高，有些地方甚至高出地面，全靠河堤約束水流，成為「懸河」。

為了防洪排澇，和中國一樣，越南人也很早就開始治水，修建堤壩了。在他們的神話中有一個關於水精和山精互相鬥法的故事，實際上就反映了早年治水的艱辛。這個三角洲常年積水的水網良田，現在是越南的主要產糧區之一。

　　在海島地區，有很多地方也摒棄了那種刀耕火種的粗放生產方式，發展了梯田的農耕形式。

　　最讓人驚嘆的高山梯田位於呂宋島北部伊富高省巴納韋鎮附近，距離馬尼拉約三百多公里。由於這裡的山勢陡峭，兩千多年前的菲律賓伊富高人就想出開墾梯田的辦法——問山要田。這裡梯田面積最大的有兩千五百平方公尺，最小的僅四平方公尺。梯田的外壁大多用石塊砌成。據測量，這裡最高的梯田在海拔一千五百公尺以上，與最低一層梯田垂直距離為四百二十多公尺。盤山灌溉的水渠像巨大的台階般層層上升，高聳入雲，總長度達一萬九千公里，足足可繞地球半周。砌造這個梯田所用的石方超過埃及的金字塔。

　　所以，可以理解當地的菲律賓人會非常自豪地把這裡稱為世界上的第八大古代奇蹟。這裡層巒疊翠，一條條石渠像銀鏈般從山頂盤纏到山腳，渠裡流水淙淙，滋養著兩邊蔥綠的禾苗。讓人難以置信的是，這個景色居然已存在了兩千多年。更難得是，正像中國四川的都江堰一樣，幾千年來，這方大規模的梯田始終不斷地發揮它的重要作用。

　　爪哇是另一個合適的例子。西部地區由於常年大雨，土壤遭到嚴重破壞，農業停留在維持生計的山邊種植階段。而在東部，由於受澳大利亞吹來的乾旱風的影響，降雨停止。肥沃的火山土裡的礦物質因為沒有瘋狂的雨水沖刷，顯露出良好的質地。富有才智的爪哇人想出在較高的地段截住山間小河，引水通過梯田的圓形凹地。這種人工儲水池使當地人成功地控制住

了水源，並防止了表土的流失。

　　以上的這些例子，足以說明東南亞的樂觀性格並不是盲目的。他們有漁業和農業的雙重保證，在這裡，一直生存下去是沒有什麼問題的。同時，他們並沒有滿足於這些基本保證，也致力於研究如何更多更好地進行生產。

　　譬如，在爪哇島上，人們恰當地使用肥料，能一季接一季的種植同一種作物，而土地仍然保證人們的豐產。越南農村為了防止蟲子蛀蝕樹幹和果子，發明了「用昆蟲消滅昆蟲」的辦法。人們養了一種黃螞蟻，讓黃螞蟻在樹枝上築窩，以此守衛果子的安全。這種養螞蟻保證果子的辦法一直沿用至今。

　　事情還不僅如此。爪哇人在水稻種植的過程中還產生了為修建堤壩和運河，集中社會力量的一種提供公共勞動的一體化社會結構。當人們為此而聚集起來時，又同時要求這裡能夠提供大量定居人口的糧食供應，由此形成了有組織的種植、治水及政治的一體化結構。經濟上和政治上訓練有素的爪哇人，終於因為糧食供應和政治內聚力這兩個方面的優越基礎，創造了充滿活力，也具有深度的土著文明。其他幾個比較大的三角洲地區的居民也充分發揮了這種優勢，不僅發展了較發達的農業，同時也在生產過程中創造了先進的政治組織和社會組織。這些我們已經在別的章節中多次介紹過了。

　　因為精耕農業，促使基本設施的建設，逐步形成國家，這一理論是許多歷史學家都推崇的。東南亞似乎很好地證明了這個理論模式。這裡只有在適宜農業的三角洲地區才有比較完整的政治組織，整個國家也就是依靠這些河流的哺育而發展壯大起來。

　　稻米和魚蝦為這裡提供了一切健康所需要的蛋白質、澱粉、維生素和礦物質。樂觀而不懶惰的東南亞人憑著這樣紮實

的供食系統，當然有理由無憂無慮。

又一個「俄狄浦斯」[1]

先講一個故事。這個故事同時摻雜著兩代人獸婚的內容。

一個國王在某次打獵時，無意中讓一頭母豬懷了孕，生了一個非常美麗的小公主宋碧。國王非常喜歡這個女兒，在她長大後，為她在宮外專門蓋了一座高腳竹樓。公主可以在那裡專心紡織。不過，這竹樓並不只是公主的工作場所。實際上，在東南亞各民族中，有這樣一個廣泛的風俗：女兒成年後，父親就要單獨為她造一個居所，意味著這個女孩從此可以接受婚配，任何和她情投意合的男子晚上都可以住在這裡。

但是，事情出了小小的偏差。有一天，天氣特別悶熱，公主織布也累了，正在昏昏然，十分瞌睡的時候，手裡的梭子不小心滾到了竹樓底下。她實在太累了，不高興下樓去拿，就自言自語道，誰為她拿回梭子，她就嫁給誰。公主的話被趴在竹樓底下的公狗杜芒聽到了。杜芒哪裡肯放過這樣的好機會，立刻用嘴銜起梭子，跑上竹樓，放在宋碧公主面前。這時，宋碧公主嚇得目瞪口呆，不知如何是好。那時候的人是言出必行的，否則會遭到天神的懲罰，公主就只能和公狗結為夫妻，一同住在竹樓裡。

---

[1] **俄狄浦斯情結** Oedipus complex 精神分析用語，對於異性生身親長的性捲入的欲望，以及與之相伴隨的對同性生身親長的敵對感。是正常心理發展過程中的一個關鍵階段。弗洛伊德在《釋夢》（1899）一書中介紹過這個概念。該詞源出希臘底比斯英雄伊底帕斯的傳說（因此也稱「伊底帕斯情結」），他無意中殺死生父，娶生母為妻。

不久，公主生下一個男孩，取名桑古里昂。十幾年後，他成長了非常英俊有為的青年。他唯一的愛好就是帶著杜芒到森林裡打獵，是一個非常出色的獵人。但他從來不知道他的親生父親就是杜芒。有一天，他在森林中看見了一頭母豬，便要杜芒前去追趕。杜芒卻一反常態地趴在那裡，一動也不動。

　　原來這隻母豬就是公主的母親，杜芒的丈母娘。但桑古里昂不知道。眼見自己的獵物白白跑了，他十分氣憤，遷怒於公狗杜芒，用長矛刺死了它。這個鹵莽的年輕人還挖出狗肝，帶了回去，和不知底細的媽媽一起煮了吃掉。吃完飯，宋碧公主才想到要問兒子，今天吃的是什麼肝。桑古里昂如實回答了母親的問題。宋碧公主聽後，先是驚怒萬丈，悲憤交集，猛地抓起椰勺子，就劈頭蓋腦，朝桑古里昂打去，並把他逐出了家門。

　　可憐的年輕人遭了毒打，又被趕出家門，在外嘗盡了顛沛流離之苦。後來他偶然來到一個山洞裡。如同一般故事的情節那樣，那個山洞裡有一個仙風道骨的老人。這個法術高深的老人收桑古里昂為徒，傳授他各般神通。桑古里昂在這裡逐漸掌握了調動幽靈和魔鬼的全套本領。老人見他學成之後，就遣他下山去了。

　　話分兩頭。再說，宋碧公主也無心在這個地方再住下去了，就離開王宮，悄悄搬進了大山深處，一個人搭了間小屋，天天織布，打發日子，過著悲淒寂寞的時光。

　　一天，在外流浪多年的桑古里昂來到這裡。他看見一個美麗的少女正在屋前舂米，一見傾心，便向少女要求，把他留下來，供她差遣。少女見他氣度非凡，也暗生情意，答意了他的要求。其實，這個美麗的少女就是桑古里昂的媽媽宋碧公主。但他們已互不相識了。宋碧因為曾經怕遭天譴而和公狗結合，

上天賜給她青春長在之術，所以永遠年輕美貌。

　　他們深深相愛，朝夕相處。但日子久了，宋碧公主發現情郎的頭上有塊傷痕，就向桑搶里昂打聽傷疤的來歷。桑古里昂就照實說了。他的回答對公主來說，猶如晴天霹靂，震得她腸斷心碎。她怕說出真相，傷了兒子的心，給他難以忍受的打擊，又怕不說這段姻緣，會遭來天怒。但桑古里昂不知道，他愛公主愛得越來越深，最後提出要正式和她結婚。

　　宋碧公主對桑古里昂的要求既不能斷然拒絕，又找不到其他藉口推拖，於是她只能提出一件很難辦到的事，作為結婚的條件：在一夜之間，堵住大河，使平地變成大湖，並造好一艘大船，以便在湖上泛舟。

　　沒想到，桑古里昂聽了宋碧的要求之後，哈哈大笑，聲稱這點事對他來說，一點也不難。當然，宋碧公主並不知道他在外已學了許多高明的法術。太陽一落山，桑古里昂就口中念念有詞，開始做起法來。一時間，狂風大作，群魔亂舞。桑古里昂指揮眾神魔為他堵河造船。半夜過去了，工程眼看就快要完成。這時，公主急中生智，拿起杵子，使勁地弄出舂米聲。這聲醒了公雞，不明究裡的公雞們就啼叫起來。公主自己又拿了塊白布在山上用力揮舞，大聲喊道：「天亮了！天亮了！」

　　正在桑古里昂萬分沮喪時，他又眼見公主快要騰空飛起，急忙攔住她。公主這時只好對他說了實情：「可憐的孩子，你別難過！我是你的親娘。你殺死了你的親爹杜芒，現在又要跟自己的親娘結婚，這是萬萬辦不到的，肯定要犯天條，受天神懲罰！不過，所有這一切都是上天的安排，你很快就會結束這場災難，回到極樂世界！」說完，就不見了。而那個可憐的青年則沉入了自己建造的萬隆湖底。

　　無疑，這個故事的時代背景還是相當早的，從裡面透露出

來許多早期的生活情形。譬如說，公主每天做的事和一般女子一樣，照料家庭及紡織。男子則是打獵。故事裡的國王、桑吉里昂及那條公狗其實都是獵人。婚配是相當自由的，像國王和母豬這樣的露水姻緣非常普遍。而早年的兒子，似乎在母親家中的地位也不高，隨時有被趕出去的可能。像桑古里昂這樣的年輕人，一旦被母親趕出家門，唯一的出路就是在外尋覓愛自己的女人，從而收留自己。在這樣的情況下，如果兒子在外流浪了數年，完全長大成人，脫去了兒時的樣子，以至於再遇母親，互不相識，是完全有可能的。

誰都不能否認，在人類歷史的最初期，他們的祖先的婚姻狀況是有些混亂的。祖父與孫女，母親和兒子，都曾是不錯的配偶。當然，事情到了後來，有了改變，各民族都有了自己的婚姻禁忌。至於這種改變的原因，現在尚處於爭論之中，人們雖然提出了很多理由，但是並沒有一種能說服所有的人。

如果精神分析之父弗洛伊德博士當初知道上述這個出自印度尼西亞的殺父娶母的故事，他一定會為這個故事竟然和自己的理論完全印證而欣欣然。據弗洛伊德認為，人類的這種早期經歷仍然在今人的意識深處存在著。他因此而概括出「殺父娶母」的所謂「俄狄浦斯」情結。這個理論因為其驚世駭俗而在世界上廣為流傳。

實際上，我們的這個故事更能說明弗洛伊德的理論。那個著名的古希臘戲劇中，更多地是帶有對命運不可測，完全不受人控制的悲劇感衍生的無奈。在這裡，更體現出兒子與母親之間那種自然吸引的感情。年齡的界限被完全忽略，宋碧和桑古里昂之間完全是自己一見鍾情，比之俄狄浦斯是由於不可違抗的命運之安排才娶了母親便有所不同。在那裡，命運捉弄了人；而在這個故事裡，是人的主動要求受到了神的詛咒。

此外，這個故事中，兒子對母親的感情在後來的東南亞家庭中似乎也可以感覺到一絲遺存。前面已經談過東南亞的男子往往對妻子有很強烈的依賴感和信任感。在一個家庭中，母親起著決定一切的作用，丈夫的地位更類似於家中長子的身分。

印尼的另一個神話故事，也從其他角度證明了這一點。

有一對姊弟，他們無父無母，相依為命。姊姊自然就擔當起母親的角色，盡心盡力地照顧好弟弟。就像在東南亞家庭中常見的那樣，姊姊天天在家裡忙裡忙外，弟弟則常到海邊去玩。一天，工匠們造好了一艘新的船，便揚帆出海了，小弟弟卻還毫不知情，在船上盡情地玩。船已經開出很遠，人們才發現了他。這艘船是為爪哇的國王建造的，於是人們一起把孩子帶到了國王面前。這個國王和王后正好苦於多年沒有孩子，就高高興興地收養了這個男孩，讓他長大之後繼承王位。

但是姊姊不知道。她焦急地向人們四處打聽弟弟的下落。可是沒有人知道。這個富有愛心和責任感的女孩就一個人出去尋找，無論碰見誰，都打聽弟弟的下落。直到有一天，當她問到一隻紅鳩時，這隻神鳥變成了老奶奶，對她說，她的弟弟在爪哇的王宮裡，她可以穿上牠送給她的羽毛服，變成紅鳩，飛到那裡去。

女孩立即照著神鳥的建議，飛到爪哇的王宮。但立即被國王發現。國王下令抓住這隻美麗的小鳥。當女孩脫下羽毛時，國王被她的美貌驚呆了。後面的故事當然是皆大歡喜，國王娶了這個少女為妻，而失散多年的姊弟也因此重逢了。需要注意的是，這個故事的另一個重要的內涵——最後，姊姊真的在名義上成為弟弟的母親了。

由此，我們可以聯繫上面兩個故事來看。顯然，這兩個故事都有人獸婚的痕跡。但更重要的是兩者之間相通的文化內

涵：通過種種磨難，母親變成了妻子，而姊姊成了母親。

在東南亞本地文化當中，似乎默認了這樣一種替代關係：母親——妻子——姊妹，這三者之間的角色似乎沒有明顯的差異，都作為男性的某種保護者（也可以說是男人的依賴者）出現。她們總是更早，或者說更急於知道事情的真相，並自己獨自處理發生的種種事端。這樣一種文化品格，我們今天依然可以在東南亞的現實生活中尋到痕跡。

一加一大於二

其實，現代人有那麼多心理疾病是一點也不奇怪的。我們的祖先幾乎就生活在無數的意外和驚嚇中。他們無法把握自己的命運，一點也不相信自己。在他們看來，與其相信自己，還不如相信那種超自然的神祕力量，更能保證他們的安全與幸福。

原本這種信仰應用在漁獵、生產、生育方面。可是，隨著社會慢慢進步，原先一生可以有無數情侶的人居然漸漸只能一輩子和一個人住在一起，而且他的榮辱也開始和她的命運緊緊相連了。原先自由，毫無拘束地選擇性對象的權力一下子沒有了，成敗只有一次。信仰在這裡也終於開始有了用武之地。

在東南亞，幾乎所有民族都同意男女自由戀愛。譬如說，泰族人是通過對歌找情人的。每天勞動之後，男女青年分成兩組，各自站在一個高台上，輪流對唱。緬族人的婚姻選擇範圍很大，連姑表婚也允許。如果男青年看中一位姑娘，就向姑娘贈送禮品，一般為鮮花、水果等。若是禮物被退回，就說明姑娘拒絕了。姑娘願意的話，就會回送一些禮物。幾乎所有的東

南亞民族的男女青年都能享受這樣的甜蜜愛情，一般家長對兒女的戀愛也不加干涉，悉聽尊便。但他們的這種合作態度並不是堅持到最後。許多地方最後論到婚姻時還是由父母請示神靈，做出決定。

緬族人邀請和尚對婚事進行占卜，占卜的內容包括雙方是否適合成親，以及成親的吉日。如果占卜結果不佳，那這段婚緣多數就會泡湯。在巴厘島上，有些人非常重視祖先的意見。他們竟為了討得祖先歡心，決定在家族內部選擇伴侶。這種內婚形式意在確保他們血統的純正，就像埃及和日本的皇族家庭所要求的那樣。這在緬甸的歷史上也存在過。緬甸的歷代國王一般只和自己的異母妹妹結合。據說，這樣才算盡了後代對祖先的神聖職責。當然，在同一個島上，也有人用完全相反的方法激烈地抗議族內婚。這是一種非常浪漫又冒險的婚姻方法，可以稱它為私奔，也可以認為是一種搶婚。

最最奇特的占卜方法是住在越南的瑤族人。父母對兒女的婚事，態度上首先取決於這對戀人的生辰八字是否合適。通過了這一關，就開始第二項程序──夢卜。他們會請媒人到女方家裡詢問身世，有多少嫁妝等情況，然後一一告訴祖先並祭祖，希望祖先之靈回答自己這門婚事是否合適。接著就連圓三天的夢。如果三天的夢都是吉兆，或三天沒作夢，便表示祖先同意這門婚事。只要有一天的夢呈凶兆，那生辰八字也會退回，婚事徹底告吹。

我們從機率的角度來分析，會發現這裡成與不成，機率並不是對半開的，不成功的可能性大得多，讓人不禁為那些瑤族青年擔心，他們會不會也經常上演棒打鴛鴦的劇目。不過，瑤族人還是堅定地認為，只有通過這樣嚴格的祖先認證儀式，今後的婚姻才可能得到祖先和神的祝福，從而萬事順利。

問題是，這裡的人為什麼把未來的婚姻看成那麼危險不測？究竟危險在哪裡？這裡既然如此重視婚姻，又為何對年輕人的戀愛不聞不問？

　　解決這個問題前，我們必須先考慮另一個看似簡單的問題：人為什麼一定要結婚？在沒有婚姻，沒有家庭的舊時代，人們也有愛情、親情和孩子。所以，婚姻的出現恐怕並非因為愛情，而是並不太浪漫地基於某種經濟上的考量。婚姻從經濟上的角度講，是把相互補充的男女結合在一起。他們因此也比婦女有更多的自由。婦女負擔照料孩子的責任，與其說是一種生物本能，還不能說是一種文化上的義務。婚姻成為相互協作，獲得勞動成果的捷徑。初民驚奇地發現，這樣的分工組合能產生比原先多得多的產品。這道類似於「一加一大於二」的命題自從被初民發現，婚姻制度也就鞏固下來了。

　　所以，對他們中間的很多人來說，婚姻伙伴本來就是一種類似工作拍擋的身分，與愛情沒有關係。此地雖然一直具有尊重愛情、享受愛情的精神氣質，但愛情和婚姻在他們看來，是沒有關係的。愛情是年輕人的遊戲，婚姻則是成人對部族的義務。你可以愛上任何一個人，但你的婚姻必須經過神的恩准。這樣你才能和你的伴侶生活得富足平安。像是泰族人是可以自由戀愛的，但這種戀愛毫無未來可言，與往後的婚姻一點關係也沒有。婚姻必須通過媒人牽線，由雙方家長做決定。一般請當地寺院的和尚推算兩人的生辰日月，得出兩人命相是否相合，以確定這段姻緣是否能成立。

　　因為婚姻本身帶有生產組的性質，所以，這裡的許多民族在請示神啟之前，自己也會有考察對方生產能力的專門測試。

　　其中，考試時間最長的要算是服務婚了。整個服務婚期間（年數一到七年不等），女家都在考察未來女婿的工作能力。

如果不滿意，這個可憐的年輕人很可能就白幹了一場，還得另起爐灶，到其他女孩家裡充當長工。

高棉族男性相對來說要簡單些。婚禮前，要支付給岳父母「母乳錢」。這筆錢本身就說明了這個青年的工作能力。而邊遠山區的矮黑人男子求婚時，則要通過女孩自己的考試。他必須以弓箭射通女孩在遠處安置的竹筒。如果沒有射中，說明這男子沒有能力養活妻子，求婚的事當然也成了泡影。

許多社會缺乏勞動力，因而，婚姻的另一個重要結果就是——孩子成為勞動力的源泉。家庭中的成員越多，就意味著這個家庭存在著更大的潛在勞動力來源。夫妻間的經濟得益，隨著孩子的出生，成長，離家，以至於結婚而變化。所以，這裡的人都以許多孩子為榮，孩子少或沒有孩子是沒有地位的。因此，婚姻需要占卜，還有一個重要的原因——確定他們今後是否有孩子。

爪哇人也是男女自由戀愛，但結婚還得取得父母的同意，之後新郎要送聘金。新婚後，新郎住在女方家裡，直到生了第一胎，雙方父母才幫他們建立新家。在此之前，兩人的婚姻還相當不牢靠，隨時都可能散伙的。

菲律賓的伊富高人是優秀的農民，他們在梯田裡種水稻，勞動強度很大。男人要修補堤圍，翻地整田，灌水泡田；女人則擔當插秧、除草的工作。辛苦的工作使他們希望有很多孩子可以一起幹活。這裡的年輕人婚前有充分的性自由，而且必須一定要使用這種自由，否則就會有老大失婚的危險。因為這裡的年輕人直到女方懷孕，才歡天喜地地結婚。如果自己的女友多年不育，年輕人離開她，不會受到任何人的指責。這裡本來就普遍實行著試婚制。近親之間，如果想結婚，問題也不大——只要有一定的祭祝儀式，告知祖先就可以了。所有問題

的關鍵就在於「孩子」。

結婚在這裡的許多民族看來，情感性相當淡，真正的主角是內中的經濟利益，工作能力和孩子受到特殊的重視。但是，誰也不知道，哪兩個年輕人在一起才是絕配，能獲得神的眷顧，擁有許多孩子。這一切只有神知道。

於是，東南亞的許多民族找到各自信仰的神，人們會詢問他們的神，某一對年輕人以後是否有幸福的生活？當然，歷代都有許多年輕人認為幸福只在於和愛人一起生活，並非來自擁有七、八個孩子。這些叛逆者無視於噩夢的預兆，為了繼續自己的人生觀念，強行去找尋自己的幸福。

食人者的孝心

眼見曾經和自己很親密的親人、朋友，轉眼間卻變得僵硬、冰冷，那種徹骨的冰寒，相信每個人都曾感受過。死亡，是懸在每個人頭頂上的一把劍，不聲不響地懸在那裡，威勢卻賽過千軍萬馬。

從初民到今人，所有的人其實心中都有死亡情結，都相當關心死亡。如果要勘探任何一個民族文化的最深處，研究他們對死亡的態度，恐怕是最簡便的途徑了。這種態度最集中體現在葬儀上。葬禮，一般是一個民族最嚴肅的儀式，它更多是為活人，讓他們壓抑的心情（這種壓抑既包括對死者永逝的痛惜，也包括生者本身對死亡的恐懼），在繁文縟節，甚至有些自虐的形式中得以釋放。

人們一般都把死者的生前用品捎給他。一開始，可能是因為初民物我不分的心態，認為只要這個人用過，這樣東西就永

遠有了他的特徵、他的風格，別人再也不可以使用它了。到後來，可能就是出於一種同情死者，兔死狐悲的心情了。

但蘇門答臘的巴塔人並不把死亡當成是一件多麼可怕的事。他們把它看作是一種重生。「死」，在他們還不如說是靈魂的轉移。所以，他們非但不怕死，還主動幫助自己年老的父母去迎接死。這是他們所認為的最大孝心的體現。

不要以為巴塔人做出了一些類似於今天提倡的對老人臨終關懷的舉措。事實上，為了盡自己的孝心，他們認為最好的措施就是把自己年邁的父母吃了。這對他們來說，是一種真正的盛宴。殺食老人的時間被精心選定在鹽價最便宜的時候，以便調製出食物的好味道。在擇定的這一天，那位被選定的幸運的老人便爬上一棵樹，其親人和朋友則聚集在樹下。大家敲擊樹幹，唱起了悲傷的輓歌：「看呀！時候到了，果實熟了，要從樹上掉下來了！」老人應聲而下，由他最親近的人把他宰了，眾人一起同吃。他們就這樣以隆重的儀式，懷著懇摯的孝心，吃了他們年邁父母的肉。

世界上的食人部落不少，在非洲、美洲、澳洲均有分布。但一般都是食用敵人或俘虜的肉，以獲得敵人的精氣及死者的勇氣。這些食人部落都不食用本部落人，主要是出於同類不相殘的信念，就像許多相信自己是某一種圖騰動物之後代的部落會吃一切動物，但寧可餓肚子，也不吃這種特殊的圖騰動物。就連兔子都不吃窩邊草，可巴塔族，這個有些奇怪的民族卻不吃任何別的外族人，專吃自己最親近的父母。而且，他們並非是完全愚昧的民族；正好相反，他們甚至已經有了自己的文字和書籍了。

其實巴塔人在父母活著時，對父母非常好，甚至難得頂撞，極為尊敬。他們食用父母的原因，恐怕也是出自這種尊

敬。正因為他們極為崇仰他們的老人，就希望用某一種方式，把老人的靈魂和智慧永遠留下來。而食物的品質會影響個人的性格，這種思維在全世界的許多民族中都存在。

別的不說，就算在我們漢語中，也留有這種思維的印痕。譬如說，當人們形容一個人膽子大得超出一般的範圍時，往往會說：「那個人吃了熊心豹子膽啦！」顯然，熊和豹子這兩種動物一貫被當成凶猛、勇敢的動物典型，人們一旦食用了它們的關鍵部位，也會得到它們的勇猛精神。反過來說，人們也普遍相信，吃了懦弱的動物，會使自己也膽小起來。至今我們還常常說：「吃什麼，補什麼。」這也是許多民族對食物採取各種各樣禁忌的原因。

殺食敵人的食人族正是出於這樣的動機。其實，巴塔人同樣也是出於這樣的動機。他們崇敬老人，因而採取食用的方式，認為這樣就可以把老人的智慧品格留存在自己的體內。然後，就這樣一代一代，一直傳下去。事實上，到了後來，這成為某一種部落禮儀。因為任何老人也都吃過他們自己的父母，這樣一來，每一代食人者實際上吃下去的都是整個家族，甚至整個部落的靈魂，任何一個人身上都有無數祖先留下的優秀品格。這簡直是一種特殊的遺產，而且是只會增加，不會減少，誰都搶奪不走，就在自己體內保存的遺產。同時，因為每食用一個老人，部落的多數成員都參加，到了後來，大家身上往往有相同的靈魂因子，整個部落也因此真正做到了水乳交融。

問題還不止於此。任何孩子在逐漸長大的過程中，都會逐漸意識到死亡的存在。給死亡一個說法是所有的人都遇上的重要問題，而一個人由此形成的死亡觀，往往會影響其一生的性格和選擇。哲學在本質上就是回答兩個問題：什麼是生？什麼是死？

但是，面對生死，很少人會完全坦然。恐懼死亡是生命的本能。在社會生活中，最直接面對死亡的就是參加喪禮。我們的喪禮多是以啼哭作為主要內容，給人的感覺是天下最難過的事莫過於死亡了。但巴塔人顯然樂觀得多。他們的孩子從小就看見自己的父母把爺爺、奶奶吃了，而且父親還告訴他，這是最大孝心的表現，這樣就永遠把爺爺、奶奶留在體內了。有這樣的「死亡教育」，相信巴塔族的孩子對死亡的恐懼感一定會減少不少。死亡，在這個民族被弱化得幾乎不存在了。換句話說，只要你並非因為意外而死，那你就永遠不會死了，你會在子孫萬代的身體中永生。

　　也許巴塔人的這種死亡觀過於自說自話了，但我們又有什麼權力認定，死亡一定是痛苦不堪的，還以此恐嚇孩子呢？巴塔人的觀念，在某個角度顯然更加富有一種人道精神。

Chapter 8
遺跡種種

泰拳‧星期‧顏色

公元 1560 年，緬甸與泰國發生了大規模的戰爭。泰王那尼遜被俘。緬甸人並沒有不依不饒，而是提出了一個非常新穎的解決辦法——

如果泰王能夠擊敗緬甸的拳擊冠軍，就可以重獲自由。

通過自己的武力，保護自己，而不是通過錢幣和國家的軍隊，這種相對而言比較原生的尚武精神在這樣的政治形勢下，倒顯得非常公正。但是，這場比賽壓力對於這個成為戰俘的泰王來說，是可想可知的。如果他沒有贏得這場比賽，不僅他自己回不了國家，還丟盡了國家的臉面，人民也會對他的能力產生質疑。因為民眾認為他是神，如果他連自己都救不了，誰還會信任他的通神能力？

但這種壓力從另一個角度看，顯然對這個身處逆境的國王也不是什麼壞事。人在強大的外來壓力下，往往會爆發出驚人的，甚至連自己也沒有想到的潛能。那個泰王也許就因此而完

全調動了自己內部的潛能，結果取得了這場比賽的勝利。

可以想像，當他作為英雄重歸國土時，人們對他表達出的那股狂熱和歡迎。沒有人再提起他曾經受俘的難堪遭遇，從此泰拳倒被確立為泰國的國技，一直流傳到現在。這種拳擊是這個國家的驕傲。作為一種搏擊自衛術，泰國拳擊把肱肘、膝蓋、足以及拳頭的運用充分地協調了起來，成為一種獨一無二的武術藝術。

泰拳比賽的場面既壯觀又殘酷。每場比賽必須經過五個回合才分出勝負。每一回合三分鐘，中間休息兩分鐘。如果一方昏倒不醒，裁判從一數到十，仍叫不起來，就判為失敗。緊張激烈的搏鬥在觀眾興奮的呼喊聲和裁判員「一、二、三」的口令中開始。從整個比賽過程看來，泰拳與西方的拳擊比賽並無太大的區別，真正的區別在於許多繁瑣的禮儀和儀式上。

泰拳在自己長期的發展過程中，形成了自己的獨特風格。泰拳的賽台約八平方公尺，設在賽場正中間，周圍圍著兩根粗繩，四面是石級式的座位。最前面的幾排長椅是兩名裁判員、一名計時員和醫生的座位。左邊的樂隊通常由三人組成，樂器有笛子、鼓和鈸。當樂手奏樂時，拳師們便以嚴肅的態度步入比賽場。

拳賽前，按慣例是要舉行宗教儀式的。擂台旁設置神龕，人們把鮮花奉獻在神龕上，以表示對神靈的崇敬。清脆的鐘聲一響，出賽的拳師先向自己誕生的方向跪下，用手遮蓋雙眼，口中祈禱，祈求神靈庇護。然後和對手行三鞠躬禮。禮畢，台下奏起泰國傳統樂曲，拳師們隨著音樂翩翩起舞。據說，每位拳師的舞蹈表演各不同，都是根據自己的不同派別以及造詣的深淺而變化的。不過，這些舞蹈並沒有舒緩人緊張情緒的作用，舞蹈的高強力度倒可以把它理解為一種賽前的熱身。隨

後，拳師們繞場緩步而行，向觀眾顯示威武的姿態和昂揚的鬥志，臉部還要做出憤怒的神情，好像決心要把一切邪惡和魔鬼都驅逐乾淨一樣。

拳師在賽前，還要表演他們的拜師規矩。兩位拳師恭恭敬敬地俯地跪拜。跪拜儀式各不相同。據說，如果相同，表示雙方同承一師，就不必比賽了。這種同門不相殘的精神在中國的武術傳統中也同樣存在。

賽時，拳師們解下束在頭上的「神帶」，戴上橡皮手套和保護下部的硬罩，上穿上衣，下著短褲。手足的腕部要纏上寬一寸的長繃帶，起保護作用。這時就可以開始搏鬥了。這些拳師自幼就進行了嚴格的拳術訓練，身體的很多部位如膝、肘等關節，都練得堅硬如鋼，一番拳打腳踢之後，往往會致對手傷殘。因此，幾個回合之後，往往血濺擂台。古代，有些拳師為了打敗對手，甚至暗藏武器，傷害對方。

泰拳現在在泰國依然是一項十分吸引人的活動。每逢週末，大大小小的拳擊場都會舉行泰拳比賽，男女老幼只要有機會，都會湧到拳場觀戲，沒票的人則守在電視機旁，那種如痴如醉的程度，比起別的國家那些看足球的球迷，實在是有過之而無不及。熱烈瘋狂的場面，讓人不敢相信他們是一貫溫文爾雅的泰國人。

當然，每個民族的性格都不是一成不變的，不同的情況下，就會有完全不一樣，甚至正好相反的表現。泰國民族對泰拳是如此熱愛，在中學裡一般都把泰拳看作是重要的體育科目。有人曾分析，人類自進入史傳時代以來，歷次戰爭的原因，95%是出於政治上的目的。這很容易理解，戰爭理論本就認為戰爭就是政治的延續，擅長解決政治解決不了的問題。另外 5%則是人體內那種生物性的衝動。這個 5%常常表現為把

矛盾升級、激烈化。人的內心深處似乎對一些慘烈的場面都有一種畸形的嗜好，如同在西班牙殖民者到來之前，菲律賓半島上的許多小部落互相之間終日打鬧不休，雖然規模並不很大，而且似乎也因為受到他們某種有意識地控制，而很少升級，但同時他們顯然也不願結束這種並沒有什麼理由的爭鬥。

　　有時候，爭鬥確實能給人帶來快感，而知覺到這種快感的人多數為男性。估計是因為雄性動物總要承擔更多的戰鬥任務，心理上有些上了癮吧！所以，溫和的泰國人如此鍾愛泰拳，也不是什麼不可理解的事。因為，從一開始的故事裡，我們就知道了泰拳和戰爭本身就有淵源關係，而現在又是一個戰爭被有效控制的時代，泰拳如同其他地方的足球一樣，成為戰爭的某一種替代形式。

　　現在的泰拳手也並沒有忘記這種古代的出處，這可以從他們比賽時，身穿的上衣顏色看出。據說，他們一個星期七天裡，穿的衣服，顏色都是不同的。

　　　星期日　　紅色
　　　星期一　　淺黃
　　　星期二　　紫色
　　　星期三　　橘紅或發光的雜色
　　　星期四　　黃綠
　　　星期五　　藍灰
　　　星期六　　黑色

　　這些規定並不是泰拳手自己憑空想出的，而是古代戰風的遺存。古人出征時，每天穿的外衣顏色就必須各不相同。打仗時，戰馬的顏色也應與當天的顏色保持一致。據說，這種習俗

與七個行星的占星術有關。這些行星對人來說，非常重要，能夠影響人們的一生。每個行星都有自己的顏色。

古代，泰王出征時，就穿一件當天特有顏色的短上衣。這件上衣上面畫著一些特殊而有魔力的圖案。現在，東南亞的普通人也通常注意自己纏腰布的顏色。因此，只需看這塊布的顏色，就可以知道當天是星期幾了。人們還往往將他生日那天的顏色作為他鍾愛的顏色。據說，如果人們按照每一天的顏色穿衣服，與那一天天上的行星顏色保持一致，好運將永遠伴隨他；對戰士而言，就一定能贏得勝利。這種保證對和戰士沒什麼區別的泰拳手來說，顯然很重要。

對東南亞人來說，星期不僅有顏色，還有生肖。不過，是八大生肖，而且和年份也沒有關係。八種動物分別與一星期中的每一天匹配，其中星期三分成上半天和下半天。從星期日起，屬相分別是鳳、老虎、獅子、雙牙象、無牙象、老鼠、天竺鼠、龍。緬甸佛塔分為八個方位，這八個方位分別由八個生肖代表。因此，緬甸人朝拜佛塔時，多向自己所屬的方位頂禮膜拜。此外，緬甸人的名字一般與他出生那天是星期幾有關。按照習俗，緬甸人將一星期中的每一天分別以幾個字母代替，取名字時，名字的第一個字必定是生日所代表的字母拼成的。所以，一般看緬甸人名字的第一個字，就可以知道他是星期幾出生的了。

這種有關星期的占星術是東南亞獨有的本地文化，而這種習俗始終在這塊土地上綿綿不絕，無論是古代的戰士、現代的泰拳擊，還是普通民眾。風俗本身就是這樣一種難以改變的事物。雖然在泰國，因為佛教文化的全面影響，泰拳的儀式中加入了很多彬彬有禮的成分，但是，在這樣一個不起眼的小地方——上衣的顏色上，就悄悄地流露出許多舊日的信息。

不可小瞧的裝扮

　　這一片土地深得人類學學者和旅遊者的寵愛當然是有原因的。這裡實在有無數讓人興奮的奇風異俗。在現今這個世界上，似乎正湧動著一股尋找古老的風潮。人們也開始像自己的祖先那樣，在自己的臉上塗上油彩，在節奏強烈的音樂中忘情地歌舞。人們讚嘆原始人藝術成就驚人的壁畫，並逐步重視與之有異曲同工之妙的兒童畫。有些人甚至也開始和原始的祖先一樣，去蔑視古板的一夫一妻制。總之，這個世界很奇怪，似乎轉了一個圈，大家又開始想起了從前。

　　一走進東南亞，我們就會感覺到一種奇異的氣氛。這裡既車水馬龍，又古塔林立。這種現代和古代的並存也體現在人的服飾上。走在東南亞的任何一個大城市裡，我們都可以看到，人們有的穿著 T 恤牛仔，也有人穿著紗籠短衫，濃郁的異國情調撲面而來。在現代化的進程中，東南亞人並沒有像中國人那樣，把原先的服飾扔掉，而是繼續驕傲地穿在自己身上。服飾對一個民族非常重要，若突然改變自己的服飾，那一定說明這個民族的文化有了重大的變革。從服飾上，我們往往能看出某個民族的個性與風格。

　　人類本不必對上帝給的自然之體感到害羞，我們也沒有掩蓋性器官的本能。要說衣服的起源是因為遮羞，顯然沒有說服力。服裝最早恐怕還是為了美化自己。初民們還在赤身露體時，就會用一、兩片葉子掩住下體。這恐怕不是遮掩，竟能算是某種炫耀了。可以想像，當人們看到他時，那片綠葉簡直就像加重符號一樣醒目。

　　在東南亞，很多受到外來文化影響少的地區往往顯出一種非常可愛的樸素。巴厘島的婦女驕傲地裸露自己美麗的上身，

而且會非常優閑地在村裡路邊的小河裡洗澡。當然，洗澡的過程中，她也絕不會央求什麼鄰家小孩為她放哨。在她看來，這和洗手沒有什麼差別。還有比這更自然的事嗎？

當然，現在由於大量遊客的到來，她們感受到了一種和她們的心思有所區別的新觀念。她們討厭別人好奇的目光及自以為是的閃光燈，就跑到遠離公路的溪邊去沖涼了。半島地區的許多山區民族也往往不分男女老幼，皆袒露上身。有時候，女人們喜歡穿一件真正所謂的「披肩」，從右肩穿過左腋，繞至胸前，這種披肩往往色彩越豐富，越得人們喜愛，成為一種富有民族特色的裝飾品。

當然，在東南亞的大多數地方，人們都有自己的民族服裝。此地最著名的服裝當數紗籠。所謂「紗籠」，即為花裙、圍裙，是男女都可以穿的，區別只是在花紋和圖案。男用紗籠的圖案多為方格淡花，色彩較為單調；女性則大紅大綠，色彩鮮艷。這種紗籠雖然製作工藝簡單，但相當漂亮。它有緊身束腰的特點，少女穿著起來，曲線畢露，具自然美態，完全體現了人體美。這是一種極佳的藝術品，在洋洋大觀的世界民族服裝之林中，完全可以占一席之地。

現代人重視衣服，因為作為人的第一外表，通過它，甚至可以看出人的性格，或活潑、或憂鬱、或僵硬、或隨便。民族服裝當然也是這樣。性格隨和的東南亞人之所以喜歡紗籠，恐怕和它的式樣及製作都顯得簡單有關。與之相配，他們不穿鞋襪，平時以光腳穿拖鞋居多。他們不需要各種形式繁多的服裝約束自己，不像古中國人，衣飾繁複，而且等級森嚴。這裡誰都一樣，男女、老幼、貴賤，一樣都是紗籠，那種簡單、滿足也就是東南亞顯著的特徵了。他們紗籠還體現出一種追求自然原味的美學意識。巴厘人非常講究人體美，過去在這裡，女人

都不穿上衣。此外，她們的舞蹈服裝也很可愛。頭飾以金銀為主，腰部緊束，身體的線條感強烈。

衣服簡單，但事情並不是這樣簡單。這裡的人通常上身穿非常短小的衣服，下身即紗籠，有時裡面也穿長褲。這樣少的穿著與這裡四季皆夏的氣候相適應。此外，是否也傳送出某種有關男女青年私生活自由的信息呢？

聯想到中國早期即有君子佩玉的傳統，這種習慣留給我們的是一種貞靜優雅的印象。但是，如果我們進一步「以小人之心度君子之腹」，就會發現，這與男女之大防有密切的關係。當你心猿意馬，走近心上人時，你的腳步當然不可能非常鎮定，不可能不違反人們對君子、淑女所要求的走路時玉佩帶一定要節奏出聲的規定。而繁複的服飾也限制了你違禮的行為。因為如果你膽敢利用人們不注意的時間行不軌之事，那就要保管君子淑女們從頭到腳的繁複服飾，事後仍然一絲不亂，保持原狀。東南亞人顯然沒有同樣的難題。他們根本不約束年輕人的私生活，用不著這樣費盡心機，用服飾作為某一種監管工具，嚴嚴實實地包裹自己。

這種製作簡便的衣服甚至很少有刺繡、花邊之類的。它本身作為一塊布料，所有的美都體現在強烈豐富的色彩上了。這裡的人，不分男女，都喜歡穿花衣服，紅色最受歡迎，鮮紅、暗紅、桃紅、玫瑰紅，細細分可以分出幾十種顏色。這種強烈的色彩感似乎昭示著他們的心地簡單。他們有滋有味地用五顏六色，種種色彩，把這個世界打扮得豐富多彩。

這是一種彩色的單純，因為他們心無一塵，才會對鮮艷的顏色如此鍾情。而喜歡純色的人，實際上倒是生活在一種複雜中。譬如說，在我們的成人世界裡，穿得花花綠綠的非常少見，而兒童往往喜歡非常濃烈的顏色，基本上都使用彩色顏料

或蠟筆作畫，很少會對水墨華畫感興趣。

在菲律賓，人們獨特的這種色彩喜好也體現在交通工具上。這裡連汽車都是五顏六色的。這種彩色車叫「吉普尼」，全世界僅馬尼拉獨有，是市內最活躍的交通工具。這種花車的外型比美國吉普車略大，頗似救護車，設兩排相對的座椅，可坐十幾人，私人經營，路線有分工，但沒有固定的停靠站，隨叫隨停，極為機動、靈活。車身、車頂花團錦簇，繪滿風景名勝、歷史故事，車頭還安裝了駿馬模型、彩旗、彩燈。

據說，這是二戰後，在馬尼拉交通最困難的時候，一個音樂家拖出美軍留下的一輛破吉普，加以改裝彩飾，成為獨特的公共汽車，因此獲得了發明家獎。一般來到馬尼拉旅遊觀光的外國客人都以乘坐一次花車為快。沿街遊覽，通常可聞歌聲，街上隨處都聯可看藝人在表演各種各樣的舞蹈。警察們一般也不十涉，只要不在市中心恣意鬧事，便會任其四處載歌載舞。所以，如果你駐足在馬尼拉街頭，一定會發覺那裡大概是世界上顏色最豐富的地方了，衣服、招牌、汽車交相輝映，簡直就是一個繽紛「萬花筒」。

這裡的人對服裝的裁剪要求不高，但他們對自己的人體美要求很高，經常進行「二度加工」——譬如紋身和染齒。

我國的《安南雜記》記載此地：「每用藥物塗其齒，黑而有光，見人齒白者，反笑之。」染齒在這裡古已有之。究其淵源，恐怕是古代人因為喜歡吃檳榔，導致了牙齒發黑。

據說，東南亞人嚼檳榔時，把栳葉和蚌灰一起放入嘴裡——這三樣東西加在一起，會起化學反應，變成血紅色，再把渣子吐出，久而久之，牙齒便被染成黑色。過去這裡的人把牙齒染黑，視為一種美。人們認為，這三種東西加在一起的結合，象徵著骨肉之間團結和睦，至今仍是一種婚姻的信物。

後來，當地人看不起那些不會吃檳榔的外族人，結果黑齒成為某種民族標記，自豪的民族心理使得好吃變成了好看。現在這個習俗在大城市已經很少見了，只在一些邊遠地區和另一種鋸齒的古老習俗一起存在。

　　有時候，他們還會在牙齒上加裝別的裝飾品。沙立甲在梵文中是八哥鳥的意思。當地的民間傳說常常把這種鳥說成是一種能說甜言蜜語的鳥。為了使自己的嘴變得甜一些，人們會把沙立甲寫在護身符上，特意改變它的形狀，做成小薄片，鑲在牙縫之中。

　　另一種習慣——紋身，至今仍在東南亞的廣大範圍裡存在。當然，規模和過去已不可比倫了。這裡的男女過去一般都是要紋身的。緬族男人從膝蓋到脖頸上都紋有圖案。以前，從某種程度上說，紋身是一個男性成熟的標誌。通常在男孩子的成年禮上，他才第一次開始紋身。這在當時可算得上是對男孩的一種痛苦的考驗。這種成人儀式實際上標誌著一個人從一種社會身分向另一種社會身分的過渡，無異於一種新生。人們需要新的名字，新的朋友，新的生活，紋身遂成為這個階段的最好標記。

　　當然，紋身最主要的功能是為了美觀。以前，此地的女孩子有些像海南島的黎族、台灣的原住民，臉上也紋有圖案。如果沒有，也被認為難看，會嫁不出去。其實，紋身是成年人才擁有的一種美的權力。這裡的人不喜歡穿繁複的衣服，也不喜歡在紗籠上刺繡之類的，但他們喜歡在自己的身上畫上圖案，暗示著對人體美的欣賞。

　　這裡每個人都有自己的寶物，以保證自己刀槍不入。紋身的另一個主要功能是躲避惡魔的危害。東南亞北部的人多在自己的腰部以下，膝蓋以上的部位全面紋身。從遠處看，如不穿

衣服，好似穿了一條黑色短褲。紋身的圖案是固定的，代代相傳。過去還有固定的儀式。按傳統，紋身儀式要在佛寺聖堂舉行。在佛像前祭拜後，便開始了。在針刺皮膚的整個過程中，有一名僧人一直以低沉的聲調誦讀咒語。然後，紋身師要長時間用手掌大力擊打紋身部位，直到圖案明顯出現在皮膚上為止。最後還會舉行一種類似神判法的小實驗——用硬物砸在被紋者的身上，或用尖東西刺他一下。如果他毫髮未損，就表明這個神奇的儀式已獲得了成功。

此外，他們還在身上帶著許多有魔力的護身符。這種物品的形狀是一個中空的長圓筒，尺寸厚薄並沒有定規，使用的材料可以是各種金屬。人們在金屬板上刻出特別怪異的文字或圖形，然後將金屬板捲成長的空心圓筒，串在各種質地的鏈子上。人們將鏈子佩帶在右肩上，也有做成臂環和腰帶的，以防危險或達到某種專門的神奇目的。

東南亞婦女大多留長髮，年輕女子喜直髮披肩，年長的女子則喜挽成各式各樣的髮髻，髻上常插鮮花，並喜歡用椰油塗抹頭髮。她們很少燙髮，認為最漂亮的頭髮就是烏黑光亮的。緬族婦女非常重視頭髮。她們說：丈夫的威嚴是手臂，女人的尊嚴是髮髻。據說，這裡的婦女即使在萬不得已的情況下，寧可割去鼻子，也不剪去頭髮。她們還喜歡用一種叫「達那卡」的香液塗抹在臉上和手腳的肌膚上，以阻隔紫外線的照射，使肌膚保持白皙和光滑。

東南亞人對人體美超過了對服飾美的注重，他們從頭髮、牙齒、皮膚，一樣樣用心地裝扮自己，同時達到了美觀和防邪的效果。服裝對他們來說，並不是對身體的遮掩，而是體現人體美的另一種輔助手段。所以，他們穿起服裝時只有兩個重點：一是要曲線畢露，一是要色彩鮮艷。前者表現了人體美，

後者改變了人體原先單一的色彩，更加美化了人體。

　　他們是驕傲的一群，落落大方地向別人展示自己的此種美麗。這種驕傲是建立在強大的自信上的。他們毫無疑問地確信自己是美麗的，比任何服裝都美。

靜態的舞蹈

　　一位學者曾經這樣論述東南亞的藝術家：「當夜幕低垂，農夫們搖身一變，扮演著完全不同的角色。他們成為舞蹈家、戲劇家或音樂家。」他說的是事實，但只是部分的事實。在東南亞，舞蹈有很多種，人們都非常喜歡跳舞，但普通農夫們跳的舞往往是那種不需要經過專門培訓的舞蹈，也就是我們稱為民間的舞蹈。

　　民間舞蹈主要可以分成祭祀舞、勞動舞和社交舞三種。

　　馬來人信仰萬物有靈，為了祈禱和祭祀各種神靈，他們就表演各種祭祀舞。譬如說祈祝水稻豐收的哈拉舞，感謝叢林的神靈來到人們住處的古奴干舞，打獵以前的阿迦波石那舞，捕魚的巴央舞，以及班伊人遷移頭蓋骨時跳的娘迦巴拉舞。勞動舞則多持著各種舞蹈道具，很多也就是他們平時的生產工具，對某一個過程加以模仿。捕魚舞中真的需要魚簍和一張捕魚的小網作舞具，演員在樂曲伴奏下邊唱邊舞，表現了當地人民捕魚的生活和高超的技藝，具有濃郁的鄉土氣息。社交舞是為了娛樂，主要在節慶和集會時跳，舞種也非常繁多。

　　每逢過節，泰國人都用樂聲、歌聲和民族舞蹈抒發內心的情感。民間舞蹈主要使用鼓、鑼、拍板、笛子、胡琴、蘆笙等民族樂器伴奏。除了舞姿和眉目富有表現力外，演員手指的動

作能表達出許多微妙的思想、感情。指甲舞流行在泰國北方，多在民族傳統節日時演出。表演者皆少女，她們頭上戴著尖頂金冠，身穿金絲耀眼的衣服，手指上戴著足足八公分長的尖指套，在音樂伴奏下，輕移蓮步，微擺玉指，美妙絕倫。

樸實無華的南旺舞在東南亞民間流傳最廣。此舞的跳法有多種，男女的舞式也不相同。女子動作柔軟輕盈，男子動作灑脫大方，男女成對，亦步亦趨。女子以面頰、上身、手臂向男子作情致委婉狀，男子則以雙臂拱護女子，在其周圍環繞而舞。學起來非常容易，在泰國廣為流傳，無人不會，還傳到了柬埔寨和老撾等國。

還有一種非常美麗的蠟燭舞。跳蠟燭舞時，室內所有的燈光均熄滅，演員們手持蠟燭，隨著樂曲聲，在黑暗中以燭光組成多種圖案。

但是，更多的舞者是職業舞者。東南亞的音樂、舞蹈和戲劇三者是緊密相連的。在漢語中，巫和舞同音，這也許並不是一種巧合。「巫，以舞降神者也。」巫舞可能就是舞蹈最早的形態。傳說中治水的大禹不僅是治水的英雄，他根本本身就是一個大巫。後世巫師後來競相學習他的特有碎步，這種步法遂被稱為「禹步」。

對許多土著部落的巫師而言，舞蹈是一種經常的工作手段。但並不是為了娛樂，而是為了某一種特殊的目的。一位看過某地土著巫師表演的學者，這樣描寫這位當地巫師為了戰鬥的勝利而表演的巫術舞蹈：

「他身穿飾有犀鳥羽毛的戰衣，頭戴一頂帶羽毛的戰帽。最初，他不用武器舞蹈，然後他拾起他的盾牌，更後又拾起他的戰刀。那舞蹈由一串難以描述的蹲伏、跳躍、扭曲的動作構成，在這些動作裡面，真正戰鬥的合式的姿勢或態度，與旋轉

的動作及較為普通的舞姿相摻雜。那戰士蹲踞在地上，戰衣拖曳於背後，將盾牌拉到他的面前揮舞。他轉動著，或者寧可說是跳躍著，如一隻多情的雄雀一般，起初向著一邊，其後又向著另一邊，好像招架一個看不見的敵人的打擊。隨後，他好像看到一種機會，一躍而起，以圖進攻。」

巫師在舞蹈中動作必須乾淨俐落、優美靈巧。這種要求並不是為了娛樂，而是因為他必須在煞有其事的戰鬥中，無可爭議地贏得勝利。

山哈央舞是印尼巴厘島上現存最古老的舞蹈。每當發生天災人禍，或是有了大規模疫情時，人們就跳這種舞蹈，以求平安。舞蹈者常常是兩個不滿十二歲的女孩子，她們在伴唱隊唱著神的名字時出場，這顯然意味著此時她們即是神的化身。這兩個舞者向人們灑聖水，然後赤腳在火上舞蹈，直到跳得神志不清。也有站在男人肩上舞蹈的，男人在下面來回旋轉，她們絲毫不受影響，在上面瘋狂地跳著舞，人們認為這是神靈附體的表現。這種祭祀性的舞蹈在整個世界範圍入也相當常見，人們在舞蹈中漸漸進入一種癲狂狀態，以此溝通於人神之間。但是，這種舞蹈在東南亞並不常見，那種瘋狂和這裡的人平和的性格有些格格不入。

真正的職業舞者出現在宮廷裡。柬埔寨宮廷舞蹈的悠久歷史可以追溯到吳哥王朝之前。鼎盛的吳哥王朝時期，宮廷和寺廟裡都蓄養了大批舞蹈家和樂師。在各種高規格的宗教儀式中，音樂、舞蹈是必不可少的組成部分。舞蹈家被視為人間神女，享有非常貴貴的地位。

這個時代那種舞蹈藝術繁榮的情景可以在吳哥窟裡依稀看到當時的影子。這所寺廟中有多達一千七百多座造型優美、舞姿紛繁的舞蹈神女阿普薩拉的浮雕像。阿普薩拉雖出自印度神

話，但窟中的體態、舞姿、相貌和服飾已不同於印度神女的形象，而具有了鮮明的高棉民族特徵。

後來的柬埔寨宮廷舞繼續保持並發展了這種特色，在原有的神聖和端莊中突出了柔韌纖巧的特徵。為這種舞蹈伴奏的樂器一般以黃銅面鑼、木琴和銀鈴為主，以弦樂和五聲音階的蘆笛為輔。另外還有整套國王、王子、公主、仙女、魔王和猴子等的行當。

他們的舞蹈中沒有土著民舞蹈中常見的那種瘋狂、激動，而是以東方式的寧靜，用手語和眼語傳遞出一種掩飾不住的靈動。古典舞蹈是通過舞蹈和歌唱表現的。這裡的古典舞蹈講究的是一種姿勢帶來的意境，動作非常莊嚴、遲緩，幾乎是靜態的。譬如，泰國、柬埔寨、老撾一帶的古典舞蹈中就明確規定有六十八種基本姿態，通過臂膀、手腳、脖子、頭、眼睛等部位的動作，表現人物的喜悅、痛苦、憤怒、疑惑等心情，其中以手部和臂部的動作為主，各種動作都有一定的含義，並配有固定的音樂曲調。每個動作都有名稱，如「神仙合十」、「蒼龍戲水」、「玉兔賞月」、「天鵝擺步」等。

據說，這種綜合藝術源於印度，在東南亞各國都很相似。這種以手語和基本舞姿表達劇情的表演，被稱作「孔劇」。以上六十八式可分作三類手語：一是象徵接受、拒絕、呼喚等動作；一是表達愛情、憤怒、嫉妒等感情的手語；一是模擬行走、端坐、敬禮時所配合的手語。

這裡的舞蹈題材大多受印度神話影響，一般表現美善戰勝邪惡及報應思想。演員都是經過嚴格挑選，自幼開始學習的。這種神聖的舞蹈還要求演員經過長期的規範訓練，使其雙臂、手指的動作柔韌綿軟，身體的動作細膩而豐富，舞蹈程序嚴謹，雕塑感強，表情端莊，舞姿典雅，靜中有動，動中見靜，

連綿不斷，儀態千萬，顯示出內在的東方式含蓄美。等全部學會，往往已是成年，這才能演出，和我國近代的京劇演員很相似。其中以印度史詩《羅摩衍那》改變的《拉瑪堅》故事最為著名。演出中，演員必須戴上不同的面具表現扮演角色的身分。這些面具本身就色彩鮮艷，做工精巧，每一個都是精湛的手工藝品。此外，還演一些佛本生經的故事。這實際上是一種宗教戲劇。通過它，觀眾獲得的確切知識要比老老實實從課本上得到的容易得多，印象也極其深刻。

東南亞就是這麼一個豐富的地方，任何東西在這裡都會有各種各樣的種類。各種不同的舞蹈正好滿足了他們祭祀的需要、娛樂的需要、學習宗教知識的需要，以及綻放自己的需要。他們是最熱情的民族，他們是生活得最快樂的人群。還有什麼比舞蹈能更適切地表達出他們這種樂觀感情的方法嗎？

進口的「繆斯女神」

人類有了語言，才有了交流思想的工具。「三個臭皮匠抵一個諸葛亮」，幾個人在一起討論一件事，想的往往比單個人複雜全面得多。思想在互相討論時才得以閃現。歷史上，很多民族草創時期的文化巨人留給今人的著作，一般都是以談話錄的形式出現的。如柏拉圖、孔子，我們今天閱讀他們當年的談話記載，往往可以看到很多靈光一閃的思想在對話中被刺激出來。這要歸功於語言的產生，但也要歸功於後來文字的創造以及書寫工具的出現。因為沒有了後者，我們同樣沒有機會看到先賢的思想，人類的文明也不可能積累至今。

正如其他地區一樣，東南亞的文字、語言也互相犬牙交

錯，一個個小語言區像馬賽克一樣拼裝在一起，各說各的，各寫各的。

緬文是以印度的格蘭塔字母為基礎製定的，已有一千三百多年的歷史了。可以說，緬文的創立過程就是以佛經為載體的。有需要，才有創造。在緬族人建立蒲甘王朝之前，他們還沒有自己的文字。但比他們更早到達緬甸的孟族人已經有了自己的文字。這種文字是在南印度的格蘭塔體帕那瓦文字體系的基礎上創製的。原來的帕那瓦文字也是因為傳播佛教才為人們所知。

孟文大約誕生於公元五、六世紀。此後的五百年，孟族人的統治者緬族人並沒有學習孟文。直到 1056 年，一個高僧將三十部孟文的佛教經典帶到蒲甘之後，出於狂熱的宗教熱情，緬族僧侶界才掀起了學習孟文的熱潮。皈依了小乘佛教的緬族人在孟人高僧大德的指導下，通過學習孟文，研究深奧的佛理。1090 年建造的阿難陀寺裡的一千五百幅壁畫，全部用孟文和巴利文解釋。後來隨著對孟文駕馭能力的增強，緬族學者、僧侶們開始探索改造孟文、創立緬文。

這種努力足足延續了一百多年，他們終於創造出了緬文。這種因為宗教而創造文字的情況，在人類歷史中並不多見。雖然歐洲許多國家也是因為翻譯《聖經》而規範了民族語言，但這和從無到有，完全為了宗教目的而創製的緬文不可同日而語。到了 1112 年，在妙悉提佛塔上，四面鑴刻著內容相同的巴利文、孟文、驃文和緬文的碑銘，可見，當時已經開始同時使用四種文字了。這以後，緬甸歷史才有了緬文可據。

語言深刻地影響著一個民族的思維方式。緬文中大量的詞彙就是直接來自於佛教巴利文的，而不是出於總會掉失一點精華的翻譯，這對緬族人全面徹底地理解佛教的概念非常有幫

助。當然，反過來說，語言也成為佛教統治此地的工具。現在我們看到的緬文每個字母都寫成圓形，這是為了寫《貝葉經》而養成的「習慣」。所謂《貝葉經》，即把一種叫貝多羅的棕櫚葉當作紙，用來書寫。這種葉片肥硬厚實，可用鐵尖筆在上面書寫經文。貝葉片要經過浸泡、曬乾、切割、磨光、打洞、劃線等一系列製作工序。寫出的經書用繩串起來，存放在寺廟中，與我國古代的竹簡有些相似。

古代，緬族人把請人抄寫《貝葉經》，獻給寺廟，看作是一種行善、積德的表現。此外，用貝葉寫成的其他內容的文書稱為「貝葉書」。這些經書對保存古代文化，傳播南傳佛教，起了重要的作用。

柬埔寨文字的形成過程和緬文差不多，是在梵文和巴利文的基礎上創立成的。同時使用反切標音。古代，人們用白粉寫在染黑的獸皮上。這種皮書用水一擦，字跡就消失了。不能長久保留。但是，柬埔寨文字使用中，等級非常嚴格，用錯了就有失禮節。現在的柬埔寨政府則需要提倡民眾使用柬文，因為在法屬時期，這裡被迫使用法文，至今法文仍比較流行。

越南在歷史上長期使用漢語、漢字，這當然與公元十世紀之前，越南是中國王朝政府管轄下的一個郡縣有密切的關係。中國中原地區的人民曾經大量持續地移居越南，從而促進了漢字在這裡的通行。到了公元十世紀，越南建國，漢字仍得到官方的提倡，被廣泛地運用。1839 年，越南的明命帝還奏請清朝道光皇帝頒發《康熙字典》，以便越南人學習漢文。其他越南的一切重要書籍、國家檔案文件，均用漢字寫成。這種情況到法國殖民者來到之後才完全改變。

現在使用的越南文字一開始是歐洲傳教士為自己學習越南語方便而用拉丁字母記錄越南語的讀音。其後，殖民當局把這

種對他們自己來說學習方便的拼音文字強行輸入學校，並下令在政府文件中使用。經過一個多世紀的時間，這種強迫手段收到了真正的效果，成為這個國家唯一的正統文字了。

1283 年是泰國文化史上一個非常機要的年份，因為在這一年，素可泰王國的蘭摩甘亨國王發明了泰文字母。自此，泰國的書面文學才真正開始。當然，這種文字也不是完全空穴來風，而是通過古代的高棉字母為媒介，以印度文子為模式形成的。在語言學上，泰語和漢語都屬於同一類型，即「分析型語言」，而且，這兩種語言中，相同的詞彙有數百個之多，這些詞彙當然是兩地長期交流、移民、貿易的結果。譬如說，數字，從 1 到 100 是完全相同的，發音幾乎與今天中國的廣東口音完全一樣。這種古泰文便是現代泰文的基礎。

有了文字以後，人們不僅可以把它用來記賬，寫文書，還可以開始創作真正的文學作品。半島地區的一切文化藝術，從本質上看，都是宗教的，哪怕是傳統文學，也帶有極深的宗教印痕。古代大部分的文學都是直接來自或改編佛教及印度教內容的作品。

泰國傳統文學的內容大部分是有關宗教的，即使一些人神戀愛的故事，也大多來源於佛教和印度教的神話。但實際上，宗教只是為泰國文學提供了素材，真正的作品是具有口頭文學和民間創作色彩的。我們前面提過，在每年的雨季，人們往往趕到寺廟去聆聽僧侶講經。實際上，這時所講的已經不是枯燥的經文了，而是一種口頭文學，真正的故事。文學在這裡成為某種教學形式，被用來給沒有多少文化的民眾講授宗教知識。所以，東南亞文學有非常明顯的口頭文學的特點，書面文學其實只是這種口頭上廣為流傳的故事，用文字加以記載。

對這裡的人來說，文學的意義就在於娛樂。泰國婦女很迷

戀人神戀愛的故事，當男女有情時，男孩子往往就朗讀這種故事給她聽。這也是泰國青年戀愛的一種特殊方式。

又譬如說，泰國現王朝的第一個國王拉瑪一世編寫了著名的《拉瑪堅》，這本書實際上就來自印度的著名史詩《羅摩衍那》。這個故事最早在東南亞流行是曼泰國南部的馬來人那裡開始的。當地有唱皮影戲的傳統，藝人們為了使節目好看，加入了許夕當地的新情節。後來，這個馬來版的《羅摩衍那》就成為現在泰文版的原型。

拉瑪一世在編寫這本書時，有意識地還將泰國的國家儀禮和傳統也寫進了故事，使之成為一套多卷本的大部頭著作，並成為研究泰國中世紀宮廷生活的重要參考資料。後來，他的兒子拉瑪二世又編寫了《拉瑪堅》的縮寫本。這實際上是一個專供蒙面劇演出時的劇本，文學價值相當高。但是，對普通的泰國民眾來說，大家還是喜歡前一部《拉瑪堅》，只因為它的故事更加豐富，更有娛樂性。

這本書的實際效果完全達到了拉瑪一世國王原先的目的：為民眾的娛樂，而不是為宗教的信仰。在今天，《拉瑪堅》已經成為一種源泉，故事裡的許多情節被詩人引用，文學家把它寫成多種體裁的泰文作品。裡面的許多詞句作為典故，經常被泰國學生在作文中引用，人們日常談話中也經常可以聽到書中的名句。

對泰國人來說，文學不是什麼神聖的東西，完全沒有《羅摩衍那》在印度的那種崇高的地位，在這裡，誰都可以講一些其中的故事。假日裡，我們還可以經常看到許多泰國人帶著他們的孩子到曼谷王家玉佛寺長廊看壁畫，因為那裡面畫的就是《拉瑪堅》的整個故事。泰國人正是這樣一代代，把這個故事用口傳的方式傳下去的。

在泰國，另有一個故事具有傳奇性質。這是一個當地三角戀愛的故事，帶了一點東南亞人式的幽默，也充滿了愛情和哀傷，還保存了許多泰族人古代生活、社會信仰、傳統習俗的資料。從某種意義上說，它描寫了泰國未西化之前，人們的真實生活情景。故事中的許多情節，其措辭之美，算得上是泰文中的頂尖之作，在泰國的地位相當於中國的《紅樓夢》。而且，它的語言即是日常生活用語，通俗易懂。

這個故事也是在流傳中慢慢被加工而成的，後來由兩個泰國第一流的詩人，拉瑪二世國王和素吞蒲編寫了其中很多情節，統一了體裁。在編寫過程中，兩人非常重視突出原先口頭文學的色彩，使這個作品非常適合於朗誦。朗誦者兩手各拿一副響板（係大塊硬木製成），邊朗誦，邊可以打著節拍伴奏，每朗誦一段，就插進一些歌曲。

所有這些國家的文字、語言文學有一個共同的特點，就是幾乎都是吸收外來文化的影響。從口語開始，就有極多的外來語，文字也受到外國文字的影響。他們偉大文學作品幾乎都和宗教有關。這裡的繆斯女神似乎總愛和宗教結伴同行。與宗教一樣，她也作為異鄉客來到這裡，逐漸在這裡紮下自己堅實的根基。

衛三東王子的故事

在崇信佛教的東南亞地區，誰都知道關於衛三東王子的故事。說這個故事之前，有必要先把故事的佛教背景交代一下。根據佛教的說法，在佛主獲得佛陀的身分之前，必須親身完成十件功德。這些功德無法在一生中完成，所以通過十次輪迴底

定。一個力求完成十件功德的人就被稱為菩薩。這種菩薩信仰實際上是大乘佛教的基本構成。衛三東王子的故事是佛陀最後第二次輪迴，此後他到達了終點，使他足以成為一位佛陀。

據說，這位王子把自己的白象作為施捨物，送給一群從一個飢荒的國家外出逃難的婆羅門。因為白象是一種極其神奇、高貴的動物，擁有象的國家不會遭到災害。王子這種慷慨的行為馬上引起該國人民的不滿，因為沒有了白象，飢荒也許會落在他們頭上。年老的國王迫於民眾的壓力，只能把愛子趕出國去。衛三東王子於是帶著自己的妻子、兩個孩子離開這個國家。在路上，他不斷把自己各種珍貴的財產送給人民。人們把這種禮物稱為「偉大的捐贈」，它構成了成佛之前完善自己的偉大犧牲精神之一。最後他連車馬也送給了別人，自己和一家人徒步出城，住進一座森林，過著隱士生活。

話分兩頭，故事裡出現一個對自己刁蠻的年輕妻子言聽計從的老頭。他的妻子要求他向衛三東王子要兩個孩子做他們家的奴隸。老人無法拒絕年輕貌美妻子的要求，就開始了漫長的旅程，去尋找衛三東王子。經過了許多冒險，他來到衛三東王子隱居的地方。這時，王妃正在森林裡採摘果實，由於神的阻攔，不能及時回來。她的丈夫一聽老頭的要求，爽快地將孩子送給了他。王妃回來，不見了孩子，悲傷到了極點。但王子勸解妻子說，如此巨大的犧牲必能帶來更大的功德。

就像東南亞民間故事中通常所描述的那樣，每當男女主人翁遇到麻煩時，神王因陀羅總會感到辛酸不安，而去幫助他們。這時，神王因陀羅得知衛三東王子除了自己的妻子以外，已經放棄了一切，擔心他很可能將妻子也送給一些不值得給的人。於是他扮成一個年老的婆羅門。要求衛三東王子把妻子送給他。衛三東王子當然馬上就答應了。這時，因陀羅顯現了自

己的真面目，將王妃還給了衛三東王子，並要求王子對自己的妻子擔負起應負的責任。他向衛三東王子表達祝福後，就回到天上去了。

　　整個故事有一個歡天喜地的結尾：帶著兩個小王子回家的老頭在路上迷路了，走上了去衛三東王子國家的那條路。老國王看見並認出了孫子，出了很多錢，把小王子贖回去。當然，這個毫無原則的老頭後來還是沒有好報，暴食而亡。老國王此時非常想念兒子，帶著很多人，把衛三東王子接回宮殿，全國因此沉浸在巨大的歡樂中。

　　這個故事在這裡的佛教國家是家喻戶曉的，極大地影響了當地人的思維。這個故事雖然是翻譯作品，但是，為當地的詩人和藝術家提供了無數的靈感。由於故事中含有高度的情感、幽默、哀傷和對景色的優美描述，還包括極多的小故事，對講述者的口才要求很高。尤其是講到第五部分，老頭和他的年輕妻子那一部分時，其中有很多笑料，會吸引很多人來聽。

　　這個故事的傳播途徑，主要是通過在寺廟裡講述。這幾乎是一種儀式。朗誦當天，人們會在寺廟的入口處，用樹枝搭起一座類似牌樓的東西，旁邊還有許多香蕉樹。有時通向廟的這條路會修得像迷宮一樣，用來迷惑經過這條路的路人。這座迷宮被泰國人稱為「考翁谷」，也就是衛三東王子隱居的那座山的名字。來聽朗誦的人都必須送上供品，供品就放在路旁。當然，如果供品少了，輿論就會認為你是一個很小氣的人。這也是當地人示富比富的一個理想的場所。

　　衛三東王子的犧牲精神深深地影響這裡的人。雖然佛輪迴的故事屬於大乘佛教，而此地都信仰小乘佛教，但是，正因為小乘佛教鼓勵人們各自向佛一樣修練自己，這些佛本生的故事才得到人們如此青睞。僧侶在這裡，事實上，充當了類似於演

員、教師、傳教者，又兼說書先生的角色。這些故事慢慢地也成為當地人行為模範的準則。人們共同譏笑一些人，讚賞另一些人。

衛三東王子成了中國三國故事中類似於關雲長的人物，人們對他懷著一種複雜的感情，既羨慕，又覺得他不可思議。王子從某種意義上說，也是一種英雄，讓人覺得高山仰止。

他和關羽一樣，是國家道德的典範。中國的儒家規範一直要求人們在禮、義、仁、智、信上約束自己的行為，貫穿其中的是「仁義」思想。而在口傳和小說中的關羽幾乎是把這些做得萬好的人，孔子在這方面的光芒也被他遮掩掉了。並不是因為孔子不及他仁義，而是孔子在具體事情面前並沒有做得像他那樣極端。但是，吸引民眾的往往是那些極端，甚至於有些殉道色彩的人物。

人們在茶餘飯後，往往讚嘆關公對劉備忠心如此，感嘆他在對曹操所懷之複雜的感情中流露出的義氣。他的行為似乎很早就具有一種神性的特徵，一方面誇張人類的感情，另一方面又極度克制自己的另一種感情。民眾既可理解他的所作所為，又感嘆他的無奈和悲壯。這種道德英雄的角色對於一個國家的道德秩序來說相當重要，能夠大大地加強全民族的內部凝聚力。他成為某一種國家的道德典範和尺度，雖然讓人感到難以企及，卻是全體努力的目標。所以，到後來，中國的關帝廟居然超過了城隍廟，關羽本人也被請進了佛寺廟宮，也就不是什麼稀奇的事了。

任何國家都有自己的道德典範，衛三東王子就是東南亞佛教國家的道德楷模。他的「自我犧牲」和「功德思想」成為支持東南亞佛教徒的道德尺度。人們不斷地捨棄自己的各種財物，用來施捨和建造佛塔。人們堅定地相信，好心必然會有像

衛三東王子那樣的好報，貪婪和懼內都是不良的品德。這個故事所體現的這種道德準則，全面影響了東南亞地區人們的處世原則。

我們再看一個故事。這個故事的前面大半部分和我們熟知的所羅門寶瓶故事一模一樣。一個漁夫在海裡打魚時，意外中撈到一只瓶子，上面寫著「至聖先知所羅門」。好奇的漁夫把瓶蓋打開，從裡面冒出的黑煙越滾越大，最後變成一個巨大的妖怪。妖怪告訴漁夫，他被所羅門王在瓶子裡關了幾千年。關押之初，曾許願，誰在百年內把他放出來，他就以無數財物報答他。但如果晚於這個時間放了他，他就要殺掉那個人。

機敏鎮靜的漁夫並沒有因此而嚇住，他以一種哀兵姿態，向妖怪請求，讓他在臨死前看一看妖怪是如何把這麼龐大的身軀壓縮在一個這麼小的瓶子裡。妖怪動了惻隱之心，滿足了這個人生前的最後一個願望。手明眼快的漁夫趁妖怪進瓶時，立刻把瓶蓋塞住。形勢在此時發生了變化，妖怪開始在瓶裡請求漁夫把他放出來。

在我們所熟知的這個故事裡，最後，漁夫還是得意洋洋地把這個瓶子扔回大海。但是東南亞的漁夫沒有這麼做。這位漁夫雖然心有餘悸，猶豫再三，最後還是發了善心，把妖怪放了出來。東南亞民眾為這個故事還安裝了一個類似於衛三東王子故事中一樣的美好結局：漁夫的善行得到了好報，大受感動的妖怪把漁夫帶到一口美麗的湖旁。從此漁夫無須用網，魚兒就會自動跳進他的船，一家人過上豐衣足食的生活。

這個大發善心的結尾，如果我們自己找他的道德根源，恐怕還要找到衛三東王子捨棄自己所有一切的思想。這位漁夫冒著被妖怪殺掉的危險，寧願放走那個走來的敵人，這種犧牲自己，「放虎歸山」的道德，正是東南亞佛教國家道德的一個重

要特徵。

石頭的意味

　　人類對於石頭的熱愛並不是天生的。漫長的石器時代，讓人們認識到石頭本身帶有一種永恆性的因素。它不怕火、不怕水，也不怕歲月本身的侵蝕，哪怕是倒了，那一堆碎石也留在那裡，有蹤有跡。石頭的這種永恆性格讓人類的祖先非常讚賞。他們在世界各地都紛紛用石頭建築起一座座偉大的建築，其中的一些讓今人也有幸得以一見。其實，用石頭作建築材料，本身是非常辛苦的事，遠比用木材造房子累得多。但是，有些建築本身就具有神聖的意義，那就不得不用石頭建築了。

　　在原始民族那裡，石頭已經經常被當作一種崇拜物了。婆羅洲的一些土著民族的村莊裡經常可以看到一些形狀怪異的石頭。通常，石頭被安放在空地的木柱上，人們普遍相信它們有隨年代而增大的能力。有些地方的土著甚至還會告訴你，這些石頭在原來的地方時還很小，但它們逐漸長大，你可以看見現在它們有多麼大了。人們還會點燃一些供奉的火炬，放在它的近旁，進行儀式時，還在石上塗雞血或豬血。做長途旅行和出發征戰之前，在石頭面前許願祭拜更是少不了。

　　石器被視為神聖，在全世界很普遍，並沒有什麼稀奇處。凡是石器工具被金屬工具取代的地方，都可以發現人們對於古代石器——這種古物的尊崇，而且把魔術的性質歸屬於它們。真正稀奇之處是這些上古遺留物幾乎一直被視為從天上落下，而且通常都把它們看作是真實的雷電。東南亞群島地區的土著常常一口認定，他們無意中發現的一些古代石斧是雷神的腳

趾，一定是從天上掉下的。

　　婆羅門教的入教儀式中，祭司讓入教的男孩把右腳踩在一塊石頭上，並且反覆地誦念：「踩上這塊石頭，跟石頭一樣堅定。」婆羅門教的姑娘結婚時，也要履行同樣的儀式，說同樣的話。非洲的馬達加斯加島有一種抵制命運動盪不安的辦法，就是把一塊石頭埋在沉重的房基下。這基於一種根本的信念：石頭能將其堅固和力量賦予誓言。

　　在中國，過去隨處可見的是木材，石頭很少。但是，像建築天壇那樣一種與上天直接通話的地方，最關鍵的部位——圓丘，就一定要用石頭了。世界上許許多多的神殿、陵墓都大量使用石料，這樣，死和神、石頭都能同樣得到永恆。

　　很難想像，如吳哥窟這樣偉大的一座石城，居然在幾百年裡完全被人遺忘了。但是，這種遺忘終會結束，因為這裡的石頭說明了一切。

　　1858 年，一位法國探險家通過湄公河時，突然在樹木矮林之間瞥見一幅有些神奇的景象——許多偉大的建築就莊嚴地矗立在叢林之間，被灌木叢幾乎完全蓋沒了。從那時起，人類對它的「集體失憶症」才完全「康復」。它實際上是束埔寨歷史上真臘王朝時期的都城，時間大約在九到十五世紀，一般被稱為「吳哥王朝」。十五世紀上半葉，這座城市因為戰爭而遭到廢棄，連同它的眾多廟宇也隨之荒蕪，直到 1860 年才完全被發現。

　　印度的許多藝術風格很早就傳到了束埔寨，在此有了相當大的發展。由於印度文化在束埔寨的長期積蓄，發展，束埔寨人充分吸收，改造，在真臘吳哥時期形成了舉世聞名的束印文化融合的代表——吳哥文化。但吳哥的建築物本身具有創造性的成就，遠非僅僅採取印度的藝術模式。

吳哥城裡，高棉人最輝煌，也最具歷史意義的名勝古蹟是吳哥窟，即吳哥寺，又稱為小吳哥。它完全用石頭建築，是一座典型印度教的寺廟，建於蘇利耶跋摩二世在位時期。吳哥寺位於吳哥城郊，周圍達五公里多，四面繞以 200 公尺寬的儲水護城河。過了護城河，就是吳哥寺的正門了。整個門體居然長達 250 公尺，實際上就是一條雕刻的長廊。寺廟內部結構有聖殿、修道院、藏經樓等，設井莊嚴勻稱，比例如諧，無論是建築技巧，還是雕刻藝術，都達到了極高的水平。大小院落凡三百餘間。五座佛塔參差分散，遠望像出水蓮花，極為壯麗。壁上浮雕題材廣泛，栩栩如生。全寺全部用古連山上的沙岩吻合壘築而成，不用任何別的材料。大的石頭可達八噸重。石頭之間用一種棕櫚汁粘合而成，極為牢固。外面的走廊有全長 500 多公尺的浮雕中楣，牆壁大部分上有設計極為細緻從內容連續的誇張裝飾。全部寶塔和門樓都飾以蓮花形石雕。

　　寺內有橫貫的一條長約 450 公尺的隆起的路面，兩側聳立著形如細長的那加龍的石欄杆。路的盡頭處，欄杆末端是常見的九頭蛇象徵。這種手法在整個吳哥文化區裡都是非常明顯可見的。寺的本部則設計成一系列三道同心矩形的走廊，圍繞著寺塔的連續台壇。呈蓮花形的對稱的佛塔聳立在兩個內走廊的四角，當中有一個高約 210 呎的頂塔。中間五座中心塔是神山須彌山頂峰的象徵，蓮花形既表示活力，也表示美麗和芬芳。這九座塔原來全都鍍金。即使在長期荒蕪後，第一次被人發現時，這所寺的外觀還是給人以非常深刻的印象。許多精美的浮雕在圍繞寺廟本部的拱形走廊牆上，上面描繪著毗濕奴的全部傳說。

　　不僅細節上非常精美，吳哥窟總體的建築學成就也相當高，甚至有一些非常獨特的構思和手法。整座建築規模宏大，

比例又非常協調，從入口到主體建築的距離相當，使人們站在入口時，就有非常壯觀的視覺感受。從遠處眺望，有清晰的輪廓，五座主要的寶塔有主有從，有明有暗，有粗有細，顯得極其完整、協調。

　　柬埔寨人在整個吳哥城區表現出來的藝術文化成就，其一些重要項目方面無疑超過了它的東多東南鄰國。半島地區的民族中，占人或許也有很高的藝術天分，他們的成就主要體現在雕刻方面。如著名的雪山女半身雕像和一些用寶石裝飾的裸體舞蹈者。但他們的雕刻材料用的是磚，不是石頭。這種材料的局限性在於它妨礙了裝飾的自由設計，技術的改進速度顯然也因此放慢了。因此，占人的建築物沒有大型浮雕和拱型走廊。後來，吳哥時期的高棉人在建築方面的優越性就表現於由磚結構發展為石結構。

　　這種改變使得高棉藝術家因此可以使用更大膽的建築工藝，並發展出相當精細的浮雕設計。高棉人改進了過去那種用兩堵牆支撐的封閉式拱型走廊，代之以一邊用柱子支撐。這種設計使得光線透入，人們因此可以看見另一面內牆上的浮雕。高棉藝術也擺脫了印度的一些刻板模式，如在刻畫面容時永不改變的眉毛、嘴唇和鬍鬚的形狀，而更加接近與印尼婆羅浮屠的人本主義傾向，更具有靈活性。即使用浮雕表現印度教所描繪的天國，表現出來的風景、人物其實是當時宮廷中王室、后妃在節慶時的熱鬧場面。

　　有建築才能的民族不一定同時也擁有建築的衝動，而柬埔寨人幸或不幸地同時擁有了兩者。柬埔寨人對宗教建築的狂熱始於他們九世紀時的一個國王。這位國王在還是王子時，因為外族對真臘的侵略而流亡爪哇。八世紀末他回國之後，立刻展開了復國活動，趕走了爪哇侵略勢力。公元 802 年，他把都城

遷往今天的吳哥地區。這也標誌著一個繁盛的吳哥時代的到來。可以想像，這麼一個君王對他的臣民來說，無疑有很大的號召力。他宣布以印度教為國教，聲稱自己即是濕婆天神的化身，被天神賦以統治的權力。他下令建造廟塔山，這座供奉獻象徵濕婆的林伽廟塔山被視為全國的中心，並成為人們崇奉的聖地。這位被稱為蘇利耶跋摩二世的國王死後，這裡自然也成為他的陵墓了。

有了這樣的先例，後繼者無不效仿，各建有廟塔山。因此在今天的吳哥地區，我們還可以見到各種規模的廟塔山，總計六百多座，形成了吳哥建築雕刻藝術的主體。

公元 968 年，出現了吳哥早期的著名建築物——巴容寺。今天我們仍然可以欣賞到那些精緻的佛像和裝飾。此外，它意味著一種新建築風格的形成——在這座廟寺中，拱石出現了。這種新建築風格使的寺廟具有靈動的風範，從笨重的塔群中擺脫出來。在這裡，深度的浮雕開始成熟，美麗對稱、裝飾精緻的正面和立面也有了發展。在這些浮雕中，開始出現普通人的生活樣貌，其中甚至還有反映旅柬華僑生活場景的浮雕。

可以說，吳哥文化除了那種講求對稱和視覺效果的建築藝術外，最值得稱道的就是無數的浮雕作品了。今天我們如果仔細研究這些當時的群像，就會發現，這些形象幾乎包括了真臘社會上上下下所有的人。

這裡的下層社要可分為三個集團：首先是一般平民。他們有義務參加類似建築這樣的工程，此外還需要服兵役。在浮雕上，他們常常表現一些佩帶各種武器的軍人。雕像中顯得更加勞苦的則是地位更低的奴隸。我們可以看到一些奴隸在嚴厲的工頭甩動的鞭子下畏縮不前的畫面。他們的主要來源是欠債者、戰俘和叛亂首領的工代。人們認為，把這些罪人賞賜給寺

廟做奴隸是最合適不過的虔誠行為。最後是那些常年居住在這裡，但又拒不同化的山民。他們在浮雕上的形象和今天看上去沒什麼兩樣：黑膚鬈髮，使用毒標槍，住在單披棚屋裡，幾乎不穿什麼衣服。

整個社會具有明顯的上下層差異。對上層人來說，他們的等級象徵包括：住大瓦房，而不是草房，穿上等衣料，乘坐飾滿金銀的轎子。根據隨從的人數、傘的顏色，我們大致還可以推斷出某個耀武揚威的貴族確切的身分是什麼。當然，在這裡，印度的種姓制度並沒有嚴格執行。當歷史進行到吳哥王朝滅亡時，這些優勢集團也隨之失去了優勢。很自然地，小乘佛教的引進，觸發了這裡原先就有的平等觀念，這種思想後來也日益獲得民間和官方的接受。公元 1225 年，元朝人周觀達來到這裡時，發現這裡的佛教僧人生活非常簡樸，不飲酒，也沒有什麼宗教儀式上的器具，像是幢幡寶蓋等。

從靠近吳哥窟中央塔的最上層過道上，導遊者可以指向遠處山嶺。這些山嶺從周圍灌木叢的樹梢上清晰可見，建築用的石頭就是從那邊挖掘的。甚至還專門有一條為此而開挖的運河，用來運輸大量石頭前往工地。這些砂石質量極好，石質鬆軟，顆粒緊密，非常便於精雕細刻。挖掘出來的石頭按合用的尺寸開成石方，再經過數千名石匠粗加工後，才轉給負責最後一道工序的熟練的石匠和雕刻工人。

毫無疑問，他們中間有一些真正的藝術家。當然，石匠後面還有建築工頭、建築師和繪圖師。對他們進行宗教指導的是諳熟印度教的學者，他們都非常熟悉毗濕奴等印度神的梵文資料，他們之中的一些人很可能還是國王從印度特意邀請來的。當然，建造像吳哥窟這樣巨大規模的工程需要經濟和社會的高度發展，另外還需要一個足夠強大的政府來指揮廣大的訓練有

素的參加者從事勞動和發揮才智。這樣一項工程反映了這個社會的許多方面，譬如，充裕的糧食供應、繁榮的商業，並有了自己的審美標準。

吳哥時期，國家的政治力量主要集中於宮廷。印度教中的婆羅門種姓在這裡有持續的影響力。譬如，宮廷導師、太子太傅、加冕典禮官、御醫、宮廷的占卜者都是從這個世襲集團中挑選出來的。在吳哥的浮雕中，我們可以常常看到這些人的形象——他們戴著一種圓錐形的帽子，頭髮往往在風中飄動；他們還穿著一些比較特殊的禮服，使人一眼就能認出他們。

我們還可以在這裡看到許多用梵文書寫的碑銘。這裡的人普遍具有熟練地掌握梵文的能力。國王直接支持贊助研究印度教的經典佛作，王子和后妃們往往也都受過非常好的語言訓練。顯然，對梵文語法和詞彙的深度掌握，就鞏固印度教在這裡的地位而言，也起了相當重要的作用。事實上，這種對梵文的熱愛，始終綿延在柬埔寨的各個歷史時期，人們甚至用它書寫幾百行的長詩。在這些詩歌中，詩人們熟練地運用印度史詩及其宗教中的各種故事。他們也精通修辭和各種詩歌的書面規範等等。

吳哥窟和吳哥城都是不朽的，因為我們今天仍能通過那些浮雕，得知許多當地人民的生活側面。這裡有列隊進軍作戰的士兵、製造食品的民眾、手藝工人、農民和一些當地的動植物。我們甚至現在都能感受到那種生氣勃勃和內在的熱烈情緒。這一切都必須歸功於石頭。只有石材建築才能抗衡時間的挑戰，只有石材建築才能創立真正的不朽——古人並沒有想錯。

有魔力的台型

　　金字塔在我們這個時代似乎早已不僅僅是一種古代建築的遺存了，更多的時候，它索性代表著一種神祕。人們互相之間玄玄地傳遞著關於法老咒語多次應驗的傳說，以及建築物內部許多四千年前的奇特細菌。這股瘋狂勁兒同樣也席捲了科學界，於是各色人等拿著大大小小的儀器來到這裡，把各種數據加減乘除一番，然後宣布一個又一個不可思議的「巧合」。

　　也許金字塔本身的造型就是對人具有魔力的，或者在人類的意識深處就一直典藏著這麼一種心理圖形，反正人們在最近這幾百年對這種建築的痴迷愈演愈烈，把凡是高大的台型建築都稱為金字塔。考古學家把瑪雅的高台型廟宇稱作瑪雅金字塔，我們中國人也把位於山東曲阜的高大的少昊陵稱作中國的金字塔。更有甚者，把在學術界一直處於「紙上談兵」階段的那個中國著名的明堂建築也和金字塔扯到一起，據說它也是一種上圓下方的高台建築。在這樣的思維習慣下，把爪哇島上的浮屠稱作亞洲金字塔，也就不是什麼奇怪的事了。不過，也有人把這個宗教建築稱為世上一切寺廟中最偉大的一個。這就有點兒不簡單了。

　　「救人一命，勝造七級浮屠。」這是中國的一句老話了。「浮屠」一詞，在漢語中原是「Buddha（佛陀）的舊譯，但後來人們並沒有放棄這個已經創造出的詞彙，在早期的中國它也指一種佛塔。

　　在印度尼西亞就有一座真正的浮屠。婆羅浮屠位於印尼爪哇島上的一個東部丘陵地帶，它建立在一座未經開闢的石山的峭壁圓頂上。梵文中，「婆羅」意為聖地或寺院，而浮屠則意指山地、丘陵，結合起來，就是建在山上的聖地或丘陵上的寺

院。這座四方形的金字塔式婆羅浮屠宇宙山是按印度人的觀念和習慣構成的，但在形式的選擇和裝飾的細節上都是爪哇式的。佛教的審美觀和道德要求同在這裡已經長期存在的印度教祭祀形式相適應，兩者都表現於爪哇傳統的優美雅致之中。數百幅浮雕圖像，描繪出當地動植物及當地人民一些獨特的活動情景。

婆羅浮屠的建造年代和建造原因，說法一直沒有統一。不過，比較統一和可靠的說法是建於九世紀夏連特拉王朝統治爪哇時期，動員了十萬大民，前後費時十年才完成。目的是為存放佛祖的舍利。

但這座雄偉的浮屠和吳哥古城一樣，一度曾為人們徹底遺忘。這並不是因為戰爭或民族遷移，而是因為火山。從十六世紀起，火山熔岩就逐漸埋沒了這座建築，直到十九世紀，才為好奇的歐洲人所發現。人們足足花了一百年時間進行清理，直到 1911 年才完全恢復了舊觀。

這座如金字塔般的大高台是整幢建築物真正偉大壯觀的地方。婆羅浮屠遠看似圓形山丘，近看則如巨大的皇冠。它的斜面裝飾著環繞同一中心的成套淺浮雕。果然是七級，皆用石頭築成，總數共有上萬塊。下面四層是方形，共設計了 432 個佛龕，每個龕裡都有一尊坐禪的佛像。上面三層為圓形，建了 72 座小塔，每座塔裡同樣有一尊盤足而坐的佛教。最頂端的是一座昂然矗立的傘形尖塔。山的整個表面用石料加固。建造婆羅浮層時，上部結構顯然是在下層走廊的浮雕完成之前就安裝上的。一些觀察家曾指出，根據這裡的許多跡象，整個建築的過程並非那麼一帆風順，幾十年的建造過程中，整個建築計畫曾幾度做了修改。譬如，工人們曾經匆匆建造一條寬闊的土堤，以支撐不牢固的地基。這些石料來自附近的河流，總共約

用了兩百萬塊石頭。

整座浮屠為實心塔，無門窗和樑柱，每層都有走廊，但遊客漫步觀賞。真正偉大的是那些各層走廊都有的壁雕和佛像作品，大多講述佛的生平和慈善行為。所有雕刻的主題可以分成四部分：慾界、形界、無形界和出世間，象徵佛教徒一生必須經歷的四大過程。

一開頭描繪佛的前世是一頭白象，最後添加了大乘佛教所想像出來的關於佛陀未來的預測。底層有一幅描繪了非常可怕的畫面：對曾經違反佛教道德的罪犯施加暴力以及地獄中種種的折磨情景，使得人們對這種痛苦的人牛輪迴絕望、厭惡。有趣的是，在這幅作品裡，還繪有一些粗野的人用有毒的吹筒、弓箭、刀劍和匕首等武裝起來的場面。這幅表示野蠻生活的藝術作品，其素材來源顯然是身邊的許多原始民族，其意圖當然是表明聖殿外的情況，並與它所描繪的佛教天堂加以對照。

上面四座四角形平台上的浮雕沒有任何細微的暴力細節，這似乎是一種刻意安排下所描繪的和平與寧靜的氣氛，甚至可以說有些矯揉造作。這些作品精心描繪了佛祖世俗的生活，一些有啟示性的故事受到了特別的關注。設計者顯然是考慮到這些藝術品的另一層教育功能，使得這裡更像一部形象化的佛教知識大全。

這座建築物是在八世紀時發展起來的。這個時間意味著這裡曾經和印度發生過直接的文化接觸，呈現出對大乘佛教的明顯強調。但僅僅到了九世紀中葉，由於爪哇的政權和王室更迭，此地的大乘佛教就像在印度一樣，在印度教的強大包圍下逐漸消失了。

整體來說，婆羅浮屠在對稱美和宇宙論的標準方面雖然反映出了印度特徵，但在雕刻的細節方面卻反映了當地的構思。

這種雕刻上的成就也傳遞到了鄰近地區。就在婆羅浮屠附近，有一條大路向東通往許多整個山區的其他較小卻同樣精美的紀念性建築物。在那裡，我們也能看到一些相當優秀精美的藝術作品，它們和婆羅浮屠一樣，在宗教和文化上也有非常重要的地位。

這裡的大量浮雕，其表現對象往往是大批普通的佛教信徒。這似乎是體現了一種菩薩的理想，即把眾生的幸福放在比個人高的位置上——這是最高智慧和覺悟的體現。但是，其中的人物形象表現出明顯的重複，缺乏統一性。這意味著雕刻工作是由許多工匠各自分散作成的。例如，神、菩薩，還有國王的形象到處都雕刻得一樣，婆羅門僧侶則總是些滿面鬍鬚的外國人，僧侶和隱士照例是一些穿長袍不留鬍鬚的爪哇人，他們的髮型和服裝都有顯著的區別。

真正的精彩之處在於細節的異常豐富，為我們清晰地描繪了當時人的日常生活和宗教活動。譬如，有一幅浮雕描繪了一個國王的加冕典禮。種種當時作為儀式中必不可少的器物，如寶傘、首飾、轎子、御象、馬車，還有各種婆羅門隨從，有人拿著碗，有人端著聖水。這些豐富的細節還包括人們的飲食程序和種種食具，會客廳裡的家具擺放，這些家具從高貴的睡椅、寶座到靠背椅，也有一些極其粗糙的條凳，應有盡有。

在其他畫面裡還描繪著儲藏室、碗碟、燈、花瓶和香爐。侍女們穿著奇異的衣服，連種種裝飾品在我們今天看來，也透出一些怪異誇張的審美意趣。雕刻者還盡心描繪了整個社會各行各業的工作畫面，有用竹子建橋的工人，陶器製造者，農民、商人、小販、獵人和漁夫，另外也有學者和藝術家的形象。由於這些細節上的精心描繪，伴著畫面上表現的音樂、舞蹈、遊戲場面，整個場面顯得栩栩如生。

可以想像得到，這個神聖的境域曾是一個何其繁忙的地方。許多僧侶和朝聖者，還有數量不確的維護建築物和料理生活需要的許多隨從在這裡來來往往。比之金字塔建造後所顯現的空曠，這裡作為一個宗教聖地，卻一直吸引人們為自己前來祈福。

　　但是，這座精美的建築並沒有為統治者帶來他們所需要的吉祥。正相反，這些光輝的建築使這裡的國王失去了王位。民眾厭煩了這種沉重的勞役負擔，轉而支持珊蘇利耶家族。公元832年，夏連特拉國王薩摩羅統迦去世，珊蘇利耶家族的巴塔潘親王乘機奪取了王位。夏連特拉的勢力被逐出了中爪哇，原王室的王子只能逃往蘇門答臘，入贅於室利佛逝王朝，後成為該國國王。而佛教在中爪哇的勢力，也隨之漸趨消失了。

Chapter 9
反認他鄉是故鄉

娘惹與峇峇

　　我們很難說，中國人最早是什麼時候來到東南亞的。因為，早在上古時期，就有大批蒙古利亞人種的民族來到這裡。更早的矮黑人在幾萬年前，同樣也是循著這條南下之路，來到眼下的家鄉。所以，在介紹東南亞華人之前，我們必須為本章所指的「華人」界定一下概念，以免也造成類似的誤會。正如我們只能說美洲的印第安人先祖就是從東亞這片土地前往美洲的一樣，我們絕不能說，他們就是華人的後代。因為，目前史學界最肯定的一個假設是：我們現在所有的人類最早都來自於非洲的同一個部落。按照這種說法，我們總不見得也說我們也是非洲人吧！

　　所以，我們這裡所指的華人，基本上是漢朝以後來自中國的人。因為，一直到了漢朝，我們中國人才真正從無數個部落民族統一起來，形成一個有統一文明的大民族——就是漢族。

　　因此，這裡所指的華人基本上都是漢族，不包括後來因為

諸如南詔國戰亂而引起的少數民族的南遷，因為中國南方的少數民族在文化本質上與東南亞，特別是半島地區的民族幾乎是同出一源。這些是必須說明的前提。

漢代以後，殖民時代以前來到東南亞的華人主要分成兩種：除了經常來此地行商的商人之外，另一類人是為避戰禍而來的——這幾乎歷代都有，舉不勝舉，直到近代太平天國餘部失敗後，不少人逃入暹邏及其他東南亞地區。對中國人來說，這似乎已經成為一種習慣的路線了。實際上，這條路線的確是最明智的。

顧環中國四周，我們不太可能往北去。且不說那裡的氣候惡劣，最重要的是中國北方的遊牧部落一直對中國的安全構成威脅，政府在那裡從來都是重兵把守的，也就因為造了長城。逃兵到那裡，簡直是羊入虎口。而且，即便千辛萬苦地逃到那麼一個對中國不太友好的國家，多少有漢奸之嫌。往西逃，自然條件就更加惡劣，以至於朝廷根本不需要派追兵，因為那些中原人就算活下來，在那樣的地方也不可能重蓄力量，以圖東山再起。曾經也有人往東逃到日本或朝鮮。這條路線雖然也一勞永逸地解決了問題，但是，一般它需要一定的時間，準備適當的船隻及船上的給養。而且，海路在那個時代，對大多數人來說，還是一條畏途。剩下來就只有往南走了。這裡崇山峻嶺，追兵不易發現，發現了也發揮不出大部隊的優勢。而且，這裡生活較為容易，食物、住處都不會出現什麼大問題。因此，在戰亂的年代，大家當然大多選擇了這條路線。

做海外生意的中國商人來到這裡，考慮的也和那些逃兵差不多。西部和北部經濟落後，沒什麼生意可做，只有往東南方向了。《漢書·地理志》裡就記載著中國的海上商船從南中國的幾個海港出發，到達印度，在航行過程中一直儘量沿海岸而

行。那麼，航行中必然會經過一些東南亞國家，也必須在這些國家停泊數日，以便買賣商品，購買糧食，補充給養，甚至還會另換船舶。當然，這些漂洋過海來到東南亞的人都以貿易得益為目的。但因為這裡生活容易，也很可能有一部分一直留在這裡，成為僑民。

緊跟著商業交往的就是國家間的交往。我們現在發現的關於印尼第一次遣使訪問中國的記錄是發生在東漢（《後漢書‧南蠻西南夷傳》）。可能還有更早的，但沒有被記載。這樣的外交活動當然是對中國友好的表示，但同樣也有以禮物換禮物的官方貿易性質。近來在爪哇和蘇門答臘島上多處發現中國漢代的陶器殘片，充分說明了中國和東南亞，還及海島地區，已有了官方或是私人的貿易來往。

時至唐宋，中國的對外貿易日趨繁盛，東南亞各國的商船到廣州、泉州、揚州、明州、交州貿易的非常多，而華人到東南亞經商的也不會少。那時候，海上交通主要仰賴季候風，每年中國往南海者，必須靠陰曆十一月的東北風。所以，商人們一般都要隔年返回，其中有許多人因為習慣了這裡的生活，自然而然就成為久居的華僑。就這樣，旅居東南亞的華僑在宋代尤多。

宋代是一個文化勃興的時代，民間甚至開始有了專門記述東南亞國家的書流行市面。這當然和印刷術的發明有密切的關係。這些書現在為我們了解當時華僑的生活情況以及研究東南亞史，都是極其珍貴的史料。例如，趙汝適在《諸蕃志》中記述了一條非常重要的材料：「蒲甘國有諸國侯廟。」這意味著當時在緬甸蒲甘國一定有相當數量的華僑居住，因為有了立廟的需要，供奉者就不會少，而且此後必須有人一直侍奉香火，否則不可能維持這個廟。

實際上，南宋時曾有大批華人到達東南亞。這自然有它的歷史背景在起作用。南宋之際，全國的政治中心南移，北方的大量漢人亦大量南遷，使得南方的經濟，尤其是商業和手工業有了進一步的發展，海上交通和海上貿易更促進了造船業的進步。宋代人周去非在他的《嶺外代答》中記載了當時航行南海的船舶舵長數丈，一船可載幾百人，並存有一年的糧食，甚至還可以在船上養豬、釀酒。

此外，朝廷因為北方的時時威脅，需要大量的財政收入，便鼓勵海外貿易，以當時的廣州、泉州、明州為三大交易港。大量商人隨之也來到這裡，他們不僅為這裡帶來了瓷器、鐵器、漆器等商品，也帶來了關於蔬菜、瓜果的農業種植技術。中國人使用的度量衡也在這裡普遍運用，直到近代。

願意成為手水的年輕男子，他們的性格中也許本身就帶有一種浪漫的，或者說喜歡漂泊的成分。殖民時代初期，也就是剛剛探尋這些島嶼的時期，就有不少葡萄牙水手選擇了永遠留在這些島嶼上。當然，那時的他們尚未帶有任何殖民色彩。有何不可呢？生活安逸，沒有教會和國王的壓制，還有很高的社會地位，經常能與國王或酋長對話，這樣的生活當然比葡萄牙原來的生活更好。中國的水手也一樣。周觀達在《真臘風土記》裡說：「唐人之為手水者，利其國中，不著衣裳，且米糧易求，婦女易得，屋室易辦，器用易足，買賣易為，往往皆逃逸於彼。」這樣一種有吸引力的生活對本來就流浪在外，想尋覓另一種舒適生活的水手來說，當然會流連忘返。許多人甚至終老於此。

古代的中國人是可以一夫多妻的。在外經年居住的商人往往會在當地娶一房妻子，以照顧他的生活起居。而且，東南亞婦女也特別能幹，如果他回國了，她還能很好地為他照顧生

意。這樣有百利而無一害的事，當然會吸引大量的華僑討當地人做老婆。

男人在家鄉的妻子仍然是妻子。回國時，把兒子帶回去，女兒則留在東南亞當地，不許她與中國人以外的人結婚，中國移民也就是在她們中間找到妻子。因此，雖然第一代中國人是與東南亞人通婚的，但是後一代，仍然有較多的中國血統，逐漸成為一個自成系統的社會。

這個小社會幾乎就是一個新民族，因為它具備了一個新民族所有的必要條件：共同的語言、共同的地域、共同的經濟生活、共同的文化背景和共同的心理特徵。按照這樣的理解，在東南亞國家，最近這兩、三百年以來形成了一個新民族，這個年輕的民族，當地人叫他們為峇峇（音同巴），叫她們為娘惹。

娘惹是什麼意思？峇峇又是什麼意思？這兩個詞可說是東南亞國家所特有。「娘惹」這個詞最早出自閩南語，後來被馬來話吸收。此詞原來釋義是女士、太太，現僅指僑生的華人婦女。「峇」字的來源幾不可考。《辭海》中只引「峇厘」一條，沒有其他注解。但在東南亞的媒體及人們的口語中經常聽到、看到「峇峇」這個詞，它指的就是僑生的華族男子。關於這兩個詞的起源還有一個很平淡的傳說。據說，幾百年前，有一批華僑來到馬來西亞檳城做工。有一個華人和當地的馬來人結婚，有了孩子。女孩的名字類似於「娘惹」，男孩則類似於「峇峇」。

傳說歸傳說，概念本身就說明了問題。每一個新名稱，必然是因為有了一個過去沒有的新事物，需要一個特殊的名詞加以命名才出現的。這些土生華僑往往都是已有幾代祖上世居南洋。仔細觀察他們的具體生活，你會發現，祖輩的傳統在他們

身上已經很是淡漠了，但祖國的傳統文化也不是那麼容易就忘得了的。

有人認為：文化雖然是人類活動的產物，但它會限制人類做進一步的活動。正是文化和它所擬定的行為準則塑造了我們的人格，支配我們的行動，而人卻在前輩創造的文化慣性面前束手無策。峇峇、娘惹的例子有力地駁斥了這種觀點。他們是特殊的一群，既不是馬來人，也不再是真正的華僑。他們學會了適應，在他們的性格中似乎存在一種兩棲性。他們已不再是中國人，過去所謂的「葉落歸根」已變成了「落地生根」。他們確確實實地創造了一些新的東西。

從穿著上看，娘惹的服裝既不同於馬來人的紗籠，也不同於華僑婦女的旗袍，而是獨具特色，適應當地氣候的「娘惹裝」。她們的語言大部分以當地話為主，但常不自覺地摻雜了閩南方言，所以她們的當地話也是不標準的。她們還對製糕點很有興趣，該類糕點統稱「娘惹糕」。這類糕點的顯著特點是製作精巧，充分利用當地的奇多之物——椰汁。很多糕點都用椰汁、椰絲做配料，講究色香味俱全，非常受當地人歡迎。

當然，娘惹、峇峇們也受到了當地人的深刻影響。他們吃飯很少用筷子，而是像當地人那樣用手抓。甚至抱孩子的方式也同當地人一樣，不是將孩子兩腳放在前身，用雙手抱，而是用一塊布將孩子吊在腋下，用一手托起，小孩的兩腿夾住大人的腰。據說，這種方式既省力氣，又便於走路。

可以說，峇峇、娘惹們在許多方面已經當地化。但有的細節還是沒有那麼容易就改變的。別的不說，和中國人一樣，他們也熱熱鬧鬧地過農曆新年，也鄭重其事地拜神祭祖。他們之中的大部分人仍信佛，而不跟隨當地的馬來人信仰伊斯蘭教。還有一個更明顯的特點和區分方式，就是他們基本上都拒絕食

用馬來人視之如命的檳榔。

然而，文化與人的關係究竟是怎麼樣的？它們之間是不是如同彆腳的演員和毫無想像力的劇本之間的關係？其實，人並非機械地扮演文化所指派的角色，而總是不由自主地決定文化的走向。每當處在一個全新的環境，人們總是從傳統習慣和文化慣例之外尋找解決辦法，從而不斷創造新的文化。娘惹和峇峇，這個新的民族也在創造一種新文化。所以，我們大可不必遺憾那些華人的後裔變成了另外一個民族，而是應該為從他們身上體現出來的變革、適應能力感到驕傲。

趕不走的進貢者

明季初期，朝廷一直實行嚴厲的海禁政策。到了永樂年間，由於農業和手工業都已經恢復，邊防和海防也逐步穩定，朝廷開始和海外發展貿易關係。當時的海外貿易是以朝貢貿易為主。朝貢只是形式，通商才是實質。海外來的使團沒有定數，一來就是一大批。中國政府為顯示大國的風度與富有，常常讓進貢給中國皇帝物品的使團獲得加倍的賞賜。這種「厚往薄來」的原則大大觸動了東南亞國家的朝貢熱情，國家間的貿易往來也漸漸趨繁。人們從這種貿易中得知了東南亞的許多奇珍異寶，需求量也逐漸增大。在這樣的情況下，朝廷派了太監馬彬出使東南亞，試探性地到達爪哇和蘇門答臘等地。

馬彬的出使很顯然是獲得了成功。接下來就是永樂三年，鄭和七下西洋的盛事。鄭和自永樂三年（一四〇五）到宣德八年（一四三三），七次出使西洋，歷時二十九年，訪問的國家凡三十多個。從中印半島到印度半島，從阿拉伯半島到非洲東

岸，其中到達當時的東南亞國家和地區有十四個。鄭和下西洋的目的很多，民間對此也有許多傳說。主要的目的在於發展海外貿易。使船所到之處，以金銀、絲織品、瓷器換取當地的特產如象牙、犀角、香料等等。由於是互惠互利的公平交易，他們在各國都受到了歡迎。當地人也樂意中國人移居其地，共同發展生產。

朝廷選擇鄭和擔當這個重任是有道理的。公元八、九世紀時，伊斯蘭教已逐步傳入印度和馬來半島各地，信奉伊斯蘭教的阿拉伯和波斯商人非常活躍，他們通過海上貿易，進行有意無意地傳教，到了十世紀，東南亞的不少民族都成了伊斯蘭教的教徒。由於鄭和本身也是回族的伊斯蘭教徒，明朝政府想必也考慮到當地的風俗習慣和宗教信仰，故有此命。整個使團中，除了鄭和之外，也有不少伊斯蘭教教徒。此外，航行中，他們也隨身帶了翻譯。這些翻譯不僅在與當地人做生意時起了作用，更重要的是為他們的政治使命服務。他們每到一地，就宣讀詔書，賞賜當地首領以金銀、印綬和袍服，使當地與中國明朝政府形成某種名義上的從屬關係。

據他們的記載，在他們的出使過程中，經常可以看見中國同胞，他們在東南亞各地普遍存在。譬如，明朝時期的爪哇，已有華僑在那裡聚族而居了。

鄭和的船隊實力雄厚，縱橫印度洋和波斯灣，實際上保障了從中國到非洲的航線安全，對中國的私商貿易也起到了保護作用。在明朝這二十九年中，官方下西洋只有七次，而私商的船舶來往不絕，以總貿易額而言，遠遠超過了官方貿易，當地人往往惟恐華人不來。《明史》中還有這樣的記載：在蘇祿，「土人以珠與華人交易，大者利數十倍。商舶將返，則留數人為質，冀其再來。」

有些外國學者認為，鄭和下西洋帶有侵略性質。這完全是顛倒黑白。中國王朝統治時期，對東南亞國家的政治，除了越南以外，一般都採取不聞不問的態度，既不干涉，也不駐兵設官，根本沒有統治和被統治的關係，甚至連控制和被控制的關係也沒有。對於這些國家之間的矛盾，中國朝廷一般採用調節的方法。

另外，一些西方學者常常感到奇怪的是，在鄭和七下西洋以後，也就是 1433 年之後，不知道什麼原因，突然停止了這種海上貿易。當時中國已經擁有了良好的船隻、火藥和指南針，用西方學者的話說，就是擁有了一切對印度洋諸海控制的必要條件，中國船卻突然掉頭離開了這個海洋。

這種退出的原因其實也並不奇怪。鄭和出使西洋的動因原本就和歐洲人來到這裡完全不同。當時的中國人並沒有像葡萄牙人那樣，急迫地需要在海上擴充自己的勢力，而是只想得到一些奢侈品，最後在名義上建立一種宗主和附屬的關係，以滿足大國的虛榮心。但是，到了十五世紀後期，這種出洋活動由於耗資巨大，引起了朝廷中大多數人的反對。那些對貿易中得來的奢侈品並不是他們生活中所必需的，所以在中國的需求量也並不大。

事實上，每次到西洋貿易，帶回的大量海外特產大大超過了上層社會的需求，在國庫中堆積如山。同時，國家的錢幣卻不足。由於洋貨過剩，當時的政府規定，胡椒折價每斤一百貫，蘇木折價，每斤五十貫，甚至發展到南京文武官員的俸祿一度用胡椒等香料支付。在這樣的情況下，當然沒有必要再大量輸入東南亞的商品了。

雖然這種大型的官方出使活動暫告結束，可是，鄭和下西洋的影響遠未平息。

至今在東南亞的華僑中還流傳著關於鄭和的種種傳說。有一個故事說：一次，當船隊行駛到爪哇北岸時，鄭和的副手王景弘病得很重。鄭和下令船隊在一個海灣處下碇，讓病人修養。今天這個地方因此而被稱作三寶壟港。鄭和在這裡住了十天，為王景弘專門造了一棟房屋，留下了足夠的藥、給養品、一艘船和十名隨從，然後繼續航行。

　　王景弘在這裡修養好之後，沒有乘船回國，而是用他的船進行貿易。他的部下也和當地的印尼婦女成婚，這個華僑區由此也逐漸興盛起來，許多印尼人也在他們附近建立村莊，成為華僑區的一部分。但是，這些華僑並沒有忘記鄭和。他們特地造了他的塑像，以紀念他的偉大成就和崇高品德。這些信念也傳給了當地的爪哇人，人們給鄭和安上「偉大的三寶」這個尊號，每月陰曆初一和十五，當地人都前往燒香禮拜。這種信仰最終導致了這個地區越來越繁榮，最後建了一座三寶壟城，人們就把鄭和當成保護神祀奉。

　　雖然官方的交易從此停頓了，但民間的交易反而更加活躍。民間出洋謀生的人越來越多，中國帆船經常出沒於東南亞一帶的海面上。

　　但是，有的影響卻讓明朝政府「啞巴吃黃連」。東南亞諸國向中國的中央政府朝貢是有歷史的，但朝貢次數完全決定於他們自己，中國政府一般是來者不拒，也從不做邀請。種種跡象表明，中國政府在許多有心無力的時候，並不希望這些國家前來朝貢，因為支出太大。洪武七年，明朝政府還曾下詔，讓爪哇、文萊、暹邏、真臘等國不必前來朝貢。但是，這些國家仍然照來不誤，為的是貪圖賞賜。

　　到了明代中葉，鄭和的七次遠航顯然體現了泱泱中土的派頭。他們那種逢人就送禮品，一到就宣讀詔書的作法，從某種

程度上，讓東南亞許多國家感到，這個政府又開始對朝貢感興趣了。他們當然不肯放過這樣一個好時機，絡繹不絕地來到中國朝廷進攻。

位於麻六甲城北的三保山，是為紀念明朝三保太監鄭和下洋西時曾駐紮於此而命名的。1406年，鄭和訪問了這裡。永樂九年（1411）年，麻六甲國王率妻子、陪臣共540人來朝。「上尊賜王金龍衣二襲，麒麟衣一襲，金銀帷帳悉具。妃以下皆有賜。將歸，賜王玉帶儀仗鞍馬，賜妃冠服。瀕行賜宴奉天門，再賜玉帶儀仗鞍馬，黃金百，白金五百，鈔四十萬貫，錢二千八百貫，錦綺紗羅二百匹，帛千匹……」（《明史》）麻六甲只是一個並不大的小國，中國皇帝如此慷慨，賞賜不計其數，換回的只是對自己來說並不重要的一些土特產。東南亞有些國家看到向中國朝貢如此有利可圖，便經常前來。暹邏國差不多一年兩貢，爪哇朝貢的次數也比較多。

以至於在正統八年（1433年），廣州參政張琰忍不住上書說：「爪哇朝貢頻數，供億費繁，敝中國以事遠人，非計。」這以後，中國政府才放下架子，明文規定三年一貢，並限制使團人數。

儘管如此，明朝政府還是在那個時代過足了一把偉大國家的癮。雖然心底裡不情願，心情上還是很為這種萬國來朝的景象而愉悅，可說是「暗爽」！

曹操在泰國

令人難以置信的是，《三國演義》在泰國居然婦孺皆知。據考證，這本書是由中國人最早帶入泰國的。十六世紀初，泰

國南部發現了錫金屬礦，吸引了大批閩南華工前來採礦。常以三國戲為題材的潮州戲和閩南戲也隨後遷入。這是三國故事進入泰國之始。

到了十八世紀，中國和泰國大米貿易興盛。泰國王室主要依在航海和貿易方面有才華的中國人從事亞洲地域的航海貿易活動。每年從上海、寧波、廈門、潮洲等地往返於泰國的商船就有數十艘，船上有大批華人水手。這些赴泰經商和充當水手的華人為消磨旅途的枯燥乏味，常常以講故事的方式講述三國中的種種精彩片段。這部小說其實最早就是通過這樣的口頭傳播，進入泰國和東南亞其他地區的。

《三國演義》在泰國以書面的形式出現，是在十九世紀初，曼谷王朝建立以後的事情了。當時泰國國富民強，人民生活安定，古典文學在這樣的時代背景下得到了繁榮。當時的拉瑪一世王是一位能歌善賦，酷愛文學的國王，他不僅親自提筆創作，還主持了泰族史的撰寫工作。為了進一步充實泰國文學，豐富王朝的治國用兵之道，他親自指派了一個大臣負責翻譯《三國演義》。

相傳，這本書的翻譯過程頗為複雜：先由華僑講述，再請泰國作家記錄和潤色，令人想起清末我國學者林紓翻譯英國小說的情景。這種翻譯方法造成的一個明顯的後果就是書中的人名、地名全是依照潮州方言翻譯。譯者當然不是原封不斷地照搬原文，而是根據泰國人的理解，在不改變原文內容的前提下，重新編寫。經過這樣一個徹底的本土化過程，這本小說受到當地人的特殊歡迎是不奇怪的。1914 年，泰國文學會把這本在中國土生土長，在泰國二度創作的小說評為優秀小說，從此被譽為泰國文學寶庫中一顆燦爛的明珠。

1927 年，泰國的著名作家、評論家、國家圖書館館長丹

隆親王在原譯本的基礎上，對《三國演義》進行了補充和修改。新版本繼續走本土化的道路。書中的紀年改為泰國人習慣的佛歷紀年，另外還增加了插圖和注釋。這時，此書已被當作學校的歷史教科書和學生寫作的範文。

在泰國，似乎人人都喜歡讀他們的《三國》，以至於後來出現了一種三國文體。這種寫法對後來的泰國文學產生了重要的影響，甚至於書中的若干成語典故，像「良藥苦口」、「百聞不如一見」、「路遙知馬力，日久見人心」等等，早已經常掛在泰國普通民眾的嘴邊了。此外，《三國》中的種種情節也漸漸獨立出來，被泰國作家編成戲曲和說唱作品。當時出現了像《呂布陳董卓》、《周瑜決策荊州》等許多歌舞劇，客觀上也使當時泰國的歌舞劇得到新的發展。

這本書對泰國的影響遠不止於文學，對社會上的方方面面都產生了不小的牽引。因為東南亞這個地方原來對像政治智慧、軍事智慧這一部分的知識興趣不大，他們寧願沉浸在佛光的籠罩中。但殖民者的到來改變了這裡的沉靜，這裡的國家即使不受侵略，也無一例外地必須和他們打交道。當然，當地人過去互相之間也有戰爭，但這種戰爭的規模非常小，一般幾千人的部隊就算大部隊了，而且都是短兵相接式的，沒有戰馬，戰爭中最多的坐騎竟是大象。這種動物雖然也有它力大靈巧的優勢，但總體來說，奔跑速度稍有欠缺。

以前，東南亞國家互相之間，軍事手段和才能幾乎是平起平坐，但歐洲人的到來顯然給他們帶來了新的戰爭觀念。1926年，泰王國的丹隆親王在一篇談到西方對暹羅影響的文章裡也談到了這個問題：「當時，葡萄牙人似乎給暹羅人帶來了三樣東西，即製造槍炮的技術、戰鬥時使用槍炮的方法，以及抵禦槍炮的防禦工事。」

顯然在此之前，東南亞人還完全處於冷兵器的戰爭時代，勇猛在那時是戰爭制勝的第一要素。隨著歐洲人的出現，他們明顯地感覺到舊有的軍事知識不夠用了。出於昭昭的愛國心，原先對政治和戰爭都不感興趣的泰國人為了保持國家的獨立，開始注重對軍事知識的學習。而《三國》帶著無數戰爭謀略在此地出現，無疑是正逢其時，迅速風靡起來，也就非常容易理解了。人們更把它當作一種政治和軍事的教科書來讀，被認為是泰國將領學習戰略、戰術的必讀書。後來泰國努力周旋於各個歐洲殖民國家之間，成為東南亞唯一保持獨立的國家，可能也與吸收了《三國》中的政治智慧有關。

　　《三國》在泰國還有一個令人最意想不到的貢獻，就是刺激了泰國印刷業的發展。以前，泰國人一般到寺廟裡聽故事，很少有人想到去買書借書來看。事實上，書籍也非常少。人們最重視的書籍只是一些佛教經典，這些書都典藏在寺廟裡，一般人根本沒有錢買，也沒有什麼地方能購買書籍。事實上，這裡連寫書的人都很少。

　　現在的歷史學家想要研究殖民時代之前，東南亞的歷史，那就必須借助於中國的歷史古籍。東南亞國家本身似乎只重視佛的歷史，對自己的過去很少關心。

　　在中國的古籍中，關於東南亞，最著名的就是我們已經屢次提過的元人周觀達的《真臘風土記》。周觀達是浙江溫州人，元代貞元年，即一二九五年奉命出使真臘。次年七月到達該國，逗留一年許。回國之後，他用遊記的形式，將所見所聞生動真實地記錄下來，寫下了這部書。此書並不太長，僅八千五百餘字，除「總序」外，分四十則表述，內容非常翔實。

　　書中描寫了吳哥城的建築和雕刻藝術，詳細描述了當地人的經濟活動和生活情況，記載了該國的山川、物產、風貌要語

言、文化及唐人流寓等問題。此外，他還具有一種語言的敏感，在書中記錄了當時的許多柬埔寨詞彙。這是現存的唯一同時代人對繁榮的吳哥社會歷史文化的記錄，也是研究柬埔寨古代史、中柬交通友好關係的珍貴文獻，向來為中外史家所重視與肯定。

《四庫全書總目提要》稱道它文義頗為賅贍，本末詳具，可補元史佚闕。直到後來，歐洲殖民者和傳教士來到此地，歷史學家手中才有了歐洲角度的東南亞史料。但是，他們自己本國撰寫歷史的書籍直到現代才出現。

可見，在《三國》出現之前，這裡的書籍出版情況幾乎是一無所有。也難怪，原先人們只聽說一些宗教故事，到廟裡就可以聽到。這個新的《三國》故事，寺廟裡的和尚當然不會講。人們對這個故事的熱愛導致了他們甚至改變了習慣。於是，泰國的書籍出版商便應運而生，泰國人也開始走進書店購買書籍了。

文化上的交流實在是一件有意思的事。就像某一種植物也許離開了它的原產地，到了一個新的地方，反而會比過去在故鄉時生長得更加茂盛，文化也是這樣，在互動的雙向交流中，往往會產生始作俑者無法預料的結果。一千多年前不可一世的大將軍曹操再聰明，也不會想到在他身後，還會間接在「蠻夷之地」指揮了一場反殖民的戰爭。

美麗新世界

時到近代，導致戀鄉戀土的華僑出國的原因有很多。大多數人因為東南亞海外貿易利潤非常豐厚，便留下來不想走了。

而且，每次船舶來回一次，一般都需要兩年之久，想回國的華人往往建築一些貨倉，以儲藏貨物，並派自己信任的同鄉伙計看守。這些留守的人往往也同時擔負收購土特產的工作，長期住在這裡，成為華僑。

另有一些失去土地的農民和手工業者孑然一身，生活在國內毫無保障，他們就容易下定孤注一擲的決心，一個人搭船出海，來到這個新的國家討生活，而這個地方又是一個環境宜人，非常容易建立家庭的地方，於是便心滿意足地留在這裡，養兒育女，成為老華僑了。

也有在中國國內改朝換代之際，不願意成為順民的舊王朝「遺臣」，往往聯群結黨，攜帶家人，逃亡海外，另謀生活。這些逃亡的人是不會回國的，他們和他們的後代都順理成章地變成這些新國家的移民華僑了。

華族商人和定居者的到來無疑對南亞地區物質生產的發展起了重要的作用。中國的農業技術給予當地人民以巨大的影響，婆羅洲群島上的土著因此學會了使用犁耙耕種。中國的蔬菜、果品和花卉傳入印尼的也不少，如白菜、韭菜、荔枝、龍眼、肉桂，有今天已成為此地的新特產了。婆羅洲的許多水果，如木瓜、柑橘、石榴、柚子、荔枝、芭蕉、楊桃都是由中國輸入種子，由華僑推廣種植的。

華人對泰國的工農業生產一開始就起了很大的促進作用。華人來到泰國之後，成家立室，往往在住宅四周的空地上種一些菜蔬瓜果之類，並養一些家畜，一方面供給家人食用，如有剩餘，還可出售，維持生活。稍有積蓄，他們就設法買地，擴大種植面積，從事各種經濟作物的種植。如瓊州的華人引進了棉花，潮州華人引進甘蔗。在泰國東部，華人從事菸草、甘蔗、棉花和胡椒為多，特別是南部的胡椒園幾乎全部掌握在華

人手裡。泰籍華人許心美是第一個從馬來西亞引入橡皮樹（能產橡膠）種植的人。為此，泰國政府給他爵銜，並在 1950 年立銅像紀念。

華人在這裡不僅以農業技術而聞名，礦業上，華人也表現得非常出色，為當地創造了大量財富。自從蘇門答臘南部發現錫礦後，華人最早從事開採。1824 年，馬來半島也發現錫礦，亦由華人從事開採工作。1857 年，有 87 名華僑駕著小船，來到一個泥濘的河口。他們在這裡找到了錫礦。這以後，他們在這裡搭起小棚屋，住了下來。到了 1896 年，這裡已經成了一個 2.5 萬人口的集散錫和橡膠的城市。今天，這個城市就是馬來西亞的首都吉隆坡。

東南亞許多地方雖然當地人也會製作瓷器，但質量顯然沒有中國的好。因此，他們向華人大量學習製造瓷器上的技術細節。越南的一個製瓷中心潘朗在十六世紀上半葉形成，它也被稱作「越南的景德鎮」，就是因為它的製瓷技術採用了中國景德鎮的製瓷技術。十四世紀暹速古台的瓷器也是仿照中國河北磁州瓷燒製出來的。後來中國的龍泉青花瓷器輸入了暹邏，受到當地人意想不到的歡迎。他們特意派了使團，到中國邀請龍泉工人，中國製瓷工人便帶著技術來到暹邏，並定居在這裡，推動了當地青花瓷的生產。傳說，中國的製瓷工人不滿意速古台的土質，由國王批准，把窯移到另一個更合適的地方，進行生產，收到了良好的效果。這些新產品在外觀和藝術內涵上都與浙江龍泉窯的瓷品非常相似。

蔗糖製造法也是中國人首先傳入爪哇的。當地土著原來製糖是用極為原始的方法，而華人教他們用牛或水力推動石磨榨甘蔗。中國人還在這裡設有製糖廠。到 1710 年，雅加達附近的製糖廠已增加到一百三十個。但無論華僑怎樣能幹，總是逃

不出殖民者的嫉妒和掌握。他們壟斷，壓低蔗糖的價錢，使得華僑糖業日趨衰落和破產。

在文萊，華僑協助這個國家的基本建設，如築路、建橋等等。此外，許多宗教建築物也是出自華僑之手。據說，吳哥窟的建築工人中，雕刻藝師就有不少中國人。華僑還教婆羅洲的土著製造磚瓦和採礦技術。至於泰國政府的重點工程項目，從拉瑪二世起，便開始使用華工了。凡開掘河渠及開闢馬路，全部使用華工，因為華工刻苦耐勞，工作效率高，工程質量好，索要的工資也很低廉。

華僑與當地居民進行的和平貿易，也使西方殖民者的所謂「自由貿易」相形見絀。由中國傳來的貨品質量高，價格低，而且合用，像絲綢、陶瓷、漆器、銅器、藥材、紙張，以及大量手工業品，都是海島地區人民的生活必需品。婆羅洲的達雅克人非常喜愛中國陶瓷，最喜歡的是青花瓷，對於有龍、鳳、豹的瓷瓶更加傾心——他們認為這種瓷瓶是寶中之寶，甚至加以祭祀。

中國的絲織品也在這裡大受歡迎。中國絲綢美而刺繡極為工致，價格也不昂，使得來自荷蘭的紡織品根本無法與它競爭。荷蘭人至少在衣料方面得到的利益很少，因為他們的羊毛紡織品不符合當地的氣候條件和人民的需要，而其棉織品又不及中國的耐用、便宜。所以，外國的紡織品在東南亞始終不能夠獲得中國商品在那裡的地位。

加里曼丹的土產以胡椒為大宗，而中國帆船到加里曼丹收購的下以胡椒為主要商品。有人估計，中國每年購入胡椒有五萬袋，而整個印度尼西亞一年才生產六萬袋。華僑商人除了自己種植胡椒之外，還大量向當地居民收購，所出的價格往往比歐洲殖民者高三分之一，而且極守信用。很多土著甚至因此不

願賣給荷蘭人。不僅由於華人能出高價，還由於華人以平等互惠的態度進行交易。

交易時，東南亞人民普遍使用中國的度量衡。華僑使用的手秤非常方便、準確，以至於西方殖民者在當地交易時也不得不採用中國的計重法，以減少貿易上的困難。

中國通過華僑，傳入東南亞各國的技術還有造船術、航海術、冶鐵技術和建築技術等，不具述於此。當然，這種技術輸入大多還是屬於革新的性質，並非完全從無到有，所以對東南亞當地來說，他們往往在保留它技術良好的傳統和民族風格的前提下，吸收這些有益的外來經驗，加以融會貫通，將技術地方化，使其適應當地人民的需要，從而促進當地的發展。

而華僑正是這整個過程的重要媒介，因為這種技術上的輸入不可能一蹴而就，需要長期定居，才能使人起碼信任這些新的技術，才可能加以學習。因此，東南亞社會的發展，華僑之功莫大焉。

現在我們所發現的當時殖民者留下的記載，基本上都為華僑的勤勞而驚嘆。1794 年，一個英國殖民者寫道：「華人成為我們居民中最可貴的部分……他們每年把賺來的錢寄回家庭。為了多賺兩、三塊錢，就往往付出兩倍的勞動。小有積蓄就娶妻，過著正常的家庭生活。」

中國和印度雖然都是文明古國，都有自己自成一體的文化傳統，雖然兩者離東南亞都很近，都不可避免地對東南亞的經濟、文化產生影響，但這種影響的層面是不同的。

從古到今，自印度到東南亞的多為僧侶，而由中國來到這裡的多為商人或工匠。由於這種社會階層的差異，不可否認，中國文化對這裡的影響並不是文化意義上的，更多的是經濟物質生產上的。作為這種傳播媒介的中國華僑，從他們身上可以

最清楚地體現出中國農民身上的勤勞性格。這種勤勞的個性顯然給這裡的人以及後來的殖民者都留下很深的印象。他們總是埋頭苦幹，僅有的樸素願望就是讓自己的家人生活得更好，以後耕種的土地越來越多。工作本身似乎就給華人帶來了樂趣。在這個美麗的新天地，他們心甘情願地工作著。他們幾乎擁有最適合勞動者的完美個性——「吃苦耐勞、聰明能幹、順從守信」，這些基本性格也決定了他們以後在這裡大起大落的命運。

能者的悲哀

當歐洲殖民者來到這裡以後，東南亞和中國的友好關係開始面臨嚴重的挑戰。東南亞諸國不僅喪失了原先的獨立地位，也改變了社會性質。它們原來和我國朝廷之間的藩屬關係完全結束了，朝貢貿易當然也停止了。當地所有的居民，包括華僑在內，成為殖民者欺辱、壓迫、統治的對象。

《明史》中有這樣一段關於西班牙人統治菲律賓以後的記載：「閩人以其地近，且饒富，商販者至數萬人，往往久居不返，至長子孫。佛郎機（指西班牙）既奪其國，其王遣一酋來鎮。盧華人為變，多逐之歸，留者悉被其凌辱。」

可以說，以後百年，華人在東南亞列國的悲慘史全部源自歐洲人對華人的特殊猜疑。由於種族和宗教的關係，西班牙殖民者開始對菲律賓華僑並無好感。但是，後來當他們真正了解了華人之後，看法便發生了變化。當然，他們也並沒有喜歡上華人，而是發現華人既勤勞又有智慧，對他們開發資源，發展貿易，實在有很大的益處，所以也允許華人僑居在此。

1580 年，殖民者在馬尼拉對岸為華人建立了一個大市場，以便華人居住和貿易，政府則在此徵收稅金和租金。但是，中國人的能幹還是出乎西班牙的預料。面對華人在此迅速取得的商業成就，西班牙人頓起嫉妒之心，他們立刻對華商頒布各種苛刻的規定，還強迫華人參加殖民地戰爭，充當炮灰。

　　但是，事情遠沒有到此結束，華人因為他們的能幹，在以後的歲月中，一次又一次付出了血的代價。1639 年十一月，西班牙殖民者又一次向華人尋釁。他們要求華人出高價繳納身分證費和租稅，華人無力付出，便加以刑罰，因而激起華人的反抗。這些普通華人根本沒有什麼武器裝備，只有矛和棍棒，或是把鐵片綁在竹竿上作為大刀，此外就是赤手空拳而已。這場鬥爭的結果是可想而知的。他們不可能敵得過西班牙殖民者以及被殖民者煽動起來的無知土著。

　　西班牙人自己也承認這是一種對沒有武裝的人的殘酷且有計畫的屠殺——他們居然把馬尼拉的華人逐家屠殺淨盡，掠取財物後，又將整個華人區全部焚毀。短短數月，華人死者達兩萬四千人，未遭屠殺的華人被押送到馬尼拉，作為重囚關押，並繼續虐待，死亡的人數就難以估計了。

　　以後，類似的事件還發生了好幾起。譬如 1662 年，鄭成功收復台灣，派使者到菲律賓，要求西班牙人服從，納貢，西班牙人加以拒絕。事後，華人聽到風聲，怕西班牙人遷怒他們，如驚弓之鳥般逃入山林。但統治者還是沒有就此放過他們，派軍隊到處追捕，看到華人就任意屠殺。鄭成功死後，僥倖生存的華人都被派去建造菲律賓各地的炮台。那時整個菲律賓群島只剩下一、兩千個華人。

　　更令人辛酸的是，華人在此地屢殺不絕，總又有一批又一批華人源源地從北面的中國來到這裡。因為明末的中國社會秩

序混亂，許多農民沒有土地，生活無著，他們只能鋌而走險，明知艱難，也要出洋生活。真正是「苛政猛於虎」。

在一般情況下，西班牙殖民者認為與中國人貿易是非常有利的，所以對中國人到菲律賓貿易和流寓並不拒絕。據 1620 年的記載，僅僅該年，從菲律賓運往墨西哥的中國絲綢轉口貿易中，西班牙國王就獲利兩百萬比索之巨，這還不包括瓷器貿易和各類貨品的稅金。但是，他們可以隨時禁止華人入口，或者隨時驅除華人出境。他們劃定一定的地區給華人居住，實際上就是把華人孤立起來，以便監視華人的動靜。

西班牙人來到菲律賓之前，菲律賓已有了一個華人社會，可是，西班牙人統治菲律賓三百多年當中，華人人數卻沒有超過十萬人。最初西班牙殖民者企圖利用華人替他們開拓資源，建立商埠，振興貿易，繁榮市場，對華人表示寬容。不久華人越來越多，人口多於西班牙人，而華僑經濟勢力日見發達，逐漸引起西班牙人的嫉妒，採取種種手段壓迫華人。或挑撥華人和馬來人的關係，或藉故大批驅逐華人回國，或者製造事端，大規模屠殺華人。其實，舉一個例子，就足以證明西班牙對華人的態度還是相當理性的：西班牙殖民政府統治期間，菲律賓的華僑人口從來就被控制在十萬左右，多增少補。

精明的荷蘭人來到印尼之後不久，就發現華人對印尼社會起著重要的作用。因為除了當地土著之外，華人占當地的人口最多。他們聰明勤勞，完全可以擔當「開荒牛」的作用，開發當地的豐富資源。此外，也可以招來中國貨船到印尼，同中國建立貿易關係，還可把購來的陶瓷和絲綢運入歐洲，從而獲利。於是，華人在當地的職業主要是作為荷蘭人進行貿易時的經紀人。他們經商非常活躍，一方面熟悉香料的生產情況，國王、大臣和胡椒生產者都對他們富有好感。另一方面，他們是

有經驗、有魄力的商人，能夠見機行事。荷蘭人到達這裡以後，發現要大批購買胡椒，一定得依靠華人。因為華人經常儲藏大量胡椒，待價而沽；他們不僅可以運回中國，而且可以賣給英國人或法國人，成為這些荷蘭人的競爭者。

自從 1619 年，荷蘭人占領雅加達以後，他們常常千方計地引誘東南亞各地的華僑移居這裡，並強迫中國商人在這裡貿易。後來，荷蘭殖民者對華人的「偏愛」居然導致了 1622 年荷蘭總督要求出使中國的荷蘭使者順路掠奪一些中國男女兒童來。這位使者不折不扣地執行了他的命令。結果他掠奪了 1150 華人，用大船運載，途中因生病、飢餓，船上苦役，已死了大半，登陸後又死了若干，最後生存者不過 33 人。可見荷蘭人的這種「偏愛」並沒有和愛惜生命起碼地聯繫在一起。

荷蘭人實際上把華人當成一種致富的工具。華僑的職業基本上是工人、農民、園丁、漁人、水泥匠、鐵匠、木匠、小販和中介商，他們的分工是種稻、釀酒、除草、種瓜茶、挑水。

1685 年，一個法國耶穌會教士總算說了一句良心話：「中國人又勤勞又智慧，對雅加達有極大的價值。沒有他們的助力，我們完全難以舒適地生活下去。他們開發土地；手工業者幾乎盡是華人。一句話說，他們幾乎樣樣都能幹。」

但是，這種能幹並沒有換來好報。荷蘭統治者比起他們的歐洲鄰居毫不遜色。他們在 1740 年十月，對華人進行了大屠殺，造成了有名的紅溪慘案。而屠殺的原因聽上去總是有些莫名其妙。荷蘭統治者因為需要大量華人勞工，一度下令，凡華人在十四歲以上，不准離開雅加達。但又怕華人太多而難以控制，下令限制華人移入。這種矛盾的政策實際上就反映了殖民者既想利用華人，又對他們心存猜忌的心態。

這一年，總督下令，凡可疑的華人均先抓入大獄，再行審

查。一時間，華人社區人心惶惶，各自潛逃。總督懼怕華人反抗，決定清除雅加達的所有華人。參與屠殺的還有印尼土著，殖民者向他們許以種種獎勵。沒幾天，雅加達的溪水全部被華人的血染紅。

後來，荷屬東印度雜誌這樣描述道：「那時所發生的可怕的事情，誠非筆墨所能形容。凡屬華族的人，無論窮富、老少，有罪無罪，一旦遇到，就遭無情殺害……這些手無寸鐵的俘虜像綿羊般被割斷了喉管……暴行並不因為黃昏天黑而停止。受傷者的呻吟，人的瘋狂喊叫，徹底可聞。」以後，爪哇其他地方的華人也遭到瘋狂屠殺，死亡人數達三萬人。

其後，爪哇市面上一片蕭條，因為華人停止了工作，殖民政府毫無收入，民眾的各種生活必需品也無著落。殖民者情急之下，只能殺了總督，以邀華人繼續生產。一方面，減輕了對華人的剝削和壓迫程度，另一方面又巧言令色地誘騙南洋各地華僑及中國貧民到印度尼西亞。印尼的華僑對於社會生產有很大的影響，他們是創業的先驅。在婆羅洲的金礦、鑽石礦、錫礦的開採及蘇門答臘的菸草業等其他重要實業，華人都超過了荷蘭人。他們參加各島的一切行業，尤以工商業為多。

鴉片戰爭後，華人的南遷掀起了一個高潮。本國的自然經濟受到了嚴重破壞，大量農民和手工業者破產。正好這時隨著西方重商主義的衰落，工業化進程因為蘇伊士運河的開通而加速，東南亞對西方來說，也轉變了它的角色，成為一個工業原料的產地。

一夜之間，菸葉和橡膠生產在這裡都成倍增長。經濟發展如此之快，很快就感覺到了勞動力的缺乏。本地農民通常不願改變自己的生活，到大規模的礦場或種植園去過辛苦而不自由的工作。於是，勞動力的理想對象還是被認為唯有華人。中國

人自從 1881 年以來迅速增加，已經達到約一萬人之多。中國移民娶當地婦女為妻的時代已經成為過去，他們只與那些早期華人的後代結婚，發展他們的純正血統。他們非常意識到自己自成系統，已經在逐步分化若干不同的社會階層了。

但在殖民者老闆的眼中，「中國人是不持武器又勤懇的民族。」這些被稱為「豬仔」的中國人，毫無尊嚴地被當作奴隸運到這裡，有人是自願，有人是被騙，也有人乾脆是被迷藥劫來。至於船上的悲慘生活，與我們所熟知的當初白人運輸黑奴的情況並無二致。因為沒有充分的食物和飲水，造成了大批苦力的死亡。1864 年以後，每年都有中國苦力前來蘇門答臘的菸草種植園工作。自 1888 年到 1931 年，約有 30.5 萬中國苦力來到這裡。六十年間，蘇門答臘菸草種植的工作幾乎全由中國苦力完成。

這些中國苦力完全是變相的奴隸，他們在這裡的生活活脫脫像在人間地獄一樣。人們每天在外工作長達十四個小時，並且完全失去了人身自由，形同囚犯。如果工人想同一個種植園裡的女工結婚，夫婦一共要自動延長五年的契約。

華人的生活境況在東南亞的半島地區稍好一些。十九世紀初的暹羅，華人構成一個外國人的大集團，他們積極從事對外貿易，包括其他領域的經濟活動。從商業上講，曼谷幾乎就是一個華人城市。與勤勞的華人相比，當地人更加顯得懶散、隨和，不知生活艱辛。人們經常發現，雇用勤勞的華人建設當地的公共工程要比依靠自己的自由民的勞動節省得多。華人繳納人頭稅，代替人身服役，許多華人以投標的方式，成功取得了包稅商的地位。他們有組織嚴密的祕密結社，通常旨在自衛。

但是，出於一種極端的心態不平衡，當地人似乎不願看到異鄉人在這裡生活良好。一向以和善著稱的暹羅人也曾對華人

採取過不友好的舉動。1837 年，華人和暹羅人的關係變得特別糟；到了 1848 年，一度發展到公開叛亂的地步。

直到一百多年後，殖民者紛紛離開這裡時，東南亞人在殖民者鼓動下的對華人的惡意還是沒有消除。二戰後，東南亞國家華人經濟力量的增強在一些國家成為一個政治上非常敏感的話題，缺乏政治保障的華人總是成為當地各派政治力量鬥爭中的替罪羊。1965 年九月的馬來西亞騷動，幾天內就有兩百多名華人被殺，政府宣布全國進入緊急狀態。議會停止了活動，組成了由副總統阿卜杜勒·拉札克為首的全國行動委員會。此人並沒有把民族矛盾的問題解決，而是採取了一種拖延的辦法。他一邊竭力撫慰那些擔心少數民族，特別是華人勢力增大的馬來人，向他們強調馬來人在馬來西亞的優先地位和他們對國家財富的占有是不言而喻，毋庸置辯的事實。另一方面，他又成功地撫慰了少數民族，強調彼此合作，反對任何有損於體現國民合作意識的行為。直到最近，我們還常聽說遠在南洋的中國同胞所受的極端不公正的待遇。

華人在此地雖然做到了「能者多勞」，卻沒有得到相應的良好回報。沉默的他們不知怎麼的，倒應驗了莊子所說的「大椿樹」理論。莊子所說的這種樹，木質非常不好，以至於不能派上任何用處，倒好好地一直存在著，而那些最好的樹卻早已被人發現，被砍得四分五裂。說白了，就是「槍打出頭鳥」。勤勞的華人忘記了道家「守拙」的思想，遠在異鄉，卻忘我地勞動，光芒四射。其實，這也不僅僅是東南亞的問題，在世界上別的地方，幾乎有勤勞華工的地方，都有這樣的問題。

在人性深處，人們似乎總想把自己擺在一個優越的位置上，把自己看成最重要的民族。對無能者，人們很容易施捨自己的同情，顯示自己的高尚。但對能幹者，人們往往既羨慕，

又嫉妒，採取的手段往往是輕視對方，壓低對方，以突出自己。這是華人的悲哀，也是一切能者的悲哀。

尾聲

我們匆匆敘述了東南亞，但是，這個紛繁多彩的文化區域絕對不是這二十萬字就能說清楚的。任何一個民族，哪怕是一個最封閉，生產最落後的民族，都有許多歷代積累下來的智慧結晶，我們所能做的只是儘量介紹它，而不是評判它。因為我們既沒有這個資格，也沒有這個能力。

從古到今，雖然並非完全出於情願，東南亞人一直大量致力於同群體之外的人進行交流。當然，交流的形式極為多變，貿易、移民，抑或是戰爭。實際上，用歷史的眼光來看，整個東南亞就像一幅變幻不定的各民族鑲嵌圖，不管情不情願，都住在這裡。也許這並非壞事。我們知道，在生物界，一個地方物種越是繁多，這個地方的生物生存的整體能力也就越強。在東南亞地區，同時居住著一百多個民族，各自的謀生方式當然也紛然雜陳，變幻各異。人們以種種的方式，來適應著千差萬別的環境。

無數的人類社會消逝，不是因為他們不去適應，而是因為他們選擇了一條錯誤的適應之路。最可能成功的民族並不一定是最完美地適應其環境的人群，而是那種具有適應能力，用廣泛多樣的方法應付環境的人群。東南亞紛繁雜陳的文化保證了這裡始終存在著一種靈活的機制。

它很寬容。什麼樣的文化，它都不輕易拒絕，農耕文化、海洋文化、佛教文化、伊斯蘭教文化、基督教文化、華人文化都可以在這裡同時存在。它很固執，各式各樣的人千萬年來的稀釋，還是沒能帶走他原有的那種散淡情懷。這裡對文化的選擇從來不是顧此失彼的，它就這樣大智若愚地把它們一樣樣收起來，給自己今後的文化空間留下很大迴旋的餘地。

這片太平洋上的島國像馬賽克一樣，在海面上玩著自己的拼圖遊戲。表面上看它花花綠綠，異彩紛呈。但是，在這種彩色下面，掩不住的是它原本的單純和簡單。熱愛生活、享受生活，就是這裡的人最樸素的想法，千百年從來沒有改變過。

〈全書終〉

後記

　　當我真的動手開始寫「東南亞的智慧」這個題目時，才發現，它遠沒有我想像的那麼簡單。這個題目不易並不是在於材料和觀點的匱乏，而是難以理清相對明晰的思路。

　　這也難怪！這裡歷來就是東西方的交通要道，無數的民族從不間斷地懷著各自的目的來到這裡，有意無意地成為溝通各文明中心的媒介。甚至還可以說，大海從來就不是兩岸民族之間交流的障礙。從某種意義上說，海簡直稱得上是一種永恆的誘惑。海路雖然也危險，也辛勞，但相比於陸路上的種種艱險，似乎還更舒適一些。生活在海邊的民族一旦遇到什麼困難，或者僅僅是一時興起，就很容易激發起揚帆出海的豪情。

　　這一切構築起的一個顯著的結果就是東南亞的文化極其多樣、豐富。為此，在準備的過程中，我必須大量閱讀關於東南亞各個國家、地區民族方方面面的資料。但這種閱讀並沒有使我拉出相對清晰、完整的線索，相反，我還一度被這種五光十色的華彩迷惑住，真真有一種無從下手的感覺。

　　這樣的狀況開始出現轉機是在我第二次閱讀關於東南亞歷史的兩本重要的著作時。一本是約翰・卡迪的《東南亞歷史發展》（上海譯文出版社，一九八五），另一本是霍爾的《東南亞史》（商務印書館，一九八三）。這兩本書的一個重要特點就是把東南亞當作一個穩定的共同文化體進行論述。換句話說，這些多樣性的背後同樣也是文化的同一性。

　　只能用「豁然開朗」來形容我那時的感覺了。有了這樣一個基點，當我回過頭來，重新翻閱有關的材料時，它們再也不是零碎的了，而在我心中漸漸形成一幅完整的東南亞文化圖景。許多前人、今人、洋人、當地人的著作為我提供了各種可

信和珍貴的資料。文中限於篇幅和本書的性質，未及一一細注，但心裡絲毫不敢掠美，特注如下——

《金枝》　　　　　　　　弗雷澤　中國民間文藝社　　一九八七
《南洋獵頭民族考察記》　海頓　　上海文藝出版社　　一九八六
《東南亞各國民族與文化》陳鵬　　民族出版社　　　　一九九一
《東南亞華僑史》　　　　朱傑勤　高等教育出版社　　一九九〇
《亞洲神話故事》　　　　廖詩忠　海峽文藝出版社　　一九九九
《新加坡通俗史》　　　　皮爾遜　福建人民出版社　　一九七四
《菲律賓共和國·歷史、政府與文明》
　　　　　　　　　　　　賽義德　商務印書館　　　　一九七九
《菲律賓》　　　　　　　　　　　上海辭書出版社　　一九八三
《柬埔寨》　　　　　　　　　　　廣西人民出版社　　一九八二
《泰國史》　　　　　　　　　　　廣東人民出版社　　一九八七
《越南歷史》　　　　　　　　　　北京人民出版社　　一九七七

除了這些主要參考著作之外，我還系統地閱讀了這些國家詳細的歷史，以及宗教、藝術、習俗方面的大量資料，這裡就不一一列舉了。

需要特別指出的是，在我為本書而進入材料蒐集階段時，曾得到上海華東師範大學出版社陳麗菲先生的無私幫助。她把她自己過去蒐集的關於這一論題的大量書籍、卡片，甚至筆記心得一古腦兒送給我，不僅讓我這個初出茅廬的晚輩得潤其澤，還領略了學界長者的高潔風範。特誌於此，謹表謝意！

國家圖書館出版品預行編目資料

東南亞的智慧，陳怡 著 -- 初版 --
新北市：新視野 New Vision, 2019.09
　　面；　　公分 --
　　　ISBN　978-986-97840-9-2（平裝）
1. 文化　2. 東南亞

738.03　　　　　　　　　　　　　108011512

東南亞的智慧

陳怡　著

主　　編　顧曉鳴
企　　劃　林郁工作室
出　　版　新視野 New Vision
責　　編　林郁、周向潮
　　　　　電話：(02) 8666-5711
　　　　　傳真：(02) 8666-5833
　　　　　E-mail：service@xcsbook.com.tw

印前作業　菩薩蠻數位文化有限公司
印　　刷　福霖印刷有限公司

總 經 銷　聯合發行股份有限公司
　　　　　新北市新店區寶橋路 235 巷 6 弄 6 號 2F
　　　　　電話 02-2917-8022
　　　　　傳真 02-2915-6275

初　　版　2019 年 10 月